Kohlhammer

Allan Abbass, Howard Schubiner

Psychophysiologische Störungen

Ein Leitfaden für Diagnose, Psychotherapie
und psychosomatische Grundversorgung

Deutsche Übersetzung und Einführung
von Matthias Michal, Florian Kopper,
Pierre-Alain Emmenegger und Lothar Matter

Verlag W. Kohlhammer

Gewidmet John E. Sarno, Arzt und Pionier der Psychosomatischen Medizin (1923–2017)

Dieses Werk einschließlich aller seiner Teile ist urheberrechtlich geschützt. Jede Verwendung außerhalb der engen Grenzen des Urheberrechts ist ohne Zustimmung des Verlags unzulässig und strafbar. Das gilt insbesondere für Vervielfältigungen, Übersetzungen, Mikroverfilmungen und für die Einspeicherung und Verarbeitung in elektronischen Systemen. Pharmakologische Daten, d. h. u. a. Angaben von Medikamenten, ihren Dosierungen und Applikationen, verändern sich fortlaufend durch klinische Erfahrung, pharmakologische Forschung und Änderung von Produktionsverfahren. Verlag und Autoren haben große Sorgfalt darauf gelegt, dass alle in diesem Buch gemachten Angaben dem derzeitigen Wissensstand entsprechen. Da jedoch die Medizin als Wissenschaft ständig im Fluss ist, da menschliche Irrtümer und Druckfehler nie völlig auszuschließen sind, können Verlag und Autoren hierfür jedoch keine Gewähr und Haftung übernehmen. Jeder Benutzer ist daher dringend angehalten, die gemachten Angaben, insbesondere in Hinsicht auf Arzneimittelnamen, enthaltene Wirkstoffe, spezifische Anwendungsbereiche und Dosierungen anhand des Medikamentenbeipackzettels und der entsprechenden Fachinformationen zu überprüfen und in eigener Verantwortung im Bereich der Patientenversorgung zu handeln. Aufgrund der Auswahl häufig angewendeter Arzneimittel besteht kein Anspruch auf Vollständigkeit.

Die Wiedergabe von Warenbezeichnungen, Handelsnamen und sonstigen Kennzeichen in diesem Buch berechtigt nicht zu der Annahme, dass diese von jedermann frei benutzt werden dürfen. Vielmehr kann es sich auch dann um eingetragene Warenzeichen oder sonstige geschützte Kennzeichen handeln, wenn sie nicht eigens als solche gekennzeichnet sind.

Es konnten nicht alle Rechtsinhaber von Abbildungen ermittelt werden. Sollte dem Verlag gegenüber der Nachweis der Rechtsinhaberschaft geführt werden, wird das branchenübliche Honorar nachträglich gezahlt.

Dieses Werk enthält Hinweise/Links zu externen Websites Dritter, auf deren Inhalt der Verlag keinen Einfluss hat und die der Haftung der jeweiligen Seitenanbieter oder -betreiber unterliegen. Zum Zeitpunkt der Verlinkung wurden die externen Websites auf mögliche Rechtsverstöße überprüft und dabei keine Rechtsverletzung festgestellt. Ohne konkrete Hinweise auf eine solche Rechtsverletzung ist eine permanente inhaltliche Kontrolle der verlinkten Seiten nicht zumutbar. Sollten jedoch Rechtsverletzungen bekannt werden, werden die betroffenen externen Links soweit möglich unverzüglich entfernt.

Englische Originalausgabe:
Hidden from View: A clinician's guide to psychophysiologic disorders

Alle Rechte vorbehalten
© 2018 Allan Abbass, Howard Schubiner, Psychophysiologic Press.

Für die deutschsprachige Ausgabe:
1. Auflage 2020

© W. Kohlhammer GmbH, Stuttgart
Gesamtherstellung: W. Kohlhammer GmbH, Heßbrühlstr. 69, 70565 Stuttgart
produktsicherheit@kohlhammer.de

Print:
ISBN 978-3-17-036732-6

E-Book-Formate:
pdf: ISBN 978-3-17-036733-3
epub: ISBN 978-3-17-036734-0
mobi: ISBN 978-3-17-036735-7

Die Autoren

Allan Abbass, MD, ist Psychiater und Professor. Gründungsdirektor des Centre for Emotions and Health an der Dalhousie University in Halifax, Kanada. Er studierte psychosomatisch basierte Therapie an der McGill University bei Dr. Habib Davanloo. Im Jahr 2002 gründete er das Zentrum für Emotionen und Gesundheit zum Studium der Psychosomatik. Dr. Abbass hat abteilungsbezogene, regionale und nationale Auszeichnungen für hervorragende Leistungen in der Bildung erhalten.

Sein innovatives Programm zur Diagnose und Behandlung der emotionalen Auslöser von medizinisch unerklärlichen Symptomen in der Notfallaufnahme wurde mit einem Qualitätspreis ausgezeichnet und er erhielt die nationale Auszeichnung als »Canadian Leading Practice«. Er wurde von Regierungen, Universitäten und Gesundheitsbehörden umfassend konsultiert und hat auf Einladung über 300 Präsentationen auf der ganzen Welt gehalten. Er bietet Fachleuten in mehreren Ländern der Welt fortlaufend videobasierte Psychotherapie-Schulungen an.

Darüber hinaus erhielt Dr. Abbass 17 Forschungsstipendien und hat über 250 Publikationen veröffentlicht. Sein erstes Buch Reaching through Resistance wird allgemein als Meilensteinwerk in der aktuellen beschleunigten dynamischen Therapiemethode angesehen.

Howard Schubiner, MD, ist Facharzt für Innere Medizin und Direktor des Mind Body Medicine Program am Providence Hospital in Southfield, Michigan.

Er ist klinischer Professor an der Michigan State University, College of Human Medicine. Er hat in mehr als 100 Publikationen geforscht und mehr als 250 Fachvorträge im In- und Ausland gehalten. Dr. Schubiner ist im Vorstand der Gesellschaft für Psychophysiologische Erkrankungen und ist Oberlehrer für Achtsamkeitsmeditation. Seit 2003 steht er auf der Liste der besten Ärzte Amerikas. Seine anderen Bücher beinhalten Unlearn Your Pain (Verlerne den Schmerz) und Unlearn Your Anxiety and Depression (Verlerne die Angst und Depression). Dr. Schubiner lebt mit seiner Frau im Raum Detroit und hat zwei erwachsene Kinder.

Inhalt

Einführung der Übersetzer 13
    Zum Hintergrund des Praxismanuals 13
    Zur Begriffswahl »psychophysiologische Störungen« 13
    John E. Sarno 14
    Emotionsfokussierte Psychotherapie 15
    Terminologie in der deutschsprachigen Übersetzung
    und im englischen Original 20
    Anmerkungen zur Übersetzung 21

Danksagung der Autoren 22

1 Psychophysiologische Störungen – eine Übersicht 23
    1.1 Übersicht 23
    1.2 Multifaktorielles Ursachenspektrum 24
    1.3 Lernerfahrungen 25
    1.4 Unbewusste Konflikte 25
    1.5 Ein Kontinuum 26
    1.6 Settingfaktoren und Interventionen 26
    1.7 Die zentrale Rolle einer vertrauensvollen Beziehung 26
    1.8 Zusammenfassung 27

2 Diagnostik bei Patienten mit psychophysiologischen Störungen 28
    2.1 Typische Klinik, typische Probleme 28
    2.2 Die Neurophysiologie der psychophysiologischen Störungen 30
    2.3 Den Weg vorbereiten 32
    2.4 Erste klinische Überlegungen 33
    2.5 Anamneseerhebung 35
    2.6 Körperliche Untersuchung und Bewertung
         der Untersuchungsergebnisse 38
    2.7 Symptomchecklisten 41
    2.8 Erfassen der Kindheitserfahrungen 42
    2.9 Die Verknüpfung psychophysiologischer Störungen
         mit aktuellen Belastungen 43
    2.10 Persönlichkeitsmerkmale 44
    2.11 Die Diagnose stellen 45
    2.12 Rekapitulation und partizipative Entscheidungsfindung 46
    2.13 Zusammenfassung 48

3	**Psychophysiologische Störungen erklären**	49
3.1	Aufbau der therapeutischen Beziehung	50
3.2	Überprüfung der Befunde	51
3.3	Wenn es Unsicherheiten gibt	52
3.4	Das Konzept der psychophysiologischen Störung einführen	53
3.5	Neuronale Verschaltungen erklären	53
3.6	Patienten helfen, das Gehirn besser zu verstehen	54
3.7	Personalisieren der Informationen	56
3.8	Ergebnis der Patientenaufklärung	57
3.9	Psychophysiologische und organpathologische Faktoren	58
3.10	Ein Beispielskript für eine kurze Psychoedukation am Beispiel von Schmerzen (für andere Symptome entsprechend abzuändern)	59
3.11	Zusammenfassung	60

4	**Kognitiv-behaviorale Interventionen**	61
4.1	Grundlagen der Anwendung kognitiv-behavioraler Interventionen	61
4.2	Symptomauslöser identifizieren	62
4.3	Entängstigung durch Vermittlung einer anderen Sichtweise auf psychophysiologische Symptome	63
4.4	Der Tyrann: Wie psychophysiologische Symptome als Peiniger verstanden werden können	64
4.5	Top-Down Interventionen	65
4.6	Verhaltensorientierte Interventionen	66
4.6.1	Beispiel einer Anleitung zur Reduzierung psychophysiologischer Symptome	68
4.6.2	Beispiel einer Anleitung für den Abbau des Vermeidungsverhaltens	68
4.7	Meditation und Achtsamkeitsübungen	69
4.8	Selbstmitgefühl	72
4.9	Expressives Schreiben	74
4.10	Emotionale Aufmerksamkeit	76
4.11	Überprüfen der Lebensumstände	77
4.12	Das Leben wieder in die Hand nehmen	77
4.13	Strukturierung des Patientenkontaktes	78
4.14	Zusammenfassung	81

5	**Physiologie und Psychologie der Emotionen**	82
5.1	Bindung	82
5.2	Bindungstrauma	83
5.3	Übertragung	84
5.4	Körperliche Ausbreitungswege unbewusster Angst	85
5.5	Ausbreitung der unbewussten Angst in die quergestreifte Willkürmuskulatur	86
5.5.1	Selbstreflexion über emotionale Zustände	87

	5.6	Unbewusste Angst in der glatten Muskulatur	88
		5.6.1 Repression	88
	5.7	Unbewusste Angst im kognitiven und perzeptiven System ..	89
		5.7.1 Projektion	89
	5.8	Motorische Konversion	90
	5.9	Welche Patienten sind für eine emotionsfokussierte Diagnostik geeignet?	90
		5.9.1 Patienten mit leichtgradigem Widerstand	91
		5.9.2 Patienten mit mittelgradigem Widerstand	91
		5.9.3 Patienten mit hochgradigem Widerstand	92
		5.9.4 Fragile Charakterstruktur	92
	5.10	Emotionen erleben	93
		5.10.1 Positive Gefühle	93
		5.10.2 Wut	93
		5.10.3 Schuldgefühle angesichts der Wut	94
		5.10.4 Trauer	94
	5.11	Zusammenfassung	94
6	**Psychodiagnostik**		**95**
	6.1	Erläuterung der Vorgehensweise	95
	6.2	Aktivierung vermiedener Gefühle durch Fokussierung	96
	6.3	Gefühle, Angst, Abwehr und Gedanken differenzieren	96
	6.4	Zusammentragen der Befunde: Verknüpfungen erarbeiten ..	97
		6.4.1 Einordnen des Ansprechens auf die Interventionen	100
		6.4.2 Repression	101
		6.4.3 Körperliche Ausbreitungswege der Angst	101
	6.5	Vorgehen bei Angstausbreitung in die glatte Muskulatur	102
		6.5.1 Projektion	104
		6.5.2 Motorische Konversion	104
	6.6	Ansprechen auf Fokussierung im Prozess	105
	6.7	Die Angst in die quergestreifte Muskulatur lenken	106
	6.8	Abwehrmechanismen unterbrechen	107
	6.9	Hinweis auf ein Nachlassen der Abwehr	110
	6.10	Passen Sie Ihre Aktivität der Aktivität der Abwehr an	110
	6.11	Wahrnehmen der somatischen Ausbreitungswege der Gefühle	113
	6.12	Schuld, somatische Symptome und gegen sich gerichtete Wut	113
	6.13	Interventionen zur Angstreduktion	115
	6.14	Rekapitulieren und Überprüfen	119
	6.15	Interpretation der Ergebnisse	121
	6.16	Wann muss der Patient an eine Fachklinik überwiesen werden?	122
	6.17	Zusammenfassung	122

7	**Modifizierte ISTDP für Ärzte und Psychologen**		123
	7.1	Voraussetzungen	123
	7.2	Kerninhalte der Behandlung	124
	7.3	Ablauf der therapeutischen Sitzung	125
	7.4	Orientierungsphase	126
	7.5	Den Prozess einleiten	126
		7.5.1 Vorgehen, wenn Angst im Vordergrund steht	126
		7.5.2 Vorgehen, wenn Abwehrmechanismen im Vordergrund sind	126
		7.5.3 Vorgehen, wenn Gefühle in den Vordergrund treten	128
		7.5.4 Vorgehen, wenn keine Signale zu erkennen sind	128
	7.6	Mobilisierung vermiedener Emotionen beim Erarbeiten des Behandlungsziels	130
		7.6.1 Reaktion 1: Spürbares Erleben von Gefühlen	130
		7.6.2 Reaktion 2: Zunahme der Abwehr	130
		7.6.3 Reaktion 3: Aktivitätsverlust »Going Flat«	131
	7.7	Das Erleben der Gefühle	131
	7.8	Erkunden der mit der Vergangenheit verknüpften Emotionen	132
	7.9	Rekapitulieren	132
	7.10	Die therapeutische Beziehung nutzen	133
	7.11	Die Natur der komplexen Gefühle	134
	7.12	Selbstwahrnehmung im therapeutischen Prozess	134
		7.12.1 Sich von eigenen Emotionen leiten lassen	135
		7.12.2 Überprüfen, ob Gefühle erlebt werden	135
		7.12.3 Eigene Gefühle bearbeiten	135
		7.12.4 Burnout-Prävention	135
	7.13	Die zentrale Bedeutung der Schuld	136
		7.13.1 Ist es legitim, auf die Gefühle zu fokussieren, obwohl der Patient Abwehren dagegen zeigt?	138
		7.13.2 Umgang mit Wendung gegen das Selbst	139
		7.13.3 Gefühle mit den Symptomen verbinden	140
		7.13.4 Der somatische Ausbreitungsweg der Wut	140
		7.13.5 Der Wut Ausdruck verleihen	141
		7.13.6 Verbindung zu gegenwärtigen Verlusten	142
		7.13.7 Verbindung zur Vergangenheit	143
		7.13.8 Ende der Sitzung und Nachbereitung	143
		7.13.9 Entscheidungspunkt im therapeutischen Vorgehen	144
		7.13.10 Porträtieren der Wut	145
		7.13.11 Schuldgefühle	146
		7.13.12 Übertragung: Verbindung zu alten Gefühlen	146
		7.13.13 Erforschen von anderen alten, verbundenen Gefühlen	146
		7.13.14 Zusammenfassung	147
		7.13.15 Planung weiterer Sitzungen	147

		7.13.16 Patienten mit hochgradigem Widerstand	148
		7.13.17 Sicherheitshinweise	148
		7.13.18 Depression und Suizidgedanken	148
		7.13.19 Paranoide Gedanken	149
		7.13.20 Entwicklung neuer körperlicher Symptome	149
	7.14	Zusammenfassung	149

8 Das gradierte Format der ISTDP 151
  8.1 Zusammenfassung 159

9 Synthese und Schlussfolgerung 161
  9.1 Der Prozess der Evaluation, Psychoedukation und
      Behandlung psychophysiologischer Störungen 161
    9.1.1 Schritt 1: Evaluation 161
    9.1.2 Schritt 2: Psychoedukative, kognitiv-behaviorale
          Interventionen 163
    9.1.3 Schritt 3: Psychodiagnostische Evaluation
          und ISTDP-orientierte Behandlung 164
    9.1.4 Schritt 4: Intensive psychodynamische Kurzzeit-
          therapie (ISTDP) 164
    9.1.5 Wann überweisen? 164
    9.1.6 Zusätzliche Informationen 164
  9.2 Zusammenfassung 165

Anhang 167
Auflistung von Instrumenten, die für die Diagnosestellung
bei psychophysiologischen Störungen eingesetzt werden können ... 167
  Anamnese 167
  Symptomcheckliste 169
  ACE Fragebogen zu Belastungsfaktoren in der Kindheit 171
  Beschreibung Lebensverlauf Interview 172
  Persönlichkeitsmerkmale, die oft mit PPS in Verbindung
  gebracht werden 173

Literatur 174

Stichwortverzeichnis 183

Einführung der Übersetzer

Zum Hintergrund des Praxismanuals

Dieses Praxismanual ist im Rahmen eines Versorgungsforschungsprojekts in Neuschottland (Kanada) zur Verbesserung der Behandlung von Patienten mit »medizinisch nicht erklärbaren« bzw. psychosomatischen Beschwerden entstanden (Cooper et al., 2017), nachdem die grundsätzliche Wirksamkeit dieses emotionsfokussierten Psychotherapieansatzes in mehreren klinischen Studien auf überzeugende Weise gezeigt werden konnte (Lilliengren et al., 2016; Abbass et al., 2009b). Geprüft wird derzeit ein gestuftes Versorgungsmodell, das von der hausärztlichen Praxis bis hin zur Fachpsychotherapie und stationären psychosomatisch-psychotherapeutischen Versorgung reicht (Cooper et al., 2017). Das Praxismanual ist die Frucht der intensiven Schulungsmaßnahmen für die teilnehmenden Ärzte, Psychologen, Pflegekräfte und Sozialarbeiter. Die Übersetzer nehmen deshalb an, dass dieses Manual für eine breite Gruppe von Angehörigen der Gesundheitsberufe in den deutschsprachigen Ländern hilfreich ist. Ärzte in der Primärversorgung, die mit der psychosomatischen Grundversorgung betraut sind, Lehrende im Bereich der Psychosomatischen Medizin und auch Fachpsychotherapeuten, die einen beobachtungs- und praxisnahen Leitfaden für die Behandlung dieser Patienten suchen, werden von diesem Praxisleitfaden profitieren. Es sei an dieser Stelle noch erwähnt, dass, auch wenn der hier dargestellte emotionsfokussierte Ansatz der Intensiven Dynamischen Kurzzeitpsychotherapie bisher wenig in den deutschsprachigen Ländern wahrgenommen wurde, er in der S3-Leitlinie »Funktionelle Körperbeschwerden« (AWMF-Reg.-Nr. 051-001) ausgiebig rezipiert wird und Standards für die moderne evidenzbasierte Psychotherapie setzt.

Zur Begriffswahl »psychophysiologische Störungen«

In der Übersetzergruppe entschieden wir uns für den im Deutschen wenig gebräuchlichen Begriff der »psychophysiologischen Störungen«, der im ICD-10 nur in Bezug auf die psychophysiologische Insomnie gebraucht wird. Als Alternative stand der Begriff der »funktionellen Störung« zur Debatte, denn das Gros der im Praxisleitfaden abgebildeten Störungsbilder entspricht den in der

S3-Leitlinie »Funktionelle Körperbeschwerden« (AWMF-Reg.Nr. 051-001) beschriebenen Krankheitsbildern, die kriteriengemäß als somatoforme Störungen (ICD-10) oder neuerdings als somatische Belastungsstörung und verwandte Störungen (Krankheitsangststörung; Konversionsstörung; Psychologische Faktoren, die eine körperliche Krankheit beeinflussen; DSM-5, ICD-11) verschlüsselt werden.

Psychophysiologische Störungen umfassen nach Schubiner und Abbass neben chronischen Schmerzbildern (z. B. Fibromyalgie, Migräne, Morbus Sudeck) auch andere Syndrome wie das chronische Erschöpfungssyndrom, chronische Nesselsucht, Tinnitus, depressive Störungen, Angststörungen, Zwangsstörungen, Essstörungen, Persönlichkeitsstörungen und Störungen im Zusammenhang mit psychotropen Substanzen. Das Spektrum ist also sehr breit und umfasst letztendlich alle Störungen, für deren Entstehung mehr oder weniger schwerwiegende Bindungstraumatisierungen und unverarbeitete Emotionen relevant sind. Die Zusammenfassung all dieser o. g. Störungen unter dem Dach der »psychophysiologischen Störung« erscheint auch insofern naheliegend, da zwischen den »funktionellen Störungen« und den im engeren Sinne »psychischen Störungen« eine sehr hohe »Komorbidität« besteht. Außerdem betont der Begriff der »psychophysiologischen Störungen« weit stärker als das Konzept der somatischen Belastungsstörung die direkten physiologischen Auswirkungen unverarbeiteter bzw. konflikthafter Gefühle auf den Körper. Die obengenannten Krankheitsbilder sind nicht nur die Folge dysfunktionaler Kognitionen (Abbass et al., 2018), sondern gehen auf direkte physiologische Effekte des überaktivierten Angst-Abwehrsystems zurück.

John E. Sarno

Der Praxisleitfaden wurde John Ernest Sarno (1923–2017), einem im angloamerikanischen Sprachraum bekannten Psychosomatiker, gewidmet. Sarno war Professor of Rehabilitations Medicine an der New York University School of Medicine. Er hat mehrere Bücher zur Mind-Body-Medicine veröffentlicht, zuletzt im Jahr 2006 »The Divided Mind: The Epidemic of Mindbody Disorders«. Einen Eindruck von seinem Schaffen vermittelt auch der Dokumentarfilm »All the Rage« aus dem Jahr 2016, der sich mit der Schmerzepidemie in den USA und der daraus folgenden Opiatsucht befasst. Er vertritt als Rehabilitationsmediziner einen durchweg psychodynamisch-psychosomatischen Ansatz und sieht insbesondere unbewusste Wut, auch getriggert durch die gesellschaftlichen Verhältnisse, als ursächlich für die Schmerzepidemie in den USA an. Sarno vertritt wie die Autoren die These, dass erlernte zentralnervöse Prozesse als Reaktion auf unverarbeitete komplexe angstmachende Emotionen für die psychosomatischen Beschwerden verantwortlich sind. Das Gehirn generiert quasi die unterschiedlichen Beschwerden, um die Person vor den darunterliegenden Gefühlen zu »schützen«. Die Symptome dienen dabei der Ablenkung von den eigentlichen Ursachen: »Physical symptoms, of either the hysterical conversion or psychosomatic variety, are intended to divert attention from emotions in the unconsciousness so that they will not become overt and thereby known to the conscious mind« (Sarno, 2007, S. 50).

Emotionsfokussierte Psychotherapie

Grundlage der in der zweiten Buchhälfte vorgestellten emotionsfokussierten Psychotherapie ist die Intensive Dynamische Kurzpsychotherapie, ISTDP (*Intensive Short-Term Dynamic Psychotherapy*), die von Prof. Dr. med. H. Davanloo begründet wurde. Er war ursprünglich Neurochirurg, wechselte in die Psychiatrie, erlebte seine eigene Analyse bei Helene Deutsch und nutzte die Psychoanalyse als therapeutische und wissenschaftliche Grundlage für sein Wirken als Lehrstuhlinhaber an der McGill Universität in Montréal. Von 1960 an zeichnete er seine Therapien audiovisuell auf. Anhand der Videos studierte er akribisch, welche Interventionen erfolgreicher waren als andere. Auf der Basis seiner Videoanalysen entwickelte er die ISTDP, welche eine einfache und verständliche Neurosenlehre mit differenzierten psychotherapeutischen Interventionstechniken verbindet. Die Anwendung dieser hochwirksamen Therapie erfordert ein hohes Maß an Supervision und Selbstüberprüfung, sodass auch für die Evaluation des Therapieprozesses die Dokumentation der Behandlungsstunden mittels Ton- und Bildaufzeichnung erforderlich ist. Bei der Datenspeicherung sind höchste Anforderungen an die Datensicherheit zu stellen.

Die meisten Patienten kommen in Therapie, weil sie leiden. Sei dies psychisch oder rein körperlich. Bei vielen Körperbeschwerden wird kein körperlicher Auslöser für das Leid gefunden. Die Ursache der Symptome liegt oft in unbewussten Gefühlen, die mithilfe von Abwehren verdrängt werden. In der Kindheit hat das geholfen, sich besser an die Umgebung anzupassen, Spannungen weniger bedrohlich werden zu lassen, Situationen zu deeskalieren und existenzielle Konflikte mit den primären Bezugspersonen zu vermeiden. Auf Dauer können diese Anpassungsmechanismen zu Symptombildung und einem Andauern des Leidens führen.

Das neugeborene Kind sucht die liebende Verbindung zu seinen Bezugspersonen, den Eltern. Wird die Liebe durch Vernachlässigung, körperliche oder seelische Verletzungen gestört, reagiert das Kind, das im frühen Alter nur emotional und nicht kognitiv gesteuert kommunizieren kann, mit Trauer und Wut. Die Wut wiederum löst Schuldgefühle aus, denn es ist wütend auf einen Menschen, den es liebt und braucht, der durch sein Verhalten seine Liebe verletzt hat. Das Kind in der frühen Entwicklungsstufe kann wütende Impulse in seiner Erinnerung nicht von aggressiven Taten unterscheiden, sodass bereits aggressive Handlungsphantasien als reale Tat wahrgenommen werden und zu massiven Schuldgefühlen führen können. Dies geschieht insbesondere dann, wenn die Bezugsperson das Kind durch seine eigene Präsenz und Zuwendung nicht von seiner lebendigen Unversehrtheit überzeugt, sondern sich entzieht.

Das Kind macht die unbewusste Erfahrung, dass es mithilfe von Abwehrstrategien seine gemischten Gefühle vermeiden kann und dadurch nicht mehr von diesen bedrängt wird. Dieser seelische Vorgang hilft ihm auch, sich an die Situation zu adaptieren und die lebensnotwendige Bindung aufrechtzuerhalten. Da der Mensch auf liebende Verbindungen angewiesen ist, sucht er auch als Erwachsener danach. Dadurch setzt er sich der Gefahr aus, alte Erfahrungen zu wiederholen und erneut verletzt zu werden. Durch das Bedürfnis nach zwischenmenschlicher Nähe werden nicht nur die gemischten Gefühle aus der zurückliegenden Lebensgeschichte mobilisiert, sondern auch die Angst davor und damit die in der Kindheit gelernten Abwehrstrategien. Werden die Abwehrstrategien aktiviert, führen sie oft zu einer Einschränkung der Lebensentfaltung, zu seelischen Leiden und körperlichen Symptomen.

Zu Beginn der Therapie steht die Exploration der Symptome. Dabei versucht der Therapeut zu erfahren, seit wann die Symptome bestehen, wie oft und wie stark sie den Patienten beeinträchtigen und unter welchen Umständen sie auftreten. Während der Exploration erlebt der Therapeut, welche Gefühle der Patient meidet, welche Abwehrstrategien er dazu einsetzt und wie hoch seine Angst ist, wenn es darum geht, mit seinen Gefühlen wieder in Kontakt zu kommen. Wir laden den Patienten ein, sich für sein körperliches Erleben seiner Emotionen, seiner Ängste und Abwehrstrategien zu interessieren. Gelingt es dem Patienten, die Angst vor seinen Gefühlen zu überwinden, seine Abwehrstrategien zu erkennen und abzubauen, kann er seine eigenen Gefühle erleben. Das führt dazu, dass seine Angst im Alltag und mit ihr die Symptome zurückgehen oder sich vollständig zurückbilden. Er lernt, seine Gefühle adäquat zu erleben, ohne sie ausleben zu müssen oder in Form der selbstdestruktiven Abwehrmuster gegen sich selbst zu richten.

Eine wichtige Orientierungshilfe in der ISTDP ist das Konfliktdreieck nach Ezriel (1952) und Malan (1979), das von H. Davanloo und A. Abbass übernommen wurde. Dabei stellt sich stets die Frage: Was zeigt der Patient im Kontakt mit dem Therapeuten? Sind es Gefühle, eine Angst oder eine Abwehrstrategie?

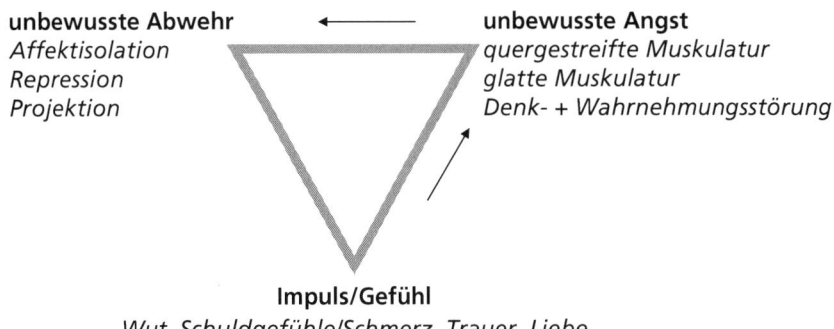

Abb. 1: Das Konfliktdreieck

Zu den Gefühlen zählen wir: Wut, Schmerz, Trauer, Liebe, existentielle Angst.

Angst betrachtet die ISTDP als Aktivierungsmuster des Körpers. Davon werden einerseits Ängstlichkeit und Befürchtungen abgegrenzt, die als Gedanken und Kognitionen eingeordnet werden. Andererseits die existentielle Angst, welche im Zusammenhang mit einer lebensbedrohlichen Situation auftritt. Das Erleben von Angst hat ein körperliches Korrelat. Wenn wir Angst spüren, sind das somatische und das autonome Nervensystem aktiviert. Eine wichtige Entdeckung von Davanloo sind die drei unbewussten Ausbreitungswege der Angst.

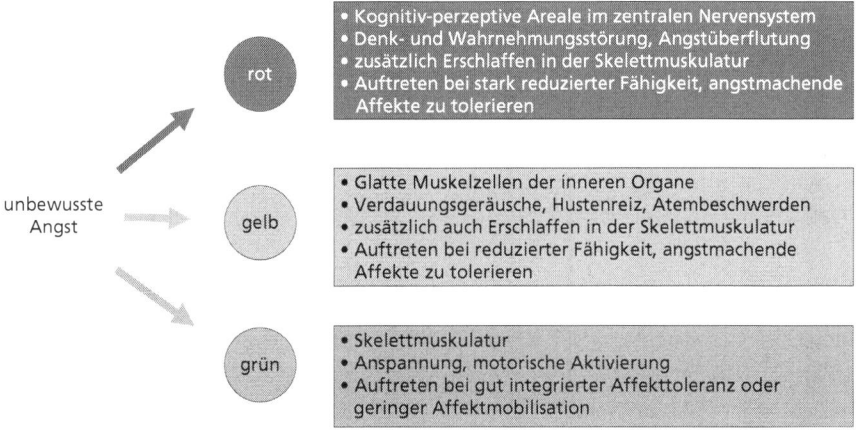

Abb. 2: Ausbreitungswege und Symptome unbewusster Angst (modifiziert nach Pfaundler und Quade 2014)

Die Angst kann sich in der quergestreiften Muskulatur niederschlagen (willkürliches Nervensystem), eine Modulierung der Aktivität der glatten Muskulatur (autonomes Nervensystem) bewirken oder sich als eine kognitiv-perzeptive Störung (zentrales Nervensystem) zeigen. Es ist für die Behandlung von fundamentaler Bedeutung, den Ausbreitungsweg der Angst zu erkennen, denn die Auswahl der Interventionen in der ISTDP hängt unmittelbar davon ab. Ist der Therapeut damit vertraut, seine Interventionen auf die körperliche Manifestation der Angst abzustimmen, kann die ISTDP mit ausreichender Sicherheit angewendet werden.

Patienten, bei denen die quergestreifte Muskulatur aktiviert wird, sind in der Sitzung angespannt. Die hauptsächliche Abwehrstrategie ist die Isolierung des Affekts. Diese Menschen wissen z. B., dass sie wütend sind. Ihre Körper sendet aber Angstsignale aus. Ihre Symptome zeigen sich v. a. in der Skelettmuskulatur, was zu Beschwerden im Bewegungsapparat führt. Die Patienten sind in der therapeutischen Situation in der Lage, einen hohen Anstieg an Gefühlen zu tolerieren. Der Therapeut hat also grünes Licht für die weitere Fokussierung auf das emotionale Erleben, da die Gefahr einer psychischen Dekompensation nicht gegeben ist.

Patienten, deren Angst sich in das autonome Nervensystem entlädt, leiden an Symptomen der inneren Organe wie Migräne, Magen-Darm-Störungen, Störungen des Urogenitaltraktes und andere. Die hauptsächliche Abwehrstrategie ist die Repression, die Verdrängung oder Unterdrückung der Gefühle, was mit einer Beeinträchtigung der Selbstwahrnehmung einhergeht. Diese Menschen spüren und merken nicht, dass sie wütend sind. Sie zeigen auch keine Zeichen der Angst in der quergestreiften Muskulatur, sondern sie aktivieren unmittelbar bei einer Änderung der Gemütsbewegung psychische Symptome und körperliche Reaktionen. In dieser Konstellation ist es unabdingbar, bei der Fokussierung auf das emotionale Erleben und der Gefahr einer Angstüberflutung immer wieder durch kognitive Einordnungen eine Entlastung des Patienten herbeizuführen und damit zunehmend eine Desensibilisierung gegenüber seinen gefürchteten Affekten zu erreichen. Der Therapeut muss die weitere Fokussierung sehr zurückhaltend anwenden und gegebenenfalls angstsenkende Methoden einsetzen, da eine Überforderung durch zu intensive Fokussierung zu einer Verschlimmerung der Körpersymptomatik führen kann.

Patienten, deren Angst sich ins zentrale Nervensystem entlädt, zeigen Wahrnehmungsstörungen wie verschwommenes Sehen, Tunnelblick, auditive oder haptische Phänomene und kognitive Beeinträchtigungen in Form von Konzentrationsstörungen, Gedankenabreißen, Blackout oder dissoziativen Symptomen. Auch diese Menschen merken nicht, dass sie wütend sind. Sie sind bereits bei geringer Affektmobilisation von Angst überflutet und können nicht mehr funktionieren. Es liegt auch hier eine Beeinträchtigung der Selbstwahrnehmung vor, Impulse können häufig nicht ausreichend wahrgenommen und in der Folge nicht kontrolliert werden. Die Kommunikation nach innen gelingt kaum. Hier liegt oft eine erhebliche Beeinträchtigung der strukturellen Integration im Sinne der OPD-2 (Operationalisierte Psychodynamische Diagnostik, 3. Auflage, Huber) vor. Die hauptsächlichen Abwehrstrategien sind unreife, d. h. entwicklungsgeschichtlich frühe Abwehrstrategien: Projektion, Externalisierung, Spaltung. Bei diesen Patienten kommen wir rasch in eine rote Zone mit Gefährdung der inneren Kohäsion. Das heißt, wir müssen den Prozess stoppen, die Abläufe gemeinsam mit dem Patienten kognitiv analysieren, damit dieser einen Überblick und eine Orientierung über seine inneren Abläufe gewinnen kann. Diese Menschen geraten durch die Fokussierung auf die Gefühle sehr rasch in eine Angstüberflutung und können dann nicht mehr auf perzeptive, kognitive und exekutive Funktionen zugreifen.

Während die Patienten mit aktivierter quergestreifter Muskulatur eine hohe Toleranz haben, Angst auszuhalten, benötigen Patienten mit Angstentladung in das autonome Nervensystem oder mit kognitiv-perzeptiver Störung zunächst die Fähigkeit, sich vor einer Angstüberflutung schützen zu können. Ihre Ich-Struktur ist zu zerbrechlich und bedarf zunächst eines Aufbaus und einer Stärkung der Abwehrstruktur. Dieses Merkmal wird als Fragilität bezeichnet.

In der psychotherapeutischen Arbeit beggnen uns eine Vielzahl von Abwehrstrategien. Gewisse sind offensichtlicher, andere verborgen.

Die etwas leichter zu erkennenden Abwehrstrukturen sind:

- *Obsessive Abwehren:* Intellektualisieren, Ruminieren, Rationalisieren, Verneinen. Affekt und Kognition sind voneinander isoliert.

- *Regressive Abwehren:* Weinerlichkeit, Klagen, Opferhaltung, Unterwerfung, vorwurfsvolle Haltung, oberflächliche Schuldproblematik, Passivität, Panikattacken, Depression, Somatisierung.
- *Taktische Abwehren:* sich nicht festlegen (vielleicht, möglich, eventuell, vermeidend)
- *Maligne Abwehren:* Trotz, Provokation, Sarkasmus, vordergründige Unterwerfung, passiv-provokatives Verhalten.
- *Unreife/Frühe Abwehren:* Projektion, Spaltung

Hinter diesen rasch in der Beziehung deutlich werdenden Abwehren sind zentrale Abwehren verborgen:

- Der Widerstand gegen das Erleben von Gefühlen.
- Der Widerstand gegen Intimität und emotionale Nähe
- Der Über-Ich Widerstand: Sich entwerten, hohe Maßstäbe
- Der Widerstand gegen den eigenen Willen, selber zu entscheiden, die Verantwortung zu übernehmen: Keinen Entscheid fällen, es anderen zu überlassen.
- Der Widerstand gegen das Selbst: Sich selber aufgeben, sich in die zweite Reihe stellen.

In der Behandlung der psychophysiologischen Störungen trifft man all die oben erwähnten Angstmuster und Abwehrstrategien in unterschiedlicher Ausprägung an. Das rasche Erkennen der Abwehr und der Ausbreitung der Angst erlauben einen raschen und effektiven Zugang zum Unbewussten, den verdrängten Gefühlen des Patienten. Werden diese erlebt, führt das zu einer vertieften Lebenseinsicht, einem Verständnis der eigenen Geschichte und oft zu einer raschen Linderung des psychischen Leidens und der körperlichen Symptome.

So einfach die theoretischen Grundlagen sind, so herausfordernd und faszinierend ist die Arbeit nach ISTDP. Kein Patient ist gleich, keine Reaktion ist gleich. Das Tempo ist rasch, da das Gehirn immer und rasch reagiert. Es ist stets faszinierend, die verbale und körperliche Sprache des Patienten zu beobachten und zu verstehen. Die ISTDP orientiert sich an dem, was sich zeigt. Sie ist nicht ein passives Zuhören, sondern eine aktive Interaktion zwischen Patient und Therapeut. Es wird viel Wert auf die körperlichen Kommunikationssignale und die inneren körperlichen Zeichen gelegt, da sie uns eine Orientierung geben, wo das Innere, das Unbewusste des Patienten, sich gerade befindet. Ausbildung und Supervision stützen sich daher auf die Analyse von Bild- und Tonaufzeichnungen der therapeutischen Sitzungen. Ist man vertraut mit dem körperlichen Ausbreitungsweg der Angst und den sich zeigenden Abwehrstrukturen, hat man eine gute Orientierung über das psychische Geschehen und kann dies dem Patienten, der den Prozess selbst erfährt, vermitteln. So beginnt der Patient das Konfliktdreieck zu verstehen. Das gibt ihm Orientierung, Sicherheit und Selbstvertrauen.

Terminologie in der deutschsprachigen Übersetzung und im englischen Original

Die Fachbegriffe werden in der deutschsprachigen Literatur nicht einheitlich benutzt. Wir möchten an dieser Stelle auf die Begriffe aus der Primärquelle hinweisen, da wir den Textfluss im Manual nicht durch englische Begriffe unterbrechen wollen. Ferner erleichtert die Kenntnis dieser Originalbegriffe die Teilnahme an in englischer Sprache gehaltenen Weiterbildungskursen. Die Patientengruppen mit psychoneurotischen Störungsbildern werden im englischen Original als »Low resistant, moderate resistant und highly resistant« bezeichnet, wir haben uns für die Formulierung »Patienten mit niedrig-, mittel- und hochgradigem Widerstand« entschieden. Unter Widerstand verstehen wir das Produkt aus den »defenses«, den »Abwehren«, mit denen das Unbewusste des Patienten ein bewusstes Erleben der Emotionen verhindert. Unter »Emotionen« verstehen wir überwiegend Trauer, liebevolle Gemütsbewegungen, Wut, Freude, Schuldgefühle und Angst. Da uns Angst vor Gefahren warnt, kann sie auch auftreten, wenn eine subjektive innere Gefahr droht. Angstbesetzte und deshalb verdrängte Emotionen können eine solche innere Gefahr darstellen (▶ Abb. 1: Das Konfliktdreieck). Eine Beziehung zu anderen reaktiviert zurückliegende Emotionen, die in vergangene Begegnungen entstanden sind. Eine Möglichkeit, sich dieser Reaktivierung zu entziehen, ist das »detachment«, das sich Abkoppeln vom gegenüber, der Patient ist »emotionally detached«, meidet die emotionale Begegnung mit dem gegenüber, es entsteht eine Distanziertheit. Werden Emotionen unterdrückt, indem sie in körperliche Symptome verdrängt werden, wird dies von Abbass als «Repression« bezeichnet, in der deutschsprachigen Ausgabe haben wir dies jeweils nach Möglichkeit umschrieben. Um näher am Originalbegriff zu sein, haben wir dies nicht mit »Konversion« übersetzt, obwohl hier eine große inhaltliche Nähe besteht. Angstüberflutung führt zu einer kognitiv-perzeptiven Störung (»cognitive-perceptual disruption«). Darunter versteht man stress- bzw. angstbedingte Denk- und Wahrnehmungsstörungen wie dissoziative Zustände (Depersonalisation, Derealisation, Stupor), Tunnelblick, Verschwommensehen, Augenflimmern, Verlangsamung im Denken, Störungen der Auffassungsfähigkeit bis zum Black-Out, auch psychomotorische Schwäche mit herabgesetztem Muskeltonus. Erste Hinweise auf eine Angstüberflutung sind eine geistige Verlangsamung und verlangsamte Reaktionsgeschwindigkeit. Dieser reduzierte Aktivitätszustand wird von Abbass sehr plastisch als »going flat« bezeichnet. Damit dieser Zustand überwunden werden kann, nutzt der Therapeut u. a. eine Intervention, die wir als »kognitive Einordnung« übersetzt haben, im Original wird an dieser Stelle »recapitulation« oder kurz «recap« benutzt. Die Behandlungsform, in der »recaps« häufig eingesetzt werden, wird im englischen Text als »graded format« beschrieben, in der deutschsprachigen Literatur wird dies uneinheitlich als »graduiertes, sukzessives oder schrittweises Vorgehen« bezeichnet. Aus unserer Sicht ist gradiert am besten geeignet, um zu beschreiben, dass mit geringgradig mobilisierenden Interventionen begonnen wird und in den nächsten Schritten auf die zunehmende Fähigkeit des Patienten aufgebaut wird, angstmachende Affekte zu tolerieren. Diese zunehmende Affekttoleranz ermöglicht zunehmend stärkere Interventionen zur Affektmobilisierung, bis die strukturelle Kapazität ausreicht, um sich mit primären Affekten in Bezug auf das Beziehungstrauma auseinanderzusetzen.

Anmerkungen zur Übersetzung

Bei dem vorliegenden Manual handelt es sich um die Übersetzung des Buches »Hidden from view« von Allan Abbass und Howard Schubiner. Die deutschschweizerische Übersetzergruppe entschied sich während einer Weiterbildung bei Allan Abbass im August 2018 in Bern zu diesem Projekt, im Anschluss an die Folgeveranstaltung 2019 wurde das Manuskript beim Verlag eingereicht. Wir hoffen, dass sich trotz unterschiedlicher Sprachstile ein ausreichender Lesefluss ergibt. Die jeweiligen Abschnitte wurden gegenseitig mehrfach überprüft und überarbeitet.

Anders als in der englischen Sprache ist es im Deutschen möglich, männliche und weibliche Personenbezeichnungen zu unterscheiden, beispielsweise Therapeut von Therapeutin. Wir haben nach Prüfung verschiedener Optionen die männliche Form gewählt, da wir Begriffe wie Therapeut und Behandler trotz des generischen Maskulinums als geschlechtsneutral verstehen. Nach unserer Auffassung schließen diese Begriffe alle Geschlechter gleichrangig ein.

Wir hoffen, dass auch Sie, liebe Leser*innen viele Anregungen und Instrumente in diesem Buch finden und es Ihnen damit leichter gelingt, Patienten mit chronifizierten Leiden und daraus resultierenden Eigenheiten in der Beziehungsgestaltung zuversichtlich und partnerschaftlich zu begegnen. Wir würden uns wünschen, dass Sie, ebenso wie auch wir Übersetzer, eine Faszination für diese wirkungsvollen Methoden entwickeln können.

Danksagung der Autoren

Allan Abbass ist voller Dankbarkeit für die Unterstützung seiner Kollegen vom »Centre for Emotions and Health, Family Medicine, Emergency Medicine and Internal Medicine« an der Dalhousie University: Richard Zehr, Angela Cooper, Joel Town und Ryan Wilson. Howard Schubinder bedankt sich als Mitarbeiter in Forschung, Klinik und Lehre sowie als Freund für die Unterstützung von Mark Lumley von der Wayne State University und Alan Gordon vom Pain Psychology Center in Los Angeles.

Wir möchten auch unseren Familien danken: Howards Frau Val Overholt für ihren weisen Rat und ihre Unterstützung und Allans Frau Jennifer und den Kindern Lauren, Will und Anthony für ihre ständige Unterstützung.

Wir möchten uns bei den vielen Kollegen bedanken, die die Entwürfe dieses Buches geprüft und Feedback gegeben haben. Dazu gehören Dr. Bianca Horner, Joanna Zed, Angela Cooper, Lothar Matter, Sam Campbell, Arno Goudsmit und Kollegen der University of Maastrict Family Medicine, Steven Allder, Patrick Luyten und Nat Kuhn.

Wir sind sehr dankbar für einen talentierten Designer, Eric Keller, einen exzellenten Lektor, Michael Betzold, und einen engagierten Korrektor, George Nolte.

Wir beide sind unseren Patienten sehr verbunden, die uns das Privileg geben, sie kennenzulernen und mit ihnen täglich zu lernen, wie Seele und Körper zusammenwirken.

Während wir dieses Buch schrieben, verloren wir John E. Sarno, der unsere Arbeit sehr beeinflusst hat. Dr. Sarno war ein Pionier auf dem Gebiet der Psychosomatischen Medizin und hat in den letzten 40 Jahren wertvolle Beiträge geleistet. Er wird sehr vermisst. Seine Geschichte wurde kürzlich in dem Film »All the Rage« von Michael Galinsky dokumentiert. Dr. Sarno hat eine ganze Generation von Forschern und Klinikern beeinflusst, um Patienten mit psychophysiologischen Störungen zu helfen. Wir sind stolz darauf, zu ihnen zu gehören.

1 Psychophysiologische Störungen – eine Übersicht

> Elisabeth, eine 32 Jahre alte Frau, klagt, sie bekomme immer wieder schlecht Luft, sie habe Anfälle von Atemnot und multilokuläre Schmerzen. Zwei frühere Untersuchungen erbrachten keinen pathologischen Befund. Als ich sie über ihre Symptome befrage, rinnt eine Träne über ihre Wange.
>
> Peter, ein 45-jähriger Mann, klagt seit sechs Monaten über anhaltende Rückenschmerzen. Die Beschwerden begannen vor einigen Jahren mit intermittierenden Schmerzen. Der Schmerz strahlt nicht in die Beine aus. Gelegentlich komme es aber zu Kribbelparästhesien im vorderen Bereich der Oberschenkel. Die neurologische Untersuchung ist normal. Im MRT finden sich Anzeichen einer degenerativen Wirbelsäulenerkrankung im Bereich der LWS, eine Bandscheibenprotrusion im Bereich L4/L5 mit einer mäßiggradigen Einengung des linken Neuroforamen. Die zweimalige Verordnung von Physiotherapie hatte zu einer bedeutsamen Verbesserung geführt.

Diese beiden Patienten klagen über häufige Beschwerden, die psychophysiologisch, durch Organpathologien oder durch eine Kombination beider Ursachen hervorgerufen werden können. Beide Vignetten sollen im Folgenden veranschaulichen, wie eine effiziente Diagnosestellung und Behandlung bei dieser Art von Befundkonstellationen gestaltet werden kann.

1.1 Übersicht

Psychische und emotionale Faktoren spielen bei Arztbesuchen eine herausragende Rolle (Kroenke, 2003; Kroenke und Rosmalen, 2006; Stuart und Noyes, 1999). Gemäß einer Metaanalyse weisen in der Primärversorgung zwischen 40–49 % der Patienten mindestens ein psychophysiologisches Symptom auf und bei 26–34 % kann eine somatische Belastungsstörung diagnostiziert werden (Haller et al., 2015). Tatsächlich können psychosoziale Faktoren vielen Krankheitssymptomen zugrunde liegen, wie bspw. Nacken- und Rückenschmerzen, Bauch- und Beckenschmerzen, Fibromyalgie, Angstzuständen, Depressionen, Müdigkeit,

Schlaflosigkeit und autonome Funktionsstörungen wie dem Reizdarm oder der nervösen Blase (Schubiner und Betzold, 2016). Psychosoziale Faktoren spielen außerdem eine bedeutsame Rolle für Behandlungsfehler, Probleme mit der Adhärenz, protrahierte Genesungsverläufe nach Verletzungen und die übermäßige Inanspruchnahme medizinischer Leistungen. Leider werden diese Faktoren noch zu häufig nicht identifiziert und nicht effektiv behandelt (Kroenke, 2003; Kroenke und Rosmalen, 2006).

Darüber hinaus wirken sich emotionale Faktoren auch ganz entscheidend auf Gesundheit, Wohlbefinden, Lebensqualität und Arbeitszufriedenheit der Ärzte und deren Mitarbeiter aus. Patienten mit behandlungsresistenten Syndromen und schwerwiegenden emotionalen Problemen beeinträchtigen die Zufriedenheit der Behandler und erhöhen das Risiko für Burnout und Kunstfehler (Croskerry et al., 2010).

1.2 Multifaktorielles Ursachenspektrum

Jeder Patient mit psychophysiologischen Störungen (PPS) weist eine einzigartige Krankengeschichte auf, die durch das Zusammenspiel von Symptomen, belastenden Lebensereignissen, der aktuellen Lebenssituation und den Umgang mit den Symptomen gekennzeichnet ist. Demgemäß können für die Ätiologie der PPS leichter zugängliche verhaltensbezogene, kognitive und zwischenmenschliche Faktoren eine Rolle spielen oder aber auch tief verwurzelte dysfunktionale Reaktionsmuster (► Tab. 1.1).

Tab. 1.1: Ursachen und Behandlungen

Bewusst	Unbewusst
• Erlernte kognitive, behaviorale und interpersonelle Faktoren	• Emotionale Konflikte • strukturelle Beeinträchtigungen • Defizite der Selbstwahrnehmung
Gesundes Bindungssystem	**Beeinträchtigtes Bindungssystem**
• kein oder nur geringes Ausmaß an Bindungstraumata • Gute Angsttoleranz • Gute ausgeprägte Emotionswahrnehmung • Gutes Ansprechen auf Behandlungen	• Hohes Ausmaß an Bindungstraumata • Niedrige Angsttoleranz • Defizite in der emotionalen Wahrnehmungsfähigkeit (Alexithymie) • Schlechtes Ansprechen auf Behandlungen
Behandlung	**Behandlung**
• Psychoedukativ, kognitiv-behavioral, Fertigkeitentraining	• emotionsfokussierte psychodynamische Psychotherapie

1.3 Lernerfahrungen

Bei Patienten mit weniger schweren psychophysiologischen Störungen spielen vor allem erlernte Denk- und Verhaltensmuster eine Rolle: Sie verfallen in hypochondrische Sorgen und andere maladaptive Verhaltensweisen. Typische Beschwerden sind Nackenschmerzen und Spannungskopfschmerz. Angst wird vor allem in die quergestreifte Skelettmuskulatur kanalisiert und führt zu muskulärer Verspannung. Außer durch interpersonelle Lernerfahrungen können diese Symptome aber auch durch das Gesundheitssystem verstärkt werden.

In der Regel sind diese Patienten aber in der Lage, Emotionen wahrzunehmen, die auf vorangegangene Bindungstraumata zurückgehen. Sie können in der Regel gesunde Bindungsbeziehungen aufbauen. Sie sind offen für den Zusammenhang von Stress und Symptomentstehung, können ihre wichtigen seelischen Probleme erkennen und sprechen deshalb auf edukative und kognitiv-behaviorale Interventionen an. Die Behandlung besteht in der Psychoedukation über die Bedeutung von Stress und in Methoden der kognitiven Umstrukturierung. Außerdem sollen die Patienten in die Lage versetzt werden, Stressoren weniger maladaptiv zu bewältigen. Ausführlich werden diese Interventionen in den Kapiteln 2–4 erklärt.

1.4 Unbewusste Konflikte

Bei schweren Formen psychophysiologischer Störungen werden die Symptome primär durch unbewusste emotionale Faktoren verursacht. Diese Patienten sind oft alexithym, d. h. sie haben Schwierigkeiten, Emotionen wahrzunehmen, innerlich zu erleben und angemessen auszudrücken. Meist sind sie durch die Beschwerden sehr stark blastet, fast immer besteht eine ängstlich-depressive Symptomatik und in der Biografie finden sich gehäuft traumatische Lebenserfahrungen. Es fällt ihnen oft schwer, die Rolle emotionaler Faktoren für die Symptomentstehung zu verstehen. Die Beschwerden dieser Patienten sprechen häufig nicht auf unspezifische medizinische Behandlungen oder psychotherapeutische Bemühungen an. Diese Patienten benötigen eine psychotherapeutische Behandlung, die ihre Fähigkeit verbessert, Gefühle wahrzunehmen und den Zusammenhang zwischen emotionalen Faktoren und der Symptomentstehung zu verstehen. Dieser Behandlungsansatz wird in den Kapiteln 5–8 beschrieben.

1.5 Ein Kontinuum

Zwischen diesen beiden Polen, dem der leichten und schweren psychophysiologischen Störungen, finden sich viele Patienten, die eine Kombination dieser unterschiedlichen Therapieansätze benötigen. Die in den Kapiteln 2–4 beschriebenen, leichter zu erlernenden Techniken eignen sich für die meisten Patienten der Primärversorgung. Auch Patienten mit tief verwurzelten emotionalen Konflikten können von diesen edukativen und kognitiv-behavioralen Techniken profitieren, ebenso wie weniger schwer Betroffene von den emotionsfokussierten Interventionen, die in den Kapiteln 5–8 beschriebenen werden. Für alle Patienten mit psychophysiologischen Störungen ist eine evidenzbasierte und rationale medizinische Herangehensweise sinnvoll, die relevante somatische Ursachen ausschließt und Patienten über die zugrunde liegenden psychophysiologischen Mechanismen aufklärt.

1.6 Settingfaktoren und Interventionen

Patienten mit psychophysiologischen Störungen werden von Klinikern in unterschiedlichen Settings mit unterschiedlichen zeitlichen Rahmenbedingungen gesehen. In manchen Einrichtungen steht nur sehr wenig Zeit für die Untersuchung und Behandlung der Patienten zur Verfügung. Für diese Ärzte ist es hilfreich, unterschiedliche Ursachen funktioneller Störungen zu kennen, ein überschaubares Repertoire kurzer edukativer und kognitiv-behavioraler Interventionen zu beherrschen und zu erkennen, wann sie Patienten in eine fachspezifische Behandlung überweisen müssen.

Ärzte mit mehr therapeutischem Spielraum profitieren in ihrer klinischen Arbeit sehr davon, wenn sie lernen, wie man die spezifischen Ursachen psychophysiologischer Störungen identifiziert, wie man psychoedukative und kognitiv-behaviorale Behandlungen einsetzen kann und dem Patienten hilft, unbewusste Emotionen zu erkennen und zu verarbeiten.

1.7 Die zentrale Rolle einer vertrauensvollen Beziehung

Vertrauen in der Arzt-Patient-Beziehung ist die Basis einer erfolgreichen klinischen Arbeit. Patienten mit psychophysiologischen Störungen haben oft stigmatisierende und diskriminierende Erfahrungen mit dem Gesundheitssystem gemacht: Ihre Beschwerden wurden als »eingebildet« entwertet und sie als »klagsam« oder gar als »Simulant« abgestempelt. Gleichzeitig fühlen sich die Betroffenen wie überwältigt von ihren belastenden Lebensumständen und dem Ausmaß ihrer Beschwerden. Die frühen Lebenserfahrungen der Betroffenen sind oft von Bindungstraumatisierungen, d. h. belastenden Kindheitserfahrungen, gekennzeichnet. Wenn man versteht, dass die Schmerzen der Betroffenen real sind und die Ursachen für diese Symptome auf frühe belastende Lebenserfahrungen in Gestalt von Vernachlässigung, Verlassenheit und Missbrauch zurückgehen, ist es einfacher, eine fürsorgliche Haltung einzunehmen und dem Aufbau von Vertrauen viel Aufmerksamkeit zu schenken. Machen Sie sich klar, dass die Qualität der therapeutischen Beziehung die notwendige Grundlage für den Erfolg der nachfolgend beschriebenen Interventionen ist. Wir hoffen, dass dieses Buch Ihnen hilft, Ihre Patienten besser zu verstehen und eine gute therapeutische Beziehung aufzubauen.

1.8 Zusammenfassung

- Die Ursachen psychophysiologischer Störungen reichen von erlernten kognitiv-behavioralen Schemata bis hin zu tiefverwurzelten maladaptiven emotionalen Reaktionsmustern.
- Emotionale Faktoren spielen bei sehr vielen Patienten eine Rolle. Diese emotionalen Faktoren müssen im Fokus der Behandlung stehen.
- Die meisten Kliniker können von der Theorie und den Interventionstechniken in diesem Buch profitieren.
- Eine fürsorgliche und vertrauensvolle Beziehung ist entscheidend für die Behandlung von Patienten mit psychophysiologischen Störungen.

2 Diagnostik bei Patienten mit psychophysiologischen Störungen

Elisabeth kommt zu einer zweiten Konsultation. Sie beklagt eine Reihe von Symptomen, darunter Kopfschmerzen, Nackenschmerzen, Arm- und Beinschmerzen und intermittierender Durchfall. Nach der letzten Konsultation war sie in der Notaufnahme wegen Atemnot. Sie ist verzweifelt und enttäuscht, weil sie außer Schmerzmittel keine Erklärung oder gar Hilfe für ihre Beschwerden erhalten hat. Eine Computertomografie und ein MRT des Gehirns waren normal. Eine MRT ihres Halses zeigte nur minimale degenerative Veränderungen; eine Ösophagogastroduodenoskopie (ÖGD), eine Koloskopie und serologische Tests auf Zöliakie zeigten keine Anomalien; ein Lungenfunktionstest, ein Thorax-CT und das Echokardiogramm waren ebenfalls normal. Tests auf Borreliose und systemischen Lupus erythematodes und andere rheumatologische Erkrankungen blieben ebenfalls ohne pathologischen Befund.

Peter kehrt nach einem Besuch bei einem Physiotherapeuten und Rehabilitationsarzt zurück. Sechs Wochen Physiotherapie halfen nur minimal. Später erhielt er drei epidurale Injektionen. Der erste reduzierte seine Schmerzen eine Woche lang um 50 %, aber die anderen Injektionen halfen nicht. Seine Schmerzen bestehen in gleicher Stärke fort wie vor den Injektionen. Er hatte außerdem zwei Neurochirurgen konsultiert, die ihn darüber aufklärten, dass sein Rücken stark beschädigt sei, möglicherweise aufgrund genetischer Faktoren und, dass es nichts gab, was er tun könne. Ein Neurochirurg bot ihm eine Operation an, sobald die Schmerzen unerträglich werden. Peter klagte darüber, dass die Schmerzen immer schlimmer würden. Er habe nahezu jede körperliche Aktivität eingeschränkt. Gegen seine Schmerzen nehme er nun Opiate.

Für die Behandlungsplanung ist es entscheidend, zu prüfen, ob strukturelle Organpathologien vorliegen, ob die strukturellen Beeinträchtigungen mit emotionalen Belastungen einhergehen oder ob es sich um eine psychophysiologische Störung handelt, die durch emotionale Reaktionen auf belastende Lebensereignisse verursacht wird. Auch wenn Organerkrankungen starke emotionale Reaktionen verursachen können, werden sie nicht unmittelbar durch psychophysiologische Faktoren verursacht. Bei vielen Patienten spielen sowohl organpathologische Veränderungen als auch psychophysiologische Mechanismen eine Rolle. Die meisten

Ärzte konzentrieren sich aber ausschließlich auf Organpathologien und blenden stressbedingte oder psychophysiologische Faktoren und Störungen aus, obwohl psychophysiologische Störungen weit verbreitet sind und in vielen Fällen vom Primärversorger diagnostiziert und behandelt werden können.

2.1 Typische Klinik, typische Probleme

Schmerzen, Müdigkeit und andere unspezifische Beschwerden ohne fassbare Organpathologie sind häufige Ursachen für Arztbesuche (Abbass et al., 2009a; Rief und Barsky, 2005). Rund ein Drittel bis die Hälfte aller hausärztlichen Konsultationen wird durch Patienten mit psychophysiologischen oder somatoformen Störungen verursacht (Kroenke, 2003; Kroenke und Rosmalen, 2006; Haller et al., 2015; Stuart und Noyes, 1999). Diese Krankheitsbilder – darunter ein Großteil aller Patienten mit Kopfschmerzen, Reizdarm- und Reizblasensyndrom, Fibromyalgie, chronischem Müdigkeitssyndrom sowie Nacken- und Rückenschmerzen – sind häufig mit Angststörungen, Depressionen oder posttraumatischer Belastungsstörung (PTBS) assoziiert (Amir et al., 1997; Beckham et al., 1997; Sherman et al., 2000). Allen diesen Störungen gemeinsam sind die hohe psychische Komorbidität, das hohe Ausmaß an Funktionsbeeinträchtigung und eine Anamnese früher Belastungsfaktoren in der Kindheit (Aaron und Buchwald, 2001; Henningsen et al., 2003). Patienten mit psychophysiologischen Störungen sind allgemein sehr stark beeinträchtigt (Stuart und Noyes, 1999) und verursachen einen Großteil der Arbeitsunfähigkeitszeiten (Barsky et al., 2005; Wessely et al., 1999). Für die USA werden die Kosten dieser Erkrankungen auf etwa 100 Milliarden Dollar jährlich geschätzt (Barsky et al., 2005). Die Gesamtkosten unter Berücksichtigung chronischer Schmerzen werden in den USA auf 600 Milliarden US-Dollar geschätzt, mehr als die Kosten für Herzerkrankungen, Diabetes mellitus und Krebs zusammen (Institute of Medicine, 2011).

Frühe belastende Lebenserfahrungen – einschließlich unterschiedlicher Formen von Missbrauch (sexuell, körperlich, emotional) und Vernachlässigung – sind mit der Entwicklung psychophysiologischer Störungen im Erwachsenenalter assoziiert (Felitti et al., 1998; Stuart und Noyes, 1999; Sansone et al., 2001; Spertus et al., 2003, Sachs-Ericsson et al., 2017, van Houdenhove et al., 2001). Belastende Ereignisse im Kindesalter stellen Risikofaktoren für chronische Schmerzen (Green et al., 2001; Goldberg et al., 1999), Kopfschmerzen (Raphael et al., 2004), gynäkologische (Cunningham et al., 1988), gastrointestinale (Bass et al., 1999) und muskuloskelettale Beschwerdebilder dar (Bendixen et al., 1994).

Außerdem besteht ein enger Zusammenhang zwischen »medizinisch nicht erklärbaren Symptomen« und psychischen Störungen im engeren Sinne. Bei Personen mit Fibromyalgie (Aaron et al., 1996; Merskey, 1989), Reizdarmsyndrom (Thompson et al., 1999; Whitehead et al., 1988), Multiple Chemical Sensitivity Syndrom (Barsky und Borus, 1999) und dem chronischen Fatigue-Syndrom

(Manu et al., 1989; Morrison, 1980) finden sich hohe Komorbiditätsraten. Patienten mit funktionellen Störungen habe eine hohe Komorbidität mit Depressionen und Angststörungen (Bass et al., 2001; Katon et al., 2001) ebenso wie Patienten mit Depressionen und Angststörungen häufig funktionelle Körperbeschwerden aufweisen (Kroenke, 2003; Sha et al., 2005).

Dieses Manual folgt der Grundannahme, dass scheinbar »medizinisch unerklärliche Krankheiten« das Ergebnis psychophysiologischer Prozesse sind: Diese »unerklärlichen« Symptome werden durch erlernte neuronale Bahnungen als Reaktion auf psychischen Stress erzeugt. Reversible psychophysiologische Prozesse und nicht strukturelle Veränderungen oder organpathologische Prozesse verursachen diese Körpersymptome. Man spricht deshalb auch von psychophysiologischen oder funktionellen Störungen. Die Diagnose einer psychophysiologischen Störung erfolgt nach einer sorgfältigen Differentialdiagnostik, die relevante organische Faktoren durch eine adäquate Anamnese, körperliche und ggf. apparative Untersuchungen ausschließt.

2.2 Die Neurophysiologie der psychophysiologischen Störungen

Die zentralen Mechanismen psychophysiologischer Störungen sind in den letzten Jahren zunehmend aufgeklärt worden. Das Gehirn kann in nahezu jedem Körperbereich Symptome unterschiedlicher Schwere erzeugen. Timothy Noakes, ein Sportphysiologe, hat untersucht, wie das Gehirn auf einen Marathonlauf mit dem Phänomen der subjektiven Erschöpfung, des »vor-die-Wand-laufens« (andere Bezeichnungen »Mann mit dem Hammer-Phänomen« oder »Hungerast«) reagieren kann (Noakes, 2001). Er klärte auf, wie auch bei gut trainierten Athleten während eines Ausdauerwettkamps dieses Phänomen entstehen kann: Wenn während eines Marathonlaufs Schmerz und Müdigkeit zunehmen, dann schlägt das Gehirn der Betroffenen Alarm und warnt davor, dass dem Organismus bald die Energie ausgeht. Die Erschöpfung wird vom Gehirn simuliert indem plötzlich weniger Muskeln auf neuronalen Wegen rekrutiert werden, die Betroffenen fühlen sich wie »von einem Hammer getroffen« und können ihre Körperhaltung und Bewegungsabläufe nicht mehr aufrechterhalten. Noakes nennt dies die zentrale »Gouverneursfunktion« des Gehirns und erläutert, dass Athleten diese Warnsignale ignorieren müssen, um den Marathonlauf erfolgreich beenden zu können. Dieses Phänomen der simulierten Erschöpfung entspricht demnach einer Situation beim Autofahren, wenn das Warnlicht einen leeren Tank anzeigt, obwohl der Treibstoff noch für etliche Kilometer ausreicht.

> »Dieses neue Verständnis der Fatigue bringt alle verschiedenen Modelle der Trainingsphysiologie zusammen. Tatsächlich lassen sich die Ergebnisse der einzelnen Modelle durch die Tätigkeit eines zentralen Gouverneurs erklären, der die Aktivitäten regelt, um sicherzustellen, dass die Homöostase aufrechterhalten und körperliche Schäden vermie-

den werden. Müdigkeit ist lediglich der emotionale Ausdruck der subjektiven Symptome, die sich entwickeln, wenn diese unbewussten Kontrollmechanismen sich durchsetzen. Es handelt sich um einen erbitterten Kampf mit dem bewussten Verstand, um sicherzustellen, dass sich das Bewusstsein letztlich dem höheren Willen des Unbewussten unterwirft (Noakes, 2001).«

Das Konzept der geförderten Ruhe (»promoted quiescence« oder »sickness behavior«) von Gracely und Schweinhardt (2015) stellt eine weitere Möglichkeit dar, die Entstehung von Schmerzen, Müdigkeit und anderen psychophysiologischen Symptomen durch zentralnervöse Prozesse zu erklären.

Zu Beginn der Evolution waren Raubtiere und Konkurrenten die Hauptbedrohungen für Gesundheit und Wohlbefinden. Auf die äußere Bedrohung erfolgt eine »Kampf- oder Fluchtreaktion«. Dieser hochaktivierte Zustand ermöglicht es im Dienste des Überlebens, alle verfügbaren Ressourcen des Organismus einschließlich Muskel- und Sinneskraft zu nutzen. Einen derartigen Zustand kann nicht lange aufrechterhalten werden. Während der »Kampf-Fluchtaktivierung« verspürt man im Allgemeinen weder Müdigkeit und Schmerz, selbst wenn man verletzt ist. Erst im Anschluss setzt ein zentralnervöser parasympathisch geführter Aktivierungszustand ein, der auf Ruhe und Erholung abzielt und der mit Müdigkeit, Schmerzen und einer Einschränkung der kognitiven Funktionen einhergehen kann. Dieser wichtige adaptive Zustand dauert in der Regel einige Tage bis wenige Wochen, je nach Verletzungsgrad. Mit Ausheilung der Verletzungen, »schaltet« das Gehirn die Warnsignale Schmerzen und Müdigkeit ab, um die Rückkehr zur vollen Aktivität zu ermöglichen. In der modernen Welt haben äußere Bedrohungen und Gefahren die Gestalt anhaltender emotional belastender Situationen angenommen. Weil das Gehirn auf emotionale Verletzungen genauso reagiert wie auf äußere körperliche Verletzungen (Kross et al., 2011; Eisenberger et al., 2006), kann in Reaktion auf emotional belastende Lebensereignisse das zentralnervöse Ruhe- und Erholungsprogramm aktiviert werden (»sickness behavior«). In diesem Zustand der »geförderten Ruhe« warnt uns das Gehirn vor einer möglichen Gefahr durch Überlastung, indem es weiterhin Symptome wie Schmerz, Müdigkeit und kognitive Beeinträchtigungen erzeugt. Sehr leicht ist man dann versucht, diese Symptomatik als Folge anhaltender struktureller Organpathologien zu interpretieren, wie dies häufig seitens der Patienten und deren Behandler geschieht, selbst wenn die akute Verletzung längst ausgeheilt ist oder von Beginn an eindeutig emotionaler Art war.

Der Zusammenhang von emotionalen Prozessen mit chronischen Schmerzen wurde eingehend von Apkarian et al. erforscht. Eine erhöhte Konnektivität zwischen emotionalen Netzwerken, dem Nucleus accumbens und dem präfrontalen Kortex erwies sich bei Patienten mit einer subakuten Rückenverletzung prädiktiv für die Entwicklung chronischer Rückenschmerzen (Baliki et al., 2012). Diese neuronalen Netzwerke wurden sehr wahrscheinlich in Reaktion auf frühe traumatische Lebensereignisse ausgebildet. In die gleiche Richtung weisen Bildgebungsbefunde, die zeigen, dass Personen mit chronischen Rückenschmerzen emotionale (limbische), anstatt somatosensorisch-nozizeptive Hirnareale aktivieren (Hashmi et al., 2013).

Die Ursache psychophysiologischer Reaktionen sind unbewusste ablaufende zentralnervöse Prozesse, die die Körperfunktionen im Dienste des Überlebens, der Anpassung an unsere Umwelt und der Abwehr angstbesetzter Gefühle kontrollieren. Die Reaktionen auf unsere Umwelt hängen sowohl von angeborenen als auch erlernten neuronalen Verknüpfungen ab. Im Laufe unseres Lebens lernt unser Gehirn, auf potenziell gefährliche Situationen zu reagieren. »Wenn Neuronen zusammenfeuern, werden sie miteinander verkabelt« wie Hebb nachwies. Und diese neuen neuronalen Netzwerke werden umso wahrscheinlicher wieder feuern, je häufiger sie aktiviert werden (Hebb, 1949).

Unser Gehirn kontrolliert jedoch nicht nur Reaktionen auf unsere Umwelt, sondern auch wie wir unsere Umwelt wahrnehmen. Augenzeugenberichte werden durch die verinnerlichten Werte und die Lebenserfahrungen des Betrachters dramatisch verändert (Arkowitz und Lilienfeld, 2010; Drew et al., 2013; Lum et al., 2005; Morgan et al., 2004). Wir können nur das sehen, was der Erwartung unseres Gehirns entspricht. Dies wird als prädiktive Kodierung (»predictive coding«) bezeichnet: Was wir wahrnehmen, wird durch unsere früheren Erfahrungen bestimmt. Exterozeption steht dabei für die visuelle, auditive und gustatorische Wahrnehmung, Interozeption für die Wahrnehmung innerer Prozesse (Feldman Barrett und Simmons, 2015): Das Gehirn erzeugt diejenigen Empfindungen, die es gemäß den Erfahrungen als wahrscheinlich erwartet. Wenn sich das Gehirn in einem Zustand der »geförderten Ruhe« befindet, wird es weiterhin erwarten, dass körperliche Bewegung oder geistige Beschäftigung, Schmerz, Müdigkeit, kognitive Dysfunktionen oder andere Symptome auslöst, die dazu bestimmt sind, Ruhe und Inaktivität zu erzwingen. Je mehr diese neuronalen Netzwerke aktiviert werden, desto mehr werden sie als Ruhezustandsnetzwerk (»default pathways«) normalisiert. Das Gehirn kann, noch lange nachdem sich die Gefahr aufgelöst hat, psychophysiologische Symptome erzeugen. Schmerzen und andere funktionelle Symptome können dann als eine Art Nachricht von unserem Unbewussten verstanden werden. Schmerzen können ohne körperliche Verletzung auftreten (Fisher et al., 1995) und nicht alle körperlichen Verletzungen lösen Schmerzen aus (Beecher, 1951). Schmerz kann auf eine tatsächliche Gewebeschädigung zurückgehen oder ein Signal für eine wahrgenommene Gefahr darstellen. Zur Vertiefung der Themen prädiktive Kodierung, Interozeption und emotionale Prozesse sei auf die Monografie von Feldman Barrett (2017) verwiesen.

2.3 Den Weg vorbereiten

Patienten können mit Widerstand reagieren, sobald man beginnt, nach möglichen Zusammenhängen zwischen Körpersymptomen und Stress zu suchen. Ärzte können ein paar Regeln beherzigen, um diesen Widerstand zu reduzieren. Erstens ist es wichtig, Vertrauen aufzubauen, indem man mit einer fürsorglichen und wohlwollenden Haltung dem Patienten gegenübertritt und zuhört (Fonagy und Allison, 2014). Der Aufbau einer vertrauensvollen Beziehung ist von entscheidender Bedeutung für die Diagnostik und Behandlung von Patienten mit psychophysiologischen Störungen. Zweitens ist es sinnvoll, Patienten bereits mithilfe der Aufnahmeformulare auf eine ganzheitlichere Diagnostik vorzubereiten, die simultan somatische und psychosoziale Aspekte berücksichtigt, indem bspw. Fragen wie die folgenden gestellt werden: »Haben Sie in Ihrem Leben viel Stress erlebt«, »Wie viel Stress erleben Sie zurzeit«, »Ist Ihnen aufgefallen, dass Ihre Symptome sich durch Stress verschlimmern?«, »Wo in Ihrem Körper spüren Sie üblicherweise Stress?« So wie im Aufnahmefragebogen üblicherweise nach der Familienanamnese gefragt wird, so kann eine modifizierte »Holmes- und Rahe-Skala« helfen, belastende Lebensereignisse zu erfassen (Holmes und Rahe, 1967; bspw. Tod eines Lebenspartners, Arbeitslosigkeit, Schwangerschaft usw.). Ein weiterer nützlicher Screening-Fragebogen ist der Patientengesundheitsfragebogen (PHQ) mit dem sich unter anderem körperliche Beschwerden, Depressionen und Angststörungen erfassen lassen (Kroenke et al., 2010). Eine dritte Möglichkeit, Patienten auf das Gespräch vorzubereiten, stellen Broschüren im Wartebereich dar, die Patienten über die körperlichen Auswirkungen von Stress aufklären. Derart vorbereitet werden Patienten nicht überrascht sein, wenn der Arzt in seiner Untersuchung auf das Thema Stress als mögliche Ursache für körperliche Beschwerden eingeht. Schließlich geht es darum zu erkennen, dass es normal ist, wenn emotionaler Stress den Körper beeinflusst: Es ist wichtig, dem Patienten zu erklären, dass die Fragen darauf abzielen, herauszufinden, wie der Körper des Patienten auf Stress reagiert. Eine derartige Gesprächsführung wirkt der Befürchtung des Patienten entgegen, der Arzt sei darauf aus, ihm vorzuwerfen, dass er seine Symptome erfindet, sich einbildet oder er übertreibt. Darüber hinaus bereitet dies den Boden für eine tiefergehende emotionsfokussierte Untersuchung des Patienten.

2.4 Erste klinische Überlegungen

Es ist wichtig von Anfang an bei allen Patienten einen biopsychosozialen Ansatz zu verfolgen und zu überprüfen, ob es sich primär um Symptome einer organischen Krankheit, einer psychophysiologischen Störung oder einer Kombination aus beidem handelt. Genauso wie der Arzt mit den Grundlagen des Herzkreislaufsystems und dessen Beurteilung vertraut sein muss, muss er in der Lage sein, das psychische Funktionsniveau des Patienten zu beurteilen, nämlich die Fähigkeit des Patienten, Emotionen wahrzunehmen, zu erleben, angemessen auszudrücken und mit belastenden Situationen umzugehen. Es ist nicht hilfreich für den Patienten, bei persistierenden Schmerzsyndromen primär von einem organpathologischen Prozess auszugehen. Psychophysiologische Prozesse sind eine sehr häufige Ursache für chronische Schmerzen. Akuter Brustschmerz kann Symptom einer

Angina pectoris oder eines Myokardinfarkts sein. Brustschmerz kann aber auch als Reaktion auf ein belastendes Lebensereignis plötzlich auftreten, wenn das Ereignis eine unbewusste Angst mobilisierte, die dann über eine muskuläre Verspannung zu thorakalen Schmerzen führt. Genauso können chronische Rücken- oder Kopfschmerzen funktionell bedingt sein. Wenn sich durch Anamnese, körperliche Untersuchung und rationale apparative Diagnostik kein Hinweis auf eine relevante organische Störung ergibt, ist eine psychophysiologische Störung hochwahrscheinlich. Da die Behandlungswege sehr unterschiedlich sind, ist es entscheidend, sorgsam zwischen psychophysiologischen und organpathologischen Störungen zu unterscheiden.

Bestimmte Symptommuster können auf spezifische organpathologische Erkrankungen hinweisen, wie bspw. akute kolikartige Flankenschmerzen mit Blut im Urin für eine Nierenkolik und Nierensteine sprechen. Allerdings spielen Stress und psychische Faktoren auch für organpathologische Erkrankungen eine bedeutsame Rolle, die üblicherweise als rein körperlich betrachtet werden: Die Entstehung einer koronaren Herzerkrankung bzw. kardiovaskulärer Ereignisse konnte durch die höhere Ruheaktivierung der Amygdala vorhergesagt werden (Tawakol et al., 2017). Patienten mit einer mittelgradigen bis schweren Parkinsonerkrankung sprachen signifikant und objektivierbar hinsichtlich der Verbesserung ihrer Motorik auf die Injektion eines »teuren« Placebo-Medikaments an (Espay et al., 2015). Eine weitere Studie zeigte wie die kognitiven Grundannahmen der Studienteilnehmer die Auswirkung von körperlicher Aktivität auf Blutdruck, Body-Mass-Index und Metabolisierung der Nahrung veränderten (z. B. Veränderungen des Ghrelinspiegels; Crum und Langer, 2007; Crum et al., 2011).

> Elizabeth klagt über linkstemporale Kopfschmerzen und anfallsweise Erstickungsgefühle, außerdem dumpfe wechselnde Schmerzen im Nacken und in den Armen. Bisher war ihr nicht bewusst, ob bestimmte Faktoren die Schmerzen verstärken oder lindern. Nach Belastung würden die Schmerzen erheblich zunehmen. Körperliche Anstrengung führe nicht zu einer Verstärkung ihrer Atembeschwerden. Auf Nachfrage berichtet sie, dass sie als Kind häufig unter Kopfschmerzen litt und einen »nervösen Magen« hatte.
>
> Peter gibt an, dass die Rückenschmerzen nach dem Aufwachen am Morgen geringer sind und im Laufe des Tages zunehmen. Er vermeide deshalb unnötige Bewegungen. In den letzten zwei Wochen hätten sich die Schmerzen in den unteren Teil des Thorax ausgebreitet, vor allem im paravertebral beidseits. Ein MRT der Brustwirbelsäule war unauffällig. Lediglich bei einem mehrstündigen Bootsausflug mit Freunden sei er längere Zeit schmerzfrei gewesen.

Die wichtigste Aufgabe der ärztlichen Untersuchung ist die Identifizierung pathologischer Zustände. Mithilfe einer sorgfältigen Anamnese, der körperlichen Untersuchungen sowie dem gezielten Einsatz apparativer Methoden, ist es meist möglich, organpathologische Zustände festzustellen. Wenn ein organpathologischer Prozess ausgeschlossen wurde, liegt sehr wahrscheinlich eine psychophysiologische Störung vor. Der Ausschluss eines organpathologischen Prozesses ist ebenso wichtig wie die positive Identifizierung der den Symptomen zugrunde liegenden psychophysiologischen Prozesse. Die hierfür notwendigen Arbeitsschritte werden in den Kapiteln 5 und 6 dargestellt. Bestimmte Erkrankungen werden sehr häufig durch psychophysiologische Störungen versursacht (▶ Tab. 2.1). Patienten sollen damit vertraut gemacht werden, dass das Gehirn, Muskelverspannungen, Darm- oder Blasenkontraktionen, eine Beschleunigung der Herzfrequenz und viele andere körperliche Vorgänge hervorrufen und beeinflussen kann.

2.5 Anamneseerhebung

Die Anamnese gibt wichtige differentialdiagnostische Hinweise auf das Vorliegen einer organpathologischen oder psychophysiologischen Störung. Eine psychophysiologische Störung tritt nicht selten nach dem Aufwachen und ohne Hinweise auf eine Verletzung auf. Schmerzsyndrome, die den anatomischen Grundlagen widersprechen sind typisch für psychophysiologische Störungen. Beispielsweise ist eine Nervenläsion unwahrscheinlich, wenn Schmerzen, Kribbeln oder Taubheitsgefühle alle fünf Finger einer oder beider Hände betreffen. Schmerzen, die sich über den gesamten Rumpf oder Körpers ausbreiten, Schmerzen, die von der Rückseite des Kopfes bis zum Gesicht ausstrahlen, und Schmerzen, die vom unteren Lendenwirbelbereich bis zum Nacken ausstrahlen, gehen sehr wahrscheinlich nicht auf organpathologische Ursachen zurück. Auch Schmerzen, die zunächst in einem Bereich beginnen und sich dann mit der Zeit auf benachbarte Regionen ausbreiten, sind sehr wahrscheinlich ebenfalls funktioneller Natur. Besonders häufig beginnen psychophysiologische Schmerzen zunächst auf einer Seite und breiten sich dann auf die andere Seite aus.

Gelegentlich spielt für die Genese psychophysiologischer Störungen auch soziale Ansteckung eine Rolle. Für Nikotinabhängigkeit, Adipositas und affektive Störungen konnte bereits das Phänomen der »sozialen Ansteckung« nachgewiesen werden (Christakis und Fowler, 2013). Dies scheint auch für Rückenschmerzen zu gelten, wie eine Studie nahelegt. In Deutschland war die Häufigkeit von Rückenschmerzen unmittelbar nach der Wiedervereinigung im Jahr 1989 in Ostdeutschland viel niedriger als in Westdeutschland. Zwanzig Jahre später hatten sich aber die Häufigkeiten im Osten denjenigen im Westen angeglichen (Raspe et al., 2008).

Symptome, wechselnder Lokalisation oder Symptome, die in Abhängigkeit von Tages- und Wochentagen kommen und gehen, sind wahrscheinlich eher psychophysiologisch als organpathologisch bedingt. Ebenso spricht eine Verschlimmerung durch Stress oder Emotionen für eine psychophysiologische Genese. Psychophysiologische Beschwerden treten oft in Zusammenhang mit belastenden Ereignissen auf, wie bspw. Familientreffen, Schulbesuch oder Arbeit, Fristen

Tab. 2.1: Häufige psychophysiologische Syndrome

Chronische Schmerzsyndrome	Andere Syndrome
Spannungskopfschmerz Migräne Rücken- und Nackenschmerz Chronisches Schleudertrauma Fibromyalgie Temporomandibuläre Dysfunktion Chronische Bauch- und Beckenschmerzen Chronische Sehnenentzündungen Vulvodynie Piriformis-Syndrom Ischiasschmerzsyndrom Repetitive-Strain-Injury-Syndrom (umgangssprachlich Sekretärinnenkrankheit, Mausarm – Tennisellbogen) Myofasciale Schmerzsyndrome	Insomnie (psychophysiologische Insomnie) Chronisches Fatigue Syndrom, »systemic exertion intolerance disease« (SEID) »systemische Anstrengungsintoleranz oder -schwäche* Parästhesien (Kribbeln, »Ameisenlaufen«, Gefühle der Pelzigkeit und Taubheit, Jucken, Schwellungsgefühl und Kälte- oder Wärmeempfindung) Tinnitus Schwindel Spasmodische Dysphonie chronische Nesselsucht Angst Depression
Störungen des autonomen Nervensystems	Zwangsstörungen Posttraumatische Belastungsstörung Essstörungen Substanzbezogene Störungen Überempfindlichkeitssyndrome (Berührung, Geräusche, Gerüche, Nahrungsmittel, Medikamente) **Cave:** Die meisten der o. g. Störungen können auch auf einen organpathologischen Prozess zurückgehen.
Reizdarm-Syndrom Reizblasen-Syndrom (interstitielle Zystitis) Orthostatische Dysregulation (posturales orthostatisches Tachykardiesyndrom (POTS)) Inadäquate Sinustachykardie (IST) Komplexes regionales Schmerzsyndrom (Morbus Sudeck, sympathische Reflexdystrophie)	

* Die systemische Anstrengungsintoleranz gilt im NIH als organische Störung auch wenn dies ähnlich wie beim Chronic Fatigue Syndrome sehr kontrovers diskutiert wird.

oder im Vorfeld schwieriger zwischenmenschlicher Situationen. Auch zu Beginn einer Reise (insbesondere, wenn man eine belastende Auto- oder Flugreise erwartet) oder wenn man von einem Urlaub in eine belastende Familien- oder Arbeitssituation zurückkehrt, können psychophysiologische Beschwerden auftreten oder sich verschlimmern. Auch positive und erwünschte Lebensereignisse, wie die Geburt eines Kindes oder eine Beförderung können psychophysiologische Störungen auslösen. Bestimmte äußere Trigger sind nicht ungewöhnlich für funktionelle Störungen. So können beispielsweise das Sitzen auf einem Stuhl oder anspruchsvolle körperliche Tätigkeiten, Schmerzen verschlimmern, wohingegen Radfahren überraschenderweise kein Problem darstellt.

Chronologische Muster können ebenfalls auf eine psychophysiologische Ursache hinweisen. Ein Patient, der immer wieder an Werktagen, aber nie an Wochenenden unter Kopfschmerzen leidet – und keine Hinweise auf eine Sinusitis, erhöhten intrakraniellem Druck, Fieber oder neurologischen Defizite aufweist – leidet sehr wahrscheinlich unter einer psychophysiologischen Störung. Vorausgesetzt, es liegen keine besondere berufliche Exposition oder pathologische Laborbefunde oder Bildgebungsbefunde vor. Einer anderen Patientin fiel auf, dass ihre

Hände unter der Arbeitswoche beim Tippen schmerzten, dann traten die Beschwerden aber auch am Wochenende auf, obwohl sie keine derartigen Belastungen hatte. Symptome, die im Urlaub, am Wochenende oder wie zufällig verschwinden, sind wahrscheinlich psychophysiologischer Natur. Ein Patient litt über mehrere Jahre unter ständigen Rückenschmerzen, nicht jedoch während eines einwöchigen Urlaubs. Symptome, die durch Wetteränderungen, bestimmte Lebensmittel, Licht oder Aromen verschlimmert werden, sind ebenfalls vermutlich eher psychophysiologische Genese. Daher ist es wichtig, den zeitlichen Kontext der Symptome zu erfragen bzw. nach chronologischen Mustern der Symptomverschlimmerungen und Linderungen zu fahnden.

Die Symptomatik psychophysiologischer Störung wandelt sich häufig mit der Zeit: Wenn bestimmte Symptome nachlassen, treten neue auf oder andere verschlimmern sich. Kopfschmerzen können beim Auftreten von Bauchschmerzen abnehmen oder umgekehrt. Eine Patientin litt über Wochen an den meisten Tagen unter starken Bauchschmerzen. Doch während einer über sechs Monaten dauernden Brustkrebsbehandlung, hatte sie keine derartigen Symptome. Ein anderer Patient litt unter schweren Muskelzuckungen, die fast alle seine Aktivitäten beeinträchtigten, außer wenn er im Orchester musizierte.

Patienten fragen oft, wie das Gehirn »entscheidet«, mit welchen Symptomen sie auf Stress reagieren. Oftmals gibt es hierauf keine klare Antwort. Manchmal sind die Symptome aber symbolisch zu verstehen. Ich begegnete einmal einer Frau, die Schmerzen in ihrem Gesäß hatte. Als ich fragte, wann es losging, antwortete sie: »Als mein Mann in Rente ging«. Fußschmerzen können symbolisch für »das Bedürfnis, die Füße hochzulegen« stehen und Bauchschmerzen können für etwas stehen, das einen »krank« macht.

Psychophysiologische Störungen können auch durch entsprechende Erwartungen erzeugt werden und über »Ansteckung« verbreitet werden. Ein Mann trat sein Graduiertenprogramm voller Angst an, durch zu viel Tippen ein Repetitive-Strain-Injury-Syndrom (RSI, umgangssprachlich: Sekretärinnenkrankheit, Mausarm) zu erleiden. Er hatte nämlich einen Artikel darüber gelesen und tatsächlich innerhalb weniger Monate Schmerzen an beiden Handgelenken entwickelt. Wir haben schon häufig Patienten gesehen, deren Symptome auftraten, nachdem sie einen Artikel über derartige Beschwerden gelesen oder herausgefunden hatten, dass jemand, den sie kannten, diese Symptome hatte. Vorausgegangene Verletzungen sind Prädilektionsstellen für funktionelle Schmerzen. Das Gehirn hat diesen Schmerz »gelernt«, sodass unter Stress diese bereits erlernten Bahnen wieder leicht aktiviert werden können. Häufig entwickeln Menschen auch Symptome, die sie bei anderen Familienmitgliedern kennengelernt haben. Es handelt sich dabei nicht um eine genetische Vererbung wie bspw. bei der Mukoviszidose oder Sichelzellenanämie, sondern um eine Art epigenetische Vererbung, wie man es oft bei Migräne-Kopfschmerzen findet: Eine genetische Veranlagung, die erst durch Umwelteinflüsse und Stress eine Krankheit auslöst. Das Gehirn modelliert bestimmte Symptome, die »in der Familie liegen«. Schließlich treten viele funktionelle Symptome in häufig genutzten Muskelgruppen auf, wie z. B. dem unteren Rücken oder Nacken.

Ein weiterer wichtiger Hinweis auf eine psychophysiologische Genese stellt es dar, wenn während des Interviews beim Aufkommen emotional belastender Themen, die Symptome – bspw. Bauchkrämpfe oder Nackenschmerzen – auftreten oder sich verschlimmern. Auf diese Weise können die somatischen Auswirkungen unverarbeiteter Emotionen direkt im Interview untersucht werden (▶ Kap. 5 und ▶ Kap. 6).

2.6 Körperliche Untersuchung und Bewertung der Untersuchungsergebnisse

Zu den häufigsten Symptomen zählen Nacken- und Rückenschmerzen und andere muskuloskelettale Schmerzsyndrome. Bei der körperlichen Untersuchung achtet man auf Anzeichen einer Kompression der Nervenwurzel, wie z. B. objektivierbare Taubheitsgefühle, Veränderung der tiefen Sehnenreflexe oder Muskelschwäche. Umschriebene Druckschmerzhaftigkeit und Einschränkung des Bewegungsumfangs (z. B. des Hüftgelenks) können auf strukturelle organpathologische Prozesse hinweisen, insbesondere, wenn bildgebende Untersuchungen diese Ergebnisse bestätigen. Jedoch sind muskuläre Verspannungen oder Schmerzen bei Vorwärts- oder Seitenbeugung des Rückens häufig bei Menschen mit funktionellen Störungen. Schmerzen, die bereits bei leichtem Druck auftreten – wie bei der Fibromyalgie – sind mit hoher Wahrscheinlichkeit psychophysiologisch bedingt. Ebenfalls typisch für funktionelle Schmerzsyndrome ist, dass die Schmerzausstrahlung sich nicht an anatomische Gegebenheiten wie dem Innervationsgebiet der Spinalnerven hält. Beispielsweise kann dies dazu führen, dass ein Druck auf den Musculus Trapezius Schmerzen auslösen, die in die Oberseite des Kopfes, in das kontralaterale Auge oder den unteren Rücken ausstrahlen.

Bei Erkrankungen des Bewegungsapparates werden in Röntgen-, CT- oder MRT-Untersuchungen häufig Anomalien festgestellt. Bei der Interpretation dieser Befunde ist es wichtig, sich darüber im Klaren zu sein, dass die Mehrheit der gesunden Erwachsenen ohne Rückenschmerzen im MRT Anomalien wie degenerative Bandscheiben, Bandscheiben-Vorwölbungen oder -Vorfälle, leichtgradige von Spinalkanalstenosen oder Spondylolisthesen, eine Skoliose, Tarlov-Zysten und andere Befunde aufweisen (Boos et al., 2000; Borenstein et al., 2001; Brinjikji et al., 2015). In einer Studie wiesen 50 % der gesunden 21-Jährigen ohne Schmerzen degenerative Bandscheiben und 25 % einen Bandscheibenvorfall auf (Takatalo et al., 2009). Brinjikji et al. (2015) fanden bei 80 % der 50-Jährigen ohne Rückenschmerzen Bandscheibendegenerationen, bei 60 % Protrusionen und bei 36 % Bandscheibenvorfälle (▶ Tab. 2.2). MRT-Befunde taugen – mit Ausnahme von Fällen von Wirbelsäulentumoren, Infektionen oder Frakturen – kaum zur Unterscheidung von Patienten mit und ohne strukturell bedingten Rücken- oder Nackenschmerzen. Dennoch gehen entgegen der Evidenz viele Ärzte und Physiotherapeuten generell davon aus, dass die Ursache für die Beschwerden in den strukturellen Anomalien der MRT Bilder sichtbar wird.

Tab. 2.2: Prävalenz auffälliger Bildgebungsbefunde bei Personen ohne muskuloskelettale Beschwerden in Abhängigkeit vom Alter

Alter (Jahre)	20	30	40	50	60	70	80
Bandscheiben-Degeneration	37 %	52 %	68 %	80 %	88 %	93 %	96 %
Bandscheiben-Vorwölbung	30 %	40 %	50 %	60 %	69 %	77 %	84 %
Bandscheiben-Protrusion	29 %	31 %	33 %	36 %	38 %	40 %	43 %
Anuläre Risse	19 %	20 %	22 %	23 %	25 %	27 %	29 %
Facetten-Degeneration	4 %	9 %	18 %	32 %	50 %	69 %	83 %
Spondylolisthesis	3 %	5 %	8 %	14 %	23 %	35 %	50 %

Mit Genehmigung von The American Journal of Neuroradiology

Es ist natürlich wichtig vor Beginn einer psychotherapeutischen Behandlung auszuschließen dass ein Tumor, eine Infektion, Frakturen oder pathologische Prozesse intraabdominaler oder intrathorakaler Organe für die Schmerzentstehung verantwortlich sind und ob ein Bandscheibenvorfall oder andere Anomalien das Rückenmark oder die Wurzeln der Spinalnerven in Mitleidenschaft ziehen. Erste gehen häufig mit Blasen/Mastdarmstörungen einher, spinale Kompressionssyndrome manifestieren sich mit reproduzierbare Paresen, Veränderung der Muskeleigen- und Fremdreflexe oder dermatombezogenen Sensibilitätsausfällen. Derartige Untersuchungsergebnisse weisen auf strukturelle oder organpathologische Prozesse hin. Wenn die klinische Untersuchung keine objektiven Anzeichen einer Nervenwurzelkompression zeigt, der Schmerz nicht dem MRT-Befund zusammenpasst und es zusätzlich positive Hinweise in der Anamnese gibt, dann ist eine psychophysiologische Genese wahrscheinlich.

Patienten mit Schmerzen im unteren Rückenbereich weisen zu 85 % keinen erklärenden organpathologischen Befund auf (Deyo et al., 1992). Rückenschmerz stellt das häufigste funktionelle Schmerzsyndrom dar und ist weit mehr von psychischen als von somatischen Faktoren abhängig (Carragee et al., 2005; Christensen und Knardahl, 2012). Röntgenbefunde korrelieren bei der Arthrose nur sehr schlecht mit der Ausprägung der Gelenkschmerzen (Creamer und Hochberg, 1998). Anamnese und körperliche Untersuchung sind daher entscheidend um festzustellen, inwieweit Nacken-, Rücken- oder Gelenkschmerzen durch eine organpathologische Störung, funktionelle Mechanismen oder eine Kombination beider verursacht werden. Arthrose kann natürlich schmerzhaft sein, aber wenn der Schmerz übermäßig groß oder inkonsistent ist, spricht dies für ein Überwiegen psychophysiologischer Faktoren, insbesondere, wenn Symptomdarbietung und Anamnese darauf hinweisen.

Ein ähnliches Prozedere bietet sich auch für andere Symptomkonstellationen an: Beklagt ein Patient Taubheitsgefühle in den Armen, Beinen, Händen und/

oder Füßen, die von den typischen Innervationsgebieten abweichen ohne dass eine systemische Störung vorliegt (z. B. Diabetes mellitus, Alkoholismus), die eine periphere Neuropathie verursacht und ohne entsprechende Untersuchungsbefunde wie reduziertes Berührungs- und Vibrationsempfinden, dann ist die Diagnose einer psychophysiologischen Störung gerechtfertigt. Bei Patienten mit funktionellen Störungen ist die Symptomatik oft bilateral und symmetrisch. Manchmal können auch spezifische Organpathologien solche symmetrischen Syndrome erklären, meist handelt es sich aber um psychophysiologische stressbedingte Störungen. Ein typisches Szenario ist, dass ein Patient Schmerzen in einem Körperteil entwickelt, die dann später in einem anderen auftreten. Multilokuläre Gelenk- und Muskelschmerzen erfordern den Ausschluss einer rheumatischen Erkrankung, Kopfschmerzen den Ausschluss pathologischer Prozesse des Schädels, der Nasennebenhöhlen- oder auch dentaler Erkrankungen. Magen-Darm- und Urogenitalsymptomatiken sind ebenfalls häufig funktionell bedingt. Durch Routinetests kann in der Regel eine organpathologische Störung ausgeschlossen werden. Diagnosen wie Spannungs- oder Migränekopfschmerzen, Fibromyalgie, Reizdarm- oder Reizblasensyndrom und Beckenschmerzsyndrom bezeichnen keinen spezifischen organpathologischen Prozess, sondern beschreiben lediglich Symptombilder. Nach sorgfältiger leitlinienbasierter Abklärung eines Chronischen Fatigue Syndroms oder der systemischen Anstrengungsintoleranz (»systemic exertion intolerance disease« (SEID)), kann vielen Patienten mit diesen psychophysiologischen Symptomkomplexen mit dem in diesem Manual beschrieben Methoden geholfen werden.

> Die körperliche Untersuchung von Elisabeth verlief völlig normal mit Ausnahmen muskulärer Verspannungen im Bereich der Schläfen, okzipital, Hals-Nackenbereich sowie Armen und Beinen. Es fanden sich keine Gelenkschwellungen, keine Hypermobilität und keine Entzündungszeichen. Allerdings war sie an vielen Stellen überempfindlich gegenüber leichten Berührungen. Außerdem beschrieb sie bilateral in die Arme ausstrahlende Schmerzen bereits bei einem leichten Druck auf eine Seite des Nackens.
>
> Peters Untersuchung zeigte normale Sehnenreflexe, normale Muskelkraft und eine normale Sensibilität. Beim Vorwärts- und Seitwärtsbeugen traten leicht bis mittelschwere Schmerzen im unteren Rückenbereich auf. Im MRT fanden sich degenerativen Veränderungen und eine Bandscheibenvorwölbung, die jedoch diese Schmerzen nicht erklären konnte, weil die Verengung des Formans nur auf einer Seite bestand und die Nervenwurzeln, die die vorderen Oberschenkel versorgen, nicht in Mitleidenschaft gezogen waren. Außerdem breiteten sich die Schmerzen entlang der Wirbelsäule nach oben aus, obwohl sich im MRT für den Bereich der Brustwirbelsäule ein Normalbefund ergab. Die abnormalen MRT-Befunde der Lendenwirbelsäule sind darüber hinaus bei etwa 50–70 % der Gleichaltrigen ohne derartige Beschwerden zu sehen.

2.7 Symptomchecklisten

Symptomchecklisten sind ebenfalls hilfreich für die Diagnosefindung. Tabelle 2.1 enthält eine Checkliste häufiger psychophysiologischer Symptome und Störungen. Patienten einer Vorgeschichte derartiger Erkrankungen, haben ein höheres Risiko wieder an einer psychophysiologischen Störung zu erkranken.

Nachfolgend die Befunde der Fragebogenuntersuchung von Elizabeth und Peter (▶ Anhang, ▶ Symptomcheckliste).

> Elisabeths Anamnese zeigte, dass sie seit der Kindheit unter Kopfschmerzen, Bauchschmerzen und Angstzuständen litt, dann als Teenager unter Nackenschmerzen, Schwindel und Depressionen; und seit ihren 20ern unter Fibromyalgie, Reizdarmsyndrom, Beckenschmerzen und Müdigkeit.
>
> Peters Anamnesebogen zeigte, dass er als Teenager unter Angst und Rückenschmerzen, in seinen 20ern unter häufigem Wasserlassen und in den 30ern unter Tinnitus litt.

Bei der Durchsicht der Anamnesebögen kann der Arzt häufig wichtige Informationen für die Einordnung der aktuellen Beschwerden erhalten. In Elisabeths Fall deutet bereits die große Zahl der seit der Kindheit bestehenden Symptome auf eine psychophysiologische Genese und mutmaßlich frühe Traumatisierungen hin. Auch bei Peter, obwohl er weniger symptombelastet ist und wahrscheinlich ein geringes Ausmaß früher Belastungsfaktoren aufweist, sprechen die Anamnese eines Reizdarmsyndroms und seine Ängste ebenfalls für eine funktionelle Genese. Es ist statistisch unwahrscheinlich, dass relativ junge Patienten unter drei oder vier verschiedenen somatischen Erkrankungen leiden, die für derartig vielgestaltige Symptombilder als Diagnose in Betracht gezogen werden müssen. Eine Ausnahme bildet die Gruppe der systemischen, generalisierten oder mit disseminierten Organbefall einhergehenden Erkrankungen wie bspw. Multiple Sklerose, Mukoviszidose, systemischer Lupus erythematodes, Sichelzellenanämie, HIV/AIDS, welche jedoch mit objektvierbaren Befund- und Laborkonstellationen nachgewiesen werden können. Wenn also derartige Erkrankungen trotz einer langen Beschwerdeliste ausgeschlossen sind, dann handelt es sich sehr wahrscheinlich um eine psychophysiologische Störung. Die in Tabelle 2.1 aufgeführten Erkrankungen treten häufig zusammen auf und werden auch als Ausdruck einer allgemeinen zentralen Sensibilisierungsstörung bezeichnet (»central sensitization disorders«; Yunus, 2007; Geisser et al., 2008). Gemäß dem heuristischen Prinzip der Parsimonie (Ockhams Rasiermesser, Sparsamkeitsprinzip) ist es sinnvoll, die einfachste der möglichen Erklärung für die Symptome anzunehmen. Patienten mit psychophysiologischen Störungen haben meist bereits zahlreiche diagnostische Prozeduren durchlaufen. Allein die Vielzahl der unterschiedlichen Symptome spricht schon für die Diagnose einer psychophysiologischen Störung. Die Diagnose einer grundsätzlich reversiblen psychophysiologischen Störung kann erleichternd für Patienten sein, weil sie bis dahin meist im Glauben gelassen wurden, an vielen verschiedenen Krankheiten zu leiden, die trotz umfangreicher medizinischer Behandlungen nicht gelindert wurden. Der Arzt hat hier die Möglichkeit, diese Verwirrung zu beenden, indem er eine klare Diagnose stellt und Hoffnung hinsichtlich der Prognose weckt.

2.8 Erfassen der Kindheitserfahrungen

Patienten, die wegen einer psychophysiologischen Störung in Behandlung kommen, waren häufig in der Kindheit belastenden Umgebungsbedingungen ausgesetzt. Menschen, die unter Fibromyalgie, Migränekopfschmerzen, Reizdarmsyndrom, interstitieller Blasenentzündung (schmerzhaftes Blasensyndrom) und Beckenschmerzen leiden, weisen eine hohe Rate frühkindlicher Traumatisierungen auf (Goodwin et al., 2003; Sumanen et al., 2007; Latthe et al., 2006; Meltzer-Brody et al., 2007; Mayer et al., 2001, Tietjen und Peterlin, 2011). Es gibt hier starke Überschneidungen zwischen psychophysiologischen und posttraumatischen Belastungsstörungen (Dobie et al., 2004; Amir et al., 1997; Sherman et al., 2000; Beckham et al., 1997). In der Lebensgeschichte finden sich häufig emotionaler, körperlicher und/oder sexueller Missbrauch, Vernachlässigung, Verlassenheit, Scheidung, Verlust der Eltern, Mobbing, Geschwisterrivalitäten oder -grausamkeiten, Krankheit oder Tod von Familienmitgliedern oder andere massive Belastungen. Diese Traumata können dazu führen, dass später im Leben bisher unverarbeitete ängstigende Emotionen mobilisiert werden. Die frühen Traumata führen zu einer Bahnung des Furcht- und Abwehrsystems und einer entsprechend hochgradig sensibilisierten Kampf-Flucht-Reaktion, die durch spätere Belastungen im Leben schnell getriggert werden kann und dann die psychophysiologische Störung bedingt. Allerdings gibt es auch etliche Patienten mit psychophysiologischen Störungen ohne frühe Traumata. Jeder Mensch ist in seiner Entwicklung aber einem gewissen Maß an Widrigkeiten und emotionalen Belastungen ausgesetzt, z. B. Eltern, die überkritisch und fordernd sind, was zu innerem Groll und einem geringen Selbstwertgefühl führen kann (Assor et al., 2004) und so den Boden für eine spätere psychophysiologische Störung bereitet. Auch sind einige Menschen empfindlicher gegenüber Kritik und Zurückweisung als andere.

Hinweise auf frühe Belastungsfaktoren können im Aufnahmebogen mit den folgenden drei Fragen einfach erfasst werden: 1. Bitte beschreiben Sie Ihren Vater (oder eine andere männliche Bezugsperson). 2. Bitte beschreiben Sie Ihre Mutter (oder eine andere Bezugsperson). 3. Gab es ihn Ihrer Kindheit irgendwelche traumatischen Ereignisse?

Elisabeths Antworten: Vater – freundlich, fleißig, großzügig, distanziert, streng. Mutter – religiös, fürsorglich, immer besorgt, perfektionistisch. Trau-

> matische Ereignisse – sexueller Missbrauch als Kind durch einen erwachsenen Mann (Nachbar).
>
> Peters Antworten: Vater – fleißig, alkoholkrank, grausam, wenn beide betrunken waren ausfällig gegenüber der Mutter, guter Versorger, schlug mich mit einem Gürtel. Mutter – auch eine Alkoholikerin, aber liebevoll, freundlich, konnte kritisch und verurteilend sein. Keine weiteren spezifischen traumatischen Ereignisse in der Kindheit.

Die Adverse Childhood Events (ACE)-Skala (Felitti et al., 1998) erfasst traumatische Erfahrungen in der Kindheit und sagt eine Vielzahl von Erkrankungen im Erwachsenenalter voraus wie Angststörungen, Depressionen, körperliche Beschwerden, Selbstmordversuche, Herzerkrankungen, die chronisch obstruktive Lungenerkrankung und Diabetes mellitus (Anda et al., 2006). Im Anhang finden Sie die ACE-Skala, die eine valide und effiziente Möglichkeit bietet, diese Belastungsfaktoren zu erfassen.

2.9 Die Verknüpfung psychophysiologischer Störungen mit aktuellen Belastungen

Da psychophysiologische Störungen typischerweise durch Stress ausgelöst werden, ist die Frage nach möglichen auslösenden belastenden Lebensumständen sinnvoll. Wenn man als Arzt die Möglichkeit hat, so wäre es hilfreich für den Beginn jedes Symptoms nach den damaligen Lebensumständen zu fragen. Nicht selten dauert es eine Weile bis diese Anamnese aus den Erinnerungen des Patienten und/oder mithilfe von Familienmitgliedern vervollständigt ist. Im Anhang finden Sie eine Beschreibung dieses Interviews zur »Lebensgeschichte« (▶ Anhang, ▶ Beschreibung Lebenslauf Interview). Bei Bedarf kann dieses Interview auch über mehrere Termine gestreckt werden.

> Bei Elisabeth fiel der Beginn der Kopfschmerzen, Bauchschmerzen und Angstzustände mit dem sexuellen Missbrauch in der Kindheit zusammen. Nackenschmerzen, Schwindel und Depressionen traten im Teenageralter auf, als sie von einem Freund betrogen wurde, als er anfing sich mit ihrer besten Freundin zu treffen, sodass sie letztendlich beide Bezugspersonen verlor. Sie hielt den sexuellen Missbrauch aus Schuld- und Schamgefühlen über viele Jahre geheim. Zu Beginn ihrer 20er Jahre trat sie einen Job an, bei dem sie unter großem Erfolgsdruck stand und sie sich zunehmend von den Kollegen isoliert fühlte. Damals begannen die Fibromyalgie, das Reizdarmsyndrom und die

> Müdigkeit. Erstickungsanfälle und Dyspnoe traten auf, als ein Date in einer Vergewaltigung endete, bei der sie gewürgt und gedemütigt wurde.
>
> Bei Peter begann die Reizdarmsymptomatik in seinem Teenageralter, im Zusammenhang mit der Scheidung der Eltern, als er sich inmitten des Schlachtfelds eines erbitterten Rosenkriegs wiederfand. Die Rückenschmerzen und Angstzustände traten ab etwa dem 20. Lebensjahr auf, als er unter einem anspruchsvollen und kritischen Chef arbeitete. Zur jüngsten Episode der Rückenschmerzen kam es, als sein Sohn Alkohol- und Drogenprobleme bekam, was zu familiären Konflikten führte und seine Ehe belastete.

2.10 Persönlichkeitsmerkmale

Die Persönlichkeitsmerkmale von Patienten mit psychophysiologischen Störungen ähneln sich. Diejenigen mit einer traumatischen oder emotional vernachlässigten Kindheit, haben meist ein geringes Selbstwertgefühl. Sie neigen dazu, übermäßig selbstkritisch zu sein und sich unterwürfig und angepasst zu verhalten. Sie stellen hohe Erwartungen an sich selbst und lassen anderen bereitwillig den Vortritt. Sie sind überaus wachsam und nehmen Schwierigkeiten und Kritik sehr persönlich. Sie quälen sich mit Schuldgefühlen und können sich schlecht durchsetzen und abgrenzen, wenn es darum geht, ihre eigenen Bedürfnisse zu befriedigen oder ihre Meinung zu äußern. Diese Persönlichkeitseigenschaften sind mit einer Überaktivierung des zentralnervösen Angst- und Abwehrsystems verbunden, was die stressbedingten Beschwerden verschlimmert. Da diese Persönlichkeitsmuster früh im Leben angelegt werden, sind die Betroffenen ganz damit identifiziert und können sie nicht als erlernte maladaptive Reaktionsmuster erkennen, die für die Entstehung und Aufrechterhaltung der psychophysiologischen Beschwerden verantwortlich sind. Eine Checkliste dieser Persönlichkeitsmerkmale ist im Anhang enthalten (▶ Persönlichkeitsmerkmale, die oft mit PPS in Verbindung gebracht werden).

> Elisabeth und Peter wiesen die meisten dieser Eigenschaften auf. Sie hatten ein starkes Bedürfnis, anderen zu gefallen, reagierten sehr empfindlich auf Kritik, stellten hohe Erwartungen an sich selbst, waren perfektionistisch, fühlten sich schnell schuldig, hatten ein geringes Selbstwertgefühl, machten sich für Geschehnisse außerhalb ihres Wirkungsbereiches verantwortlich und waren übermäßig gewissenhaft.

2.11 Die Diagnose stellen

Bei Patienten wie Elizabeth und Peter kann aufgrund der unauffälligen Befunde, dem Beginn der Beschwerden im Kindesalter und des offensichtlichen Zusammenhangs der Beschwerden mit belastenden Lebensereignissen die Diagnose einer psychophysiologischen Störung leicht gestellt werden. In anderen Fällen kann ein zusätzliches emotionsfokussiertes Interview zur Diagnosesicherung erforderlich werden.

Dieses Interview kann dem Arzt wie dem Patienten helfen, genauer zu verstehen, wie bestimmte Symptome mit aktuellen Belastungen und konflikthaften Emotionen zusammenhängen. Ein derartiges Interview kann an einem Termin oder über mehrere Termine verteilt stattfinden. Falls der Arzt nicht mit der Durchführung eines solchen Interviews vertraut ist (▶ Kap. 5–8), dann kann die Überweisung an einen in dieser Methode erfahrenen ärztlichen oder psychologischen Psychotherapeuten erforderlich sein. Um einen solchen Patienten, der Schwierigkeiten hat, psychophysiologische Zusammenhänge nachvollziehen, mit der Vermittlung an einen Psychotherapeuten nicht vor den Kopf zu stoßen, empfiehlt sich eine Haltung, die dem Patienten deutlich macht, dass sein Wohlergehen und seine Genesung das einzige Anliegen des Arztes sind. Die Basis einer gelingenden Behandlung ist das Vertrauen des Patienten und eine partnerschaftliche Zusammenarbeit. Eine ausführliche Beschreibung dieses Ansatzes kann der Interessierte im Buch »Unlearn Your Pain« (Schubiner und Betzold, 2016) nachlesen. Das dort dargestellte Vorgehen ist hilfreich, Zusammenhänge zwischen emotionalen Reaktionsmustern, Lebensereignissen und psychophysiologischen Beschwerden deutlich zu machen.

Die meisten Patienten können sich nicht vorstellen, dass zentralnervöse Prozesse starke körperliche Reaktionen auslösen können. Es ist ein großer Schritt, wenn man über Monate und Jahre unter diesen Beschwerden gelitten hat, eine psychophysiologische Genese in Betracht zu ziehen und zu akzeptieren. Deshalb ist es ratsam, sich dafür etwas Zeit zu nehmen. Manchmal kann es auch notwendig sein, die Mitteilung der Diagnose hinauszuzögern und gemeinsam mit dem Patienten erst noch weitere Informationen zu sammeln. Die genaue Beobachtung verschlimmernder oder lindernder Umstände stellt eine wichtige Informationenquelle dar. Es ist dabei wichtig, das Tempo auch an die Aufnahme- und Verarbeitungsmöglichkeiten des Patienten anzupassen. Hilfreich kann in diesem Zusammenhang auch die Empfehlung von Selbsthilfebüchern oder Patienteninformationsbroschüren sein, damit der Patient das Konzept der psychophysiologischen Störungen besser verstehen kann (▶ Anhang, ▶ Bücher über psychophysiologische Störung für Betroffene).

Dabei bleibt zu betonen, dass eine partnerschaftliche Kooperation auf Augenhöhe die Basis ist, sowohl für die Vermittlung der Diagnose als auch für eine längerfristige therapeutische Beziehung

2.12 Rekapitulation und partizipative Entscheidungsfindung

Nach Abschluss der Befunderhebung, unabhängig davon, ob das emotionsfokussierte Interview vom Arzt durchgeführt wurde oder nicht, muss der Arzt den Patienten über die Ergebnisse der Exploration informieren. Die Art und Weise, wie diese Aufklärung durchgeführt wird, hat einen sehr großen Einfluss auf den weiteren Verlauf. Patienten, die verstehen und akzeptieren, dass sie unter einer psychophysiologischen Störung leiden, haben eine bessere Prognose. Ärzte, denen bewusst ist, dass psychophysiologische Störungen sehr weit verbreitet sind, können ihre Patienten mit diesen beispielhaften Formulierungen auf die Diagnose vorbereiten: »Ich habe im Laufe der Jahre gelernt, dass die meisten Symptome entweder durch organpathologische Veränderungen oder Stress oder eine Kombination aus beidem verursacht werden können. Deshalb untersuche ich immer beide Möglichkeiten, um sicherzustellen, dass wir wirklich verstehen, was die Ursache der Probleme ist. Dies ist entscheidend dafür, Ihnen die beste Behandlung anbieten zu können.«

Ein Ziel der Behandlung ist auch die Verbesserung der Selbstwahrnehmung der Patienten. Hierfür ist es wichtig, dem Patienten die eigene fürsorgliche und empathische Haltung deutlich zu machen. Empathische Rückmeldungen, wenn der Patient über belastende Lebensereignisse spricht, können dem Patienten helfen, das Ausmaß seines eigenen Leidens und die Bedeutung dieser Ereignisse für seine Symptome zu erkennen: »Es muss schwer gewesen sein, so zwischen Ihre Eltern geraten zu sein. Kein Wunder, dass Sie dann Bauchschmerzen hatten. Es tut mir so leid, dass Ihnen das passiert ist.« Oder »Menschen, die als Kinder sexuell missbraucht wurden, leiden sehr häufig unter derartigen körperlichen Beschwerden, besonders wenn sie nicht in der Lage waren, jemandem davon zu erzählen. Es macht mich richtig traurig. Sie hatten etwas Besseres verdient.« Es ist wichtig, Patienten zu ermutigen, Mitgefühl für sich selbst zu empfinden und Ihnen zu helfen, alle Gefühle zu erleben, die wachgerufen werden, sobald sie von früheren Lebenserfahrungen sprechen.

Selbst wenn Ärzte wissen, dass psychophysiologische Störungen häufig sind und nicht auf ein Versagen des Patienten zurückgehen, so gibt es doch eine Tendenz, Patienten mit diesen Störungen zu stigmatisieren. Die Verbindung belastender Lebensereignisse mit den Symptomen ermöglicht es auch dem Arzt, Empathie für jeden Patienten zu entwickeln. Es ist unerlässlich, sobald ein organpathologischer Prozess ausgeschlossen wurde, die Ursachen der psychophysiologischen Störung zu erklären: Auch dies schafft Vertrauen und vermittelt Empathie. Im nächsten Kapitel wird dies detailliert behandelt. Viele Patienten werden Bedenken wegen einer solchen Diagnose haben: Sie befürchten häufig, dass ihnen gesagt wird, dass ihr Schmerz nicht real sei, dass »alles in ihrem Kopf« geschehe, dass sie für den Schmerz selbst verantwortlich sind und es ihre Schuld ist. Viele Patienten hoffen, dass sie an einer fassbaren körperlichen Erkrankung leiden, die leicht behandelt und geheilt werden kann – obwohl sie wahrscheinlich bereits mehrmals daraufhin untersucht oder sogar entsprechend behandelt wurden, ohne dass dies zu einer Linderung führte. Sie sind oft enttäuscht, wenn sie erfahren, dass sie »nur« unter einer psychophysiologischen Störung und keiner körperlichen Erkrankung leiden. Dabei ist die Diagnose einer psychophysiologischen Störung eine gute Nachricht: Es handelt sich um eine echte Erkrankung, die ohne Medikamente oder Operationen effektiv behandelt werden kann (Hsu et al., 2010; Abbass, 2005; Abbass et al., 2008; Abbass et al., 2009a; Schechter und Smith, 2005; Burger et al., 2016; Lumley et al., 2017; Coughlin, 2006). Wenn der Arzt sich damit wohl fühlt, so kann er von eigenen funktionellen Beschwerden berichten oder von anderen Patienten, die nachdem die richtige Diagnose einer psychophysiologischen Störung erhielten, mit einer entsprechenden Behandlung geheilt werden.

Kasten 2.1: Hinweise auf das Vorliegen einer funktionellen Störung

- Viele psychophysiologische Beschwerden in der Vorgeschichte (Anamnesebogen)
- Kindheitstraumata (ACE-Skala)
- Persönlichkeitsmerkmale: Selbstkritik, Selbstaufopferung, Perfektionismus, Angepasstheit/Unterwürfigkeit, Probleme sich abzugrenzen und selbst zu behaupten (Checkliste für Persönlichkeitsmerkmale)
- Der Beginn der Symptome fällt mit belastenden Lebensereignissen zusammen (Anamnese/Lebensgeschichte).
- Die Symptome entsprechen nicht den anatomischen und physiologischen Gesetzmäßigkeiten, wie z. B. symmetrischer Befall oder Befall der ganzen Seite des Körpers oder des gesamten Arms oder Beins.
- Die Symptome halten an, nachdem die organpathologische Störung ausgeheilt ist.
- Die Symptome wandern von einer Stelle im Körper zu einer anderen.
- Die Symptome breiten sich von einem Bereich auf benachbarte Regionen aus.
- Die Symptome sind bilateral verteilt.
- Die Symptome treten im Kontext einer »sozialen Ansteckung« auf.
- Die Symptome variieren je nach Tageszeit, Ort oder Aktivität in erkennbaren Mustern.
- Symptome fehlen bei einer bestimmten Aktivität, treten aber später am Tag oder am nächsten Tag bei der gleichen Belastung auf.
- Die Symptome beginnen oder treten oft mitten in der Nacht oder beim Erwachen auf.
- Die Symptome stehen im Zusammenhang mit belastenden Situationen oder deren Antizipation, wie z. B. Familienbesuchen oder Stress am Arbeitsplatz.
- Die körperliche Untersuchung deckt keinen pathologischen Befund auf; keine Anzeichen einer Verletzung und einen normalen neurologischen Befund.

- Leichter Druck bei der Palpation ruft signifikante Symptome oder eine ungewöhnliche Ausstrahlung der Symptome hervor.
- Labor und Bildgebung zeigen normale oder »unspezifische« Befunde wie degenerative Bandscheibenveränderungen, -vorwölbungen, die auch häufig bei schmerzfreien Patienten vorkommen.
- Die Symptome treten auf, wenn das Gespräch mit dem Patienten auf emotional belastenden Themen kommt.
- Die Symptome sprechen auf kognitiv-behaviorale (▶ Kap. 3 und ▶ Kap. 4) oder emotionsfokussierte Interventionen an (▶ Kap. 5–8).

2.13 Zusammenfassung

- Psychophysiologische Störungen sind sehr häufig und haben deshalb eine sehr hohe differentialdiagnostische Wahrscheinlichkeit.
- Psychophysiologische Störungen treten sehr häufig bei Personen mit frühen Traumatisierungen auf, gehen mit maladaptiven Persönlichkeitsmerkmalen einher und werden in der Regel durch individuell belastende Lebensereignisse ausgelöst.
- Psychophysiologische Störungen werden durch neuronale Verschaltungen aktiviert, die über Lernerfahrungen angelegt wurden, ohne dass die Symptome primär auf morphologische Schädigungen zurückgehen.
- Eine ganzheitliche bio-psycho-soziale Haltung, die bereits mit Betreten der Praxis psychosoziale Faktoren gleichberechtigt und simultan berücksichtigt, erleichtert es mit dem Patienten einen Zugang zu diesen Aspekten zu finden.
- Eine vertrauensvolle Arzt-Patient-Beziehung und die sorgfältige klinische Bewertung der Befunde sind der Schlüssel zu einer gelingenden Diagnose.
- Die Diagnose einer psychophysiologischen Störung kann gestellt werden, wenn organpathologische Faktoren ausgeschlossen und erklärende emotionale Faktoren aufgedeckt wurden.

3 Psychophysiologische Störungen erklären

Nachdem die Diagnose einer psychophysiologischen Störung gestellt wurde, beginnt die weitere Behandlung mit der Aufklärung des Patienten. Bei vielen dieser Patienten wurden im Vorfeld irreführende Diagnosen gestellt und falsche Krankheitsvorstellung vermittelt. Patienten haben häufig die Erfahrung gemacht, dass Ärzte ihnen gesagt haben, sie seien trotz massiv beeinträchtigender Symptome gesund. Sie litten über Jahre unter Schmerzen und diese Schmerzen wurden durch die Angst verstärkt, an einer schrecklichen, unerkannten und unheilbaren Krankheit zu leiden. Allein die Korrektur dieser falschen Krankheitsvorstellung führt bereits bei manchen Patienten dazu, dass die Symptome sich verbessern. Aufklärung und Beruhigung können ausreichend sein, um psychophysiologische Beschwerden zu lindern oder sogar aufzulösen, insbesondere bei weniger stark betroffenen Patienten auf der linken Seite des Ursachenspektrums psychophysiologischer Störungen (▶ Kap. 1), mit einer relativ hohen Resilienz und ohne einer Vorgeschichte früher Traumatisierungen. Sobald diese Patienten erfahren, dass ihre Beschwerden durch erlernte neuronale Reaktionsmuster hervorgerufen werden, nicht zu Organschädigungen führen und reversibel sind, lässt die mit den Symptomen verbundene Angst und die katastrophisierende Selbstbeobachtung nach, was häufig mit einem Rückgang der Symptome verbunden ist. Denn genau diese neuronale Vernetzung von Angst, Schmerz und Aufmerksamkeit unterhält die psychophysiologischen Beschwerden. Psychoedukation kann hier eine Wendung einleiten, diese neuronalen Verknüpfungen zu verändern.

Der Arzt kann dem Patienten mitteilen, dass, wenn er verstehen und akzeptieren kann, dass er unter psychophysiologischen Beschwerden leidet, es wahrscheinlich ist, dass er weitere Schritte zur Lösung seiner Probleme unternehmen kann. Je besser der Patient seine Probleme versteht und akzeptiert, desto wahrscheinlicher ist eine schnelle Genesung mithilfe der in Kapitel 4 beschriebenen kognitiv-behavioralen Interventionen. Einige Autoren sind der Ansicht, dass die in diesem Manual beschriebenen Interventionen nicht über einen Placeboeffekt hinausgehen. Placeboeffekte gelten als unspezifisch, weil sie überall in geringem Maße helfen und werden im Wesentlichen durch die Erwartung eines positiven Effektes vermittelt. Wenn nun die zentralnervösen Mechanismen der Schmerzerwartung oder die neuronale Bahnung anderer Symptome ursächlich für die Beschwerdepersistenz sind, dann kann eine Änderung dieser Erwartung die Störung buchstäblich heilen. Die enorme Potenz des Placeboeffektes wurde für verschiedene Erkrankungen wissenschaftlich belegt, beispielsweise ist der therapeutische Effekt einer Placebo Medikation bei leichten bis mittelschweren Depressionen gleichwertig mit der Wirkung von Antidepressiva (Kirsch, 2010). Ein weiterer Einwand gegenüber dem hier geschilderten Ansatz ist, dass die Akzeptanz der Diagnose einer psychophysiologischen Störung eher eine Sache des Glaubens als des Wissens ist. Ein Schlüsselfaktor für die erfolgreiche Behandlung psychophysiologischer Störungen ist die Reduzierung der Angst-Abwehr-Reaktion bzw. eine Deaktivierung der zentralnervösen Alarmsysteme. Es ist nicht möglich, die Angst des Patienten zu reduzieren, wenn er weiterhin davon überzeugt ist, dass in seinem Körper bisher unerkannte Krankheitsprozesse seine Gesundheit nachhaltig schädigen. Es gibt Krebspatienten, die ihre Diagnose nicht akzeptieren und deshalb eine lebensrettende Behandlung vermeiden. Das gleiche gilt für Patienten mit psychophysiologischen Störungen. Die Behandlung beginnt mit der Akzeptanz der Diagnose.

Die Behandlung psychophysiologischer Störungen umfasst vier Hauptkomponenten:

1. Aufklärung über die Art der Erkrankung (Psychoedukation)
2. Reduzieren der Angst-Abwehr/Alarmmechanismen des Gehirns
3. Durchführung notwendiger gesundheitsfördernder Veränderungen der Alltagsaktivitäten und der Lebenssituation
4. Verarbeitung der zugrunde liegenden konflikthaften Emotionen.

3.1 Aufbau der therapeutischen Beziehung

Die vertrauensvolle Beziehung zwischen Arzt und Patient hat einen großen Anteil an der Wirksamkeit einer Behandlung (Safran et al., 2006). Die therapeutische Beziehung wird verbessert, wenn der Arzt sich Zeit nimmt, um seinen Patienten zuzuhören, er sein Verständnis für die Situation ausdrückt und er deutlich macht, dass die Genesung des Patienten sein höchstes Ziel ist. Diese Schritte sind geeignet, eine starke therapeutische Allianz zu schaffen. Die meisten Patienten haben bisher nicht die Erfahrung gemacht, dass jemand sich Zeit für sie nimmt, zuhört und sich gründlich mit den Symptomen beschäftigt und die Anstrengung unternimmt, die Probleme wirklich zu verstehen – und das obwohl die Bedeutung persönlicher, familiärer und beruflicher Belastungsfaktoren für die Gesundheit seit mehr als 100 Jahren in der medizinischen Ausbildung hervorgehoben wird (Peabody, 1927; Stone, 1995).

Das Behandlungsergebnis wird besser, wenn Arzt und Patient gemeinsam an einem Strang ziehen und sie sich über Diagnose und Behandlung einig sind (Starfield, 1981). Dies ist besonders wichtig bei psychophysiologischen Störungen, da der Widerstand gegen die Akzeptanz dieser Diagnose in weiten Teilen der Bevölkerung sehr hoch ist. Es muss also genügend Zeit darauf verwendet werden, den Patienten über seine Erkrankung aufzuklären. Dies ist von fundamentaler Bedeutung für die weitere Behandlung. Wir sind uns bewusst, dass Patienten, die unter einer Vielzahl von Symptomen leiden und viele Medikamente einnehmen, auf mehreren Ebenen eine Herausforderung darstellen. Es stellt deshalb einen Akt der Güte und Weisheit dar, sich die Zeit zu nehmen, um nach der Person unter den Symptomen zu suchen, deren Lebensweg häufig von früher Kindheit an von erheblichen Entbehrungen und seelischem Leid gezeichnet wurde.

3.2 Überprüfung der Befunde

Es ist unabdingbar, den Patienten in den diagnostischen Prozess miteinzubeziehen. Es entängstigt Patienten mit Rücken- oder Nackenschmerzen, wenn man sie darüber informiert, dass kleinere Anomalien auf Röntgen- oder MRT-Bildern häufige und normale altersbedingte Veränderungen ohne pathologische Relevanz darstellen. In diesem Rahmen kann es hilfreich sein, dem Patienten Daten zur Prävalenz von Bandscheibenbefunden bei asymptomatischen Personen unterschiedlichen Alters zu zeigen (▶ Tab. 2.2). Wenn Schmerzen oder andere Symptome in ihrer Schwere variieren oder auch für einige Zeit gänzlich verschwanden, ist es sinnvoll zu vermitteln, dass die entsprechenden neuronalen Bahnen vom Gehirn in Reaktion auf bestimmte Situationen »ein- und abgeschaltet« werden können und dass das Gehirn auf belastende Lebensereignisse mit der Generierung von Schmerzen und anderen Symptomen reagieren kann. Es ist hilfreich dem Patienten eine Liste all derjenigen Argumente zur Verfügung zu stellen, die für eine psychophysiologische Störung sprechen, damit er diese Gründe für sich durchgehen und überprüfen kann. Dabei ist es nützlich, die Liste mit spezifischen Details zu versehen, wie z. B. spezifischen Symptomen, negativen Untersuchungsergebnissen und einer Beschreibung symptomverstärkender Situationen.

Elizabeth: Nach der partizipativen Befundbesprechung war Elizabeth erleichtert darüber, dass es eine benennbare Ursache für ihre Symptome gibt. Sie fragte, was sie nun dagegen tun kann. Sie kann nachvollziehen, dass den Symptomen keine Organpathologie zugrunde liegt, weil die Symptome sich im Verlauf so oft verändert haben und viele Untersuchungsbefunde unauffällig waren. Sie kann sich angesichts der ihr bewussten leidvollen und schmerzlichen Lebenserfahrungen vorstellen, dass ihr Gehirn eine Art »Alarmreaktion« aktiviert hat, welche ihre Symptome hervorruft. Sie blickt mit etwas Hoffnung auf den neuen Behandlungsansatz, auch wenn sie nach wie vor Angst hat, es könnte ihr nicht bessergehen.

Liste der Evidenz für Elisabeth:

- Viele Symptome in unterschiedlicher Lokalisation und in unterschiedlichen Organsystemen.

- Keine fassbare organmedizinische Diagnose trotz vieler körperlicher und apparativer Untersuchungen.
- Bedeutsame frühe Belastungen und Traumata in ihrer Kindheit.
- Typische Persönlichkeitsmerkmale von Patienten mit funktionellen Störungen gemäß der Checkliste.
- Beginn und Verschlimmerung der Symptome im Zusammenhang mit belastenden Lebensereignissen.

3.3 Wenn es Unsicherheiten gibt

Es kann manchmal schwierig sein, mit Sicherheit die psychophysiologische Genese einzelner Symptome nachzuweisen, sodass eine Restunsicherheit bestehen bleibt. Wenn aber im Verlauf die Symptome auf kognitiv-behaviorale (▶ Kap. 4) oder emotionsfokussierte Interventionen (▶ Kap. 5–8) ansprechen und vollständig beseitigt werden, bestätigt dies die Diagnose. Trotzdem reagieren nicht wenige Patienten skeptisch auf die Diagnose einer psychophysiologischen Störung. Es macht dann meist keinen Sinn weiter darüber zu diskutieren, sondern man bietet dem Patienten, wenn er grundsätzlich damit einverstanden ist, an, sich an dem psychotherapeutischen Behandlungsansatz zu beteiligen und während des Behandlungsverlaufs noch weitere Argumente zu sammeln. Erst wenn der Patient erfährt, dass sich die Symptome in Reaktion auf verschiedene Lebensereignissen ändern oder durch die Psychotherapie verschwinden, kann er die Diagnose für sich als zutreffend akzeptieren.

Es gibt Patienten, die gleichzeitig Symptome psychophysiologischer und organpathologischer Genese aufweisen. In diesem Fall sollten zunächst die sicher psychophysiologischen Beschwerden behandelt werden, um zu überprüfen, wie der Patient auf die therapeutischen Interventionen reagiert. Im weiteren Verlauf kann man dann die komplexeren Symptome miteinbeziehen, nachdem man den Patienten und seine emotionalen Reaktionsmuster besser kennengelernt und ggf. noch ergänzende medizinische Untersuchungen durchgeführt hat.

Peter reagierte etwas skeptischer. Es fiel ihm schwer zu glauben, dass seine Schmerzen funktionell bedingt sind, nachdem seine anderen Ärzte und Physiotherapeuten bei ihm eine organpathologische Diagnose gestellt haben. Ich überprüfte mit ihm seine MRT-Befunde und ging mit ihm die Prävalenz derartiger MRT »Anomalien« bei asymptomatischen Personen seines Alters durch (▶ Tab. 2.2). Ich zeige ihm auch die anonymisierten MRT-Befunde von Patienten, die ebenfalls funktionelle Schmerzen hatten, die sich durch eine Psychotherapie verbesserten. Ich erinnerte ihn daran, dass er Schmerzen in Berei-

> chen hat, die gemäß MRT keinerlei Anomalien aufweisen und dass er keinerlei Schmerzen auf der Bootstour hatte. Ich stimmte ihm zu, dass es schwer zu glauben ist, dass derartig starke Schmerzen maßgeblich durch zentralnervöse Prozesse verursacht werden können. Ich schlug ihm vor, dass, wenn er grundsätzlich für einen psychotherapeutischen Zugang offen ist, ich ihn entsprechend behandle. Da die bisherigen Behandlungen nicht zu einer Beschwerdelinderung geführt hatten, stimmte er einem Versuch mit diesem neuen Behandlungsansatz zu.

3.4 Das Konzept der psychophysiologischen Störung einführen

Es ist wichtig ein Krankheitsmodell mit dem Patienten zu erarbeiten, das die Symptome für den Patienten nachvollziehbar erklären kann. Ob es sich um Schmerzen, Schwindelgefühle, Angst, Depersonalisation, eine Depression, Müdigkeit, Schlaflosigkeit, Durchfall, häufigen Harndrang oder etwas anderes handelt, immer wird die Symptomatik entweder durch einen organpathologischen Prozess, durch zentralnervöse Vorgänge (also einen psychophysiologischen Prozess, der durch psychologische Interventionen umgekehrt werden kann) oder eine Kombination aus beidem verursacht. Psychophysiologische Symptome aufgrund zentralnervöser Reaktionen sind real und sind genauso schwerwiegend wie Symptome aufgrund organpathologischer Prozesse. Es ist wichtig, dass der Arzt dem Patienten vermittelt, dass er sein Leiden versteht, er nach bestem Wissen und Gewissen daran arbeiten wird, ihn bei seinem Genesungsprozess zu unterstützen. Wie bereits mehrmals erwähnt, ist es in der Behandlung von Patienten mit psychophysiologischen Störungen entscheidend, der Geschichte des Patienten aufmerksam zuzuhören und die Symptome ernst zu nehmen.

3.5 Neuronale Verschaltungen erklären

Der nächste Schritt besteht darin, dem Patienten zu vermitteln, dass neuronale Verknüpfungen abhängig von Lernprozessen durch sich wiederholende Erfahrungen und Konditionierungen gebildet und moduliert werden können, was wiederum zur Ausprägung bestimmter Verhaltensmuster und Denkweisen führt (Kandel und Hawkins, 1992; Hawkins et al. 1983). Davon unabhängig verfügen

Neugeborene über eine Vielzahl von Verhaltensmustern, wie Saugen an der Brust, Hinwendung zu einem akustischen Stimulus, oder Vorliebe für bestimmte Geschmacksrichtungen. Die meisten Netzwerke, die kognitive Fähigkeiten wie Sprache, Lesen, Mathematik, körperliche Handlungen wie Gesten, Gehen, Radfahren steuern, werden aber erst während des Heranwachsens im Gehirn des Kindes angelegt. Neuronale Verknüpfungen regulieren die Mehrheit unserer Alltagsaktivitäten. Diese neuronalen Prozesse laufen außerhalb des Bewusstseins ab und kontrollieren Funktionen wie Atmung, Herzfrequenz, Muskelspannung, Gleichgewicht und visuelle Verarbeitung.

3.6 Patienten helfen, das Gehirn besser zu verstehen

Emotionale Reaktionen können erfahrungsabhängig erlernt und als Reaktion auf neue Situationen vom Gehirn automatisiert generiert werden (Feldman Barrett, 2017). Das Gehirn kann körperliche Reaktionen wie Schmerz oder Angst in Verbindung mit starken Emotionen aktivieren, unabhängig davon, ob wir die auslösenden Emotionen wahrnehmen oder nicht. Patienten sind grundsätzlich fähig nachzuvollziehen, dass das Gehirn diese somatischen Symptome in Reaktion auf physische oder emotionale Auslöser hervorrufen kann (Kross et al., 2011; Eisenberger et al., 2006). Die meisten dieser Reize werden unbewusst verarbeitet und der Patient wird sich dessen erst durch die Wahrnehmung der körperlichen Reaktionen bewusst (LeDoux, 1996; Damasio, 2000). Sobald im Gehirn die entsprechenden neuronalen Verknüpfungen angelegt wurden, können spezifische psychophysiologische Symptome kontinuierlich oder intermittierend durch unbewusste psychische Faktoren, durch konditionierte Reaktionen oder auch nur durch entsprechende Erwartungen ausgelöst werden. Mit der Zeit können so beispielsweise Schmerz auslösende neuronale Bahnen verfestigt und kontinuierlich aktiviert werden. Es ist aber auch möglich, derart verfestige Bahnen wieder »abzuschalten« und alternative nicht schmerzhafte Bahnen zu aktivieren. Dies wird z. B. deutlich, wenn Schmerzen und andere Symptome plötzlich kurzzeitig verschwinden oder wenn die Symptome in einen anderen Bereich des Körpers wandern.

Es ist wichtig Patienten darüber aufzuklären, wie Schmerzen im Gehirn entstehen. Wenn der Körper verletzt wird, werden Nervensignale an das interozeptive Netzwerk des Gehirns weitergeleitet. Dieses Netzwerk besteht aus vielen Strukturen, darunter die Amygdala, der vordere cinguläre Kortex und andere Areale. Diese Strukturen aktivieren innerhalb von Millisekunden ein Alarmsignal. Dieses Signal lässt uns den körperlichen Schmerz als ein Warnsignal fühlen. Schmerz dient dazu, uns vor weiteren Verletzungen zu schützen, z. B. indem wir unsere Hand von einem heißen Ofen nehmen oder uns um die Versorgung der Verletzung kümmern. Menschen ohne Angst und Gefahrenbewusstsein sind durch massive Verletzungen im Laufe ihres Lebens bedroht.

Selbst schwere Verletzungen können ohne bewusste Schmerzwahrnehmung auftreten. Beecher (1951) interviewte viele Soldaten, die im Zweiten Weltkrieg verletzt wurden. Die Mehrheit spürte während der Verletzung keine Schmerzen. Ein Freund von mir erzählte von einem Mann, der seiner Frau voller Stolz eine Muschelschale präsentierte. Die zahlreichen Schnittwunden, die er sich bei der Suche nach der Muschel zugezogen hatte, hatte er nicht bemerkt. Ein anderer Freund zeigte mir ein Bild von seinem Daumen, nachdem er versehentlich einen Nagel hineingeschossen hatte. Er hatte keine Schmerzen gespürt und war selbst ins Krankenhaus gefahren. Kinder, die beim Laufen hinfallen und ihr Knie aufschürfen, weinen häufig nicht oder erst dann, wenn sie den besorgten Ausdruck im Gesicht ihrer Eltern wahrnehmen. Beim letzten Beispiel führt die Wahrnehmung des besorgten Gesichtsausdruckes über zuvor gebahnte Verschaltungen zur Entstehung von Schmerzen und Aktivierung der Tränensekretion.

Schmerzen führen zu Muskelverspannung, Veränderung der Durchblutung, Ausschüttung von Katecholaminen und einer Reaktion des Immunsystems. Diese Reaktionen werden, wie andere erlernte Verhaltensweisen, als neuronale Verknüpfungen abgespeichert und können später wieder aktiviert werden. Ein Kollege erzählte mir, dass er als junger Mann im Vietnamkrieg bei einem Feuergefecht durch ein Schrapnell am linken Bein verletzt wurde. Nach seiner Rückkehr und einer Rehabilitationstherapie verschwanden die Schmerzen in seinem Bein. Zwanzig Jahre später bemerkte er die gleiche Art von Schmerzen im damals verwundeten Bein, als er nach draußen ging und das Geräusch eines Hubschraubers hörte. Der Hubschrauber triggerte eine Alarmreaktion und aktivierte das während der Verletzung angelegte Schmerzgedächtnis.

Emotionale Verletzungen können im Gehirn die gleichen Reaktionsmuster wie körperliche Verletzungen auslösen. Kross et al. (2011) zeigten, dass Probanden, bei mittleren Schmerzreizen die gleichen Hirnareale aktivierten wie bei der Präsentation eines Fotos eines Liebespartners, der sich kürzlich von ihnen getrennt hatte (Kross et al., 2011). Ärzte aus Großbritannien berichteten von dem Fall eines Mannes, dessen Arbeitsschuh von einem großen Nagel durchbohrt wurde, als er von einem Gerüst sprang und unter starken Schmerzen litt. Er wurde schnell ins Krankenhaus gebracht, sediert und erhielt intravenöse Schmerzmittel. Als der Schuh entfernt wurde, stellte sich heraus, dass der Nagel den Schuh genau im Zwischenraum zwischen zwei Zehen durchbohrt hatte und der Fuß keinerlei Verletzung aufwies (Fisher et al., 1995). All dies zeigt eindrücklich, dass bei Aktivierung des Alarmsignals starke Schmerzen hervorgerufen werden können, obwohl es zu keiner Gewebeschädigung kam. Auch wenn die Mechanismen sich unterscheiden, so sind diese Schmerzen doch genauso real. Jeder Schmerz wird letztendlich vom Gehirn generiert. Das Gleiche gilt für Ängste, Depressionen und andere psychophysiologische oder funktionelle Symptome. Symptome sind eine Botschaft, die das Gehirn an uns sendet. Wenn Schmerzen durch eine körperliche Verletzung verursacht werden, werden wir »angewiesen«, uns um die Verletzung zu kümmern. Wenn Schmerz zentralnervös in Abwesenheit einer körperlichen Verletzung verursacht wird, hat der Schmerz aber eine andere Bedeutung und erfordert somit auch eine andere Behandlung.

Sobald Schmerzen auftreten, fragt man unwillkürlich nach der Ursache und versucht herauszufinden, wie bedrohlich das Geschehen ist. Geht es um Leben oder Tod, ist es nur eine vorübergehende Beeinträchtigung oder etwas dazwischen? Die Antwort hat einen großen Einfluss auf die Schmerzwahrnehmung. Wenn Schmerzen als Folge einer schweren Verletzung oder Erkrankung interpretiert oder als überwältigend erlebt werden und zu Angst oder Hilflosigkeit führen (z. B., wenn man deshalb eine wichtige Aufgabe nicht bewältigen kann), dann führt dies zu einer Verschlimmerung der Schmerzwahrnehmung. Menschen, die Schmerzen katastrophisierend verarbeiten, entwickeln eher chronische Schmerzen (Severeijns, 2001). Ein wichtiges Element der Behandlung psychophysiologischer Störungen ist die korrekte Identifizierung der Schmerzursache und die bewusste Steuerung derjenigen zentralnervösen Mechanismen, die bestimmte neuronale Schmerzbahnen ausschalten können. Je häufiger Schmerzbahnen aktiviert wurden, desto mehr wird deren Aktivierung zum Standardmodus. Im Lauf der Behandlung lernen die Patienten, ihren Körper unabhängig von der gebahnten Schmerzwahrnehmung zu erleben, wodurch der bisherige quälende Standardmodus überwunden wird. Dies ist die neurologische Grundlage für die Genesung von funktionellen Schmerzen.

3.7 Personalisieren der Informationen

Es ist wichtig mit dem Patienten ein spezifisches Erklärungsmodell für seine psychophysiologischen Beschwerden zu erarbeiten. Hierzu sollen die Informationen aus dem biografischen Interview (▶ Anhang, ▶ Beschreibung Lebensverlauf Interview) mit dem Auftreten und der Verschlimmerung der psychophysiologischen Symptome in Verbindung gebracht werden. In bedrohlichen Lebenssituationen wird im Gehirn automatisch ein Angst-Abwehr/Alarmsignal aktiviert, das letztendlich dann über neuronale Bahnen das Gefühl des Schmerzes oder der Angst erzeugt. Was als bedrohlich wahrgenommen wird, wird so letztendlich vom emotionalen Gedächtnis bestimmt. Besonderes Gewicht haben hier die neuronalen Verknüpfungen, die sich in der Kindheit in Reaktion auf traumatische Ereignisse wie Verluste, Verlassenwerden, körperlichen, emotionalen oder sexuellen Missbrauch entwickelt haben. Allerdings können auch weniger offensichtlich belastende Ereignisse zu emotionalen Verletzungen führen. Egozentrische Eltern oder begrenzte Ressourcen aufgrund eines kranken oder behinderten Geschwisterkindes können beispielsweise dazu führen, dass die emotionalen Bedürfnisse des Kindes nicht ausreichend beantwortet werden können. In der Folge entwickeln solche Kinder oft das Bestreben »perfekt« zu sein, um wenigstens dadurch etwas Lob und Anerkennung zu gewinnen. Das Gehirn eines solchen Menschen, reagiert später auf Kränkungen, Verletzungen und andere belastende Ereignisse mit sehr starken Affekten und sekundärer körperlicher Angst, weil damals in der vulnerablen Phase der Kindheit, Zurückweisung/Alleinsein äußerst bedrohlich waren. Die Angstsignale können später sehr leicht, insbesondere durch emotionale ähnliche Situationen, aktiviert werden. Diese »Auslöser« können alte Gefühle, Angst vor diesen Gefühlen und die damit verbundenen psychophysiologischen Symptome aktivieren. Zum Beispiel entwickelte eine Frau, die als Kind darunter litt, dass ihr Vater sie immer wieder anschrie, Kopfschmerzen als ein neuer Chef begann, sie auf ähnliche Weise anzuschreien. Die entsprechenden neuronalen Bahnen, die die Angstsignale auslösen, wurden von ihrem Vater »vorbereitet« und später von ihrem Chef »ausgelöst«. Eine andere Patientin tat in ihrer Kindheit alles, um ihre schwierige und verhaltensauffällige Schwester zu decken, damit die Eltern nicht in Wutausbrüche verfallen. Als sie Jahre später als Erwachsene in ihrem Job Projektverantwortung trug, deckte sie einen Kollegen, der sich unverantwortlich nachlässig verhielt und entwickelte in Folge ein Schmerzsyndrom. In diesen Situationen stellt der Schmerz ein Gefahrensignal dar, das vom Gehirn aktiviert wird. Patienten reagieren oft überrascht, wenn derartige Verknüpfungen aufgedeckt werden. Durch die partnerschaftliche Exploration dieser Zusammenhänge entwickeln Patienten oft ein tieferes Verständnis der psychosomatischen Wechselwirkungen und können verstehen, dass ihre Symptome eine vom Gehirn vermittelte Reaktion auf emotionale Traumata sind und nicht Ausdruck einer organpathologischen Erkrankung (▶ Kasten 3.1).

3.8 Ergebnis der Patientenaufklärung

Indem der Arzt sich für die Lebensgeschichte des Patienten Zeit nimmt, schafft er die Basis für ein tieferes Verständnis der psychophysiologischen Störung. Die Psychoedukation über die neurophysiologischen Grundlagen der Störungen hilft dem Patienten zu verstehen, dass seine Beschwerden real sind und geheilt werden können. Durch die Validierung der Beschwerden fühlt sich der Patient gesehen und respektiert, sodass symptombezogene Ängste und Sorgen nachlassen können. Dies stärkt die Fähigkeit des Patienten, sich emotionalen Herausforderungen zu stellen und erhöht dadurch die Heilungschancen. Mehrere Patienten haben auf die Erklärungen wie folgt reagiert: »Ich bin so froh, dass ich mir den Schmerz nicht einbilde, sondern dass er in meinem Gehirn entsteht.« Eine Frau mit chronischen Rückenschmerzen sagte nach der Aufklärung über ihre Erkrankung:

> »Ich hatte über 20 Jahre chronische Rückenschmerzen. Alle Aspekte meines Lebens waren dadurch massiv eingeschränkt. Ich hatte drei Rückenoperationen. Aber trotz der Versicherung, die Operationen seien erfolgreich gewesen, hat sich an den Schmerzen nichts geändert. Meine dritte Operation, eine dreistufige Fusion, war vor 21 Monaten. Ich habe meine ganze Zeit damit verbracht, jede Therapie zu versuchen, um diesen unerbittlichen Rückenschmerzen zu entkommen. Ohne Erfolg ...«
> »Mein Arzt hat mir vor 6 Tagen den Link zu Ihrer Website geschickt. Ich habe die Seite am nächsten Tag besucht und dachte über die Möglichkeit nach, dass was dort geschrieben stand, vielleicht für mich gelten könnte. Am nächsten Tag habe ich das ganze

Material ernsthaft durchgearbeitet und ich erkannte: absolut, das beschreibt mich zu 100 %. Damit haben die Rückenschmerzen fast vollständig nachgelassen. Der Schmerz ging auf der Schmerzskala von einer 7 auf eine 1 zurück. Es ist jetzt weniger eine Schmerzskala als eine »Unannehmlichkeit-Skala«. Ich glaube diese Veränderung ging ganz auf meine veränderte Einstellung zurück aufgrund der Erkenntnis: ja das bin ich. Dann trat eine weitere große Veränderung ein. Sobald ich es wirklich »begriffen« hatte, dass mit meinem Rücken nichts kaputt ist, fing ich am vierten Tag an zu laufen. Anfangs habe ich es kaum um das Gebäude herum geschafft, aber ich hielt mein stetes Mantra aufrecht: ‹Ich kann gehen; es geht mir gut. Ich mache jetzt einen schönen Spaziergang.›«

»Ein Unterschied wie Tag und Nacht – zuvor wie verkrüppelt, ängstlich, verwirrt, entmutigt, an der Grenze zur Verzweiflung ... – und nun auf dem Weg, mein Leben zurückzugewinnen.«

Natürlich spricht nur ein kleiner Teil der Patienten auf die Psychoedukation dermaßen gut an. Für die allermeisten Patienten ist zwar diese Einstellungsänderung notwendig, aber nicht ausreichend, um die Symptome nachhaltig aufzulösen.

3.9 Psychophysiologische und organpathologische Faktoren

Bei nicht wenigen Patienten spielen psychophysiologische und organpathologische Mechanismen gleichzeitig eine Rolle. Dies erfordert dann natürlich eine kombinierte Behandlung. Personen mit ausschließlich psychophysiologischen Beschwerden können wie in den nächsten Kapiteln beschriebenen behandelt werden. Manche Patienten mit gemischten Störungsbildern werden sich sträuben zu akzeptieren, dass einige ihrer Symptome psychisch bedingt sind. Es lohnt sich dann geduldig zu bleiben. Im Laufe der Zeit wird sich die wahre Natur der Störungen zeigen. Wenn sich die Symptome in einer Weise ändern, die nicht mit organpathologischen Prozessen übereinstimmt oder wenn sich die Symptome in Reaktion auf psychosoziale Auslöser verbessern oder verschlechtern oder wenn die weitere medizinische Abklärung und Befundbewertung immer noch keine organpathologische Ätiologie erkennen lässt und die biomedizinische Behandlung unwirksam ist oder sich die Symptome verschlimmern, dann wird die psychophysiologische Komponente der Beschwerden klarer.

Vor kurzem behandelte ich einen Patienten, der unter multilokulären Parästhesien und Muskelzuckungen litt. Umfangreiche medizinische Abklärungen erbrachten keine pathologischen Befunde. Er litt außerdem unter Nervenschmerzen, die in einen Arm ausstrahlten und hatte eine dazu passende Bandscheibenvorwölbung in der Bildgebung. Da trotz sorgfältiger Anamnese und körperlicher Untersuchung es nicht sicher möglich war, eine Organpathologie für diese Beschwerden auszuschließen, einigten wir uns auf eine Operation der betroffenen Bandscheibe. Nach der Operation besserten sich zunächst die Armschmerzen und die anderen Symptome. Aber zwei Wochen später kehrten alle Symptome zurück. So wurde deutlich, dass seine Symptome, einschließlich der Armschmerzen, psychophysiologischer Natur waren. Dies führte dazu, dass dieser Patient sich nun über die Ursachen seiner Beschwerden besser im Klaren war. Mit der nachfolgenden Behandlung konnte er dann seine Symptome dramatisch reduzieren.

Das in der Medizin vorherrschende biomedizinische Paradigma spielt die Bedeutung psychosozialer Faktoren herunter. Wir hoffen, dass mit den Fortschritten der Neurowissenschaften immer mehr Mediziner und deren Patienten mit psychosomatischen Mechanismen vertraut werden und die enorme Bedeutung psychosozialer Faktoren für Gesundheit und Behandlung akzeptieren können.

Kasten 3.1: Kernelemente der Psychoedukation

1. **Empathie:** »Das klingt schrecklich. Ich kann mir kaum vorstellen, wie schrecklich das gewesen sein muss.«
2. **Verbündeter:** »Ich will Ihnen helfen. Wir müssen zusammenarbeiten, damit dies gelingt und wir die richtigen Antworten finden. Was bisher versucht wurde, funktionierte eindeutig nicht.«
3. **Den Schmerz erklären:** »Es ist wichtig, dass wir uns mit den neuesten wissenschaftlichen Fakten zur Schmerzentstehung (oder entsprechend anderen Symptome) beschäftigen, die leider in der Routinemedizin noch nicht richtig bekannt sind.«
4. **Personalisieren:** »Das hier könnte auf Ihre Probleme zutreffen ... (*Zusammenfassung des individuellen biopsychosozialen Erklärungsmodells*)«.
5. **Hoffnung wecken:** »Angesichts all dieser Informationen glaube ich, dass es Hoffnung gibt, dass es eine Möglichkeit für eine echte Verbesserung gibt, anstatt dass Sie sich damit nur abfinden mit den Symptomen besser zurecht zu kommen.«

3.10 Ein Beispielskript für eine kurze Psychoedukation am Beispiel von Schmerzen (für andere Symptome entsprechend abzuändern)

Funktioneller Schmerz ist real und kann sehr stark sein. Alle Schmerzen werden im Gehirn erzeugt, unabhängig davon, ob sie auf eine Gewebeschädigung zurückzuführen sind oder nicht. Schmerzen entstehen aufgrund eines entsprechenden Alarmsignals im Gehirn. Dieses Alarmsignal kann durch körperliche oder emotionale Verletzungen aktiviert werden und Schmerz auslösen. Schmerzen gehen nicht immer auf Gewebeschädigungen zurück und Gewebeschädigungen gehen nicht immer mit Schmerzen einher. Immer wenn Schmerzen auftreten, sei es aufgrund einer äußeren oder emotionalen Verletzung, wird ein Schmerzgedächtnis im zentralen Nervensystem angelegt. Die entsprechenden neuronalen Bahnen können dann dauerhaft aktiv, abgeschaltet oder intermittierend aktiv sein, je nach Mobilisierung des Schmerzgedächtnisses. Menschen, die belastenden Lebenssituationen ausgesetzt sind, befinden sich ständig in einer Art Alarmzustand mit Aktivierung des Angst-Abwehrsystems im Gehirn, wodurch dann Schmerzen und andere Symptome hervorgerufen werden. Schmerzen aufgrund solcher zentralnervösen Mechanismen sind sehr häufig. Dass dies vorkommen kann, gehört zu unserer Natur.

3.11 Zusammenfassung

- Psychoedukation entängstigt und kann bereits zu einer Reduktion der Beschwerden führen.
- Psychophysiologische Störungen sind weit verbreitet. Die meisten Menschen haben irgendwann in ihrem Leben derartige Symptome.
- Psychophysiologische Störungen werden durch erlernte zentralnervöse Mechanismen verursacht und nicht durch Organschäden.
- Psychophysiologische Symptome sind real, nicht eingebildet. Sie beruhen auf der Aktivierung des Angst-Abwehrsystems im Gehirn und den damit verbundenen physiologischen Veränderungen.
- Psychophysiologische Störungen sind bei entsprechender Behandlung reversibel.

4 Kognitiv-behaviorale Interventionen

Der Umgang mit psychophysiologischen Erkrankungen beginnt mit dem Erklären der Diagnose (▶ Kap. 3). Wenn Widerstände gegenüber der Diagnose auftreten, ist es erforderlich, mehr Zeit für eine Erörterung und Einordnung des Krankheitskonzeptes zu verwenden. Es ist hilfreich, genau zu untersuchen, was Symptome hervorruft, was sie lindert und wie Ereignis und Symptomveränderung zeitlich zusammenhängen. Aus der Erfahrung, dass äußere Umstände und Emotionen Symptome auslösen können, wird für den Patienten ersichtlich, wie das Gehirn Symptome an- oder abschaltet. Eine Massage im Schultergürtel kann Schmerzen im Bereich der Lendenwirbelsäule oder im Becken auslösen, ein Telefonanruf eines Verwandten kann Magenschmerzen verursachen, das Nachdenken über Schmerzfreiheit kann Schmerz hervorrufen. Aber Schmerz kann sich auch bei einer anspruchsvollen Aufgabe mit vollständiger Bindung der Aufmerksamkeit oder bei tiefer Entspannung auflösen. Je mehr der Patient die Einordnung verstanden hat und die Diagnose annimmt, umso mehr wird er von kognitiv-behavioralen Interventionen profitieren. Es kann jedoch auch mit der Behandlung begonnen werden, wenn ein Patient im Hinblick auf die diagnostische Einordnung ambivalent ist. Mit dem Eintreten einer Symptomlinderung parallel zum Verstehen der Zusammenhänge wird der Patient zunehmend bereit sein, das psychophysiologische Krankheitskonzept anzunehmen. Wenn allerdings starke Widerstände gegenüber der Diagnose fortbestehen, ist es erforderlich, mehr Zeit darauf zu verwenden, die Verbindung zwischen seelischem Befinden und körperlichen Symptomen zu untersuchen. Es sollte dann erwogen werden, zu dem therapeutischen Ansatz überzugehen, der in den Kapiteln 5–8 beschrieben wird.

4.1 Grundlagen der Anwendung kognitiv-behavioraler Interventionen

Die Behandlung psychophysiologischer Störungen beinhaltet kognitiv-behaviorale Interventionen. Wenn der Patient akzeptiert hat, dass keine somatische Erkrankung vorliegt, können Schmerzen, die damit verbundene Anspannung, die Angst, der soziale Rückzug und das Gefühl des Ausgeliefertseins zurückgehen.

Bei diesem Behandlungsansatz sammeln Patienten Erfahrung damit, wie ihr Körper auf bestimmte Reize reagiert. Patient lernt die physiologischen Angstreaktionen kennen, die bei Schmerzen und anderen psychophysiologischen Symptomen auftreten. Er erfährt, wie er die neurovegetativen Reaktionen einordnen kann, die den aktuellen Symptomen zugrunde liegen (Gracely und Schweinhardt, 2015). Dies verlangt vom Patienten eine neue Sichtweise und einen anderen Umgang mit den Symptomen.

Auch wenn viele der unten beschriebenen kognitiv-behavioralen Interventionen denen der klassischen kognitiven Verhaltenstherapie (KVT) für die Behandlung von Schmerzsyndromen gleichen, so gibt es doch bedeutende Unterschiede zum hier beschriebenen Verfahren. Häufig wurden Patienten, die aufgrund eines Schmerzsyndroms kognitive Verhaltenstherapie erhalten hatten, nicht sorgfältig auf das Vorliegen einer psychophysiologischen Störung untersucht, sodass das Symptom Schmerz als Folge einer organischen Erkrankung eingeordnet und behandelt wurde. Im Mittelpunkt der KVT stehen hauptsächlich Schmerzverarbeitung und Schmerzbewältigung, also etwas vereinfacht das Erlernen eines besseren Umgangs mit dem Schmerz. Schließlich bearbeitet die KVT typischerweise nicht das Zusammenspiel der Emotionen, die dem Schmerzsyndrom zugrunde liegen. So verwundert es wenig, dass Metaanalysen (van Dessel et al., 2014) auch nur geringe Effekte der KVT bei psychophysiologischen Störungen zeigen. Das Ziel der unten aufgeführten Interventionen bei psychophysiologischen Störungen ist es, Schmerz und andere psychophysiologische Symptome aufzulösen, anstatt den Patienten lediglich bei der Bewältigung der Symptome zu unterstützen. Dieser Unterschied ist für den Erfolg des Ansatzes von entscheidender Bedeutung.

4.2 Symptomauslöser identifizieren

Schmerzsyndrome und andere psychophysiologischen Störungen werden durch die Angst vor einer Verletzung verstärkt. Viele Vertreter des Gesundheitssystems haben den Patienten bisher erklärt, dass eine körperliche Schädigung vorliegt und dass die Schmerzen und andere Symptome nicht geheilt werden können. Oft wird von körperlicher Aktivität abgeraten. Es kann einige Sitzungen in Anspruch nehmen, bis der Patient die Diagnose einer psychophysiologischen Störung vollständig annimmt und sich von der Vorstellung verabschiedet, dass die Symptome durch eine Bandscheibenprotrusion oder einen geschädigten Nerv hervorgerufen werden. Die Patienten sollten ermutigt werden, darauf zu achten, wie und wann sich der Zustand verbessert oder verschlechtert, besonders im Hinblick auf Stress oder emotionale Ereignisse. Zum Beispiel sollte darauf geachtet werden, in welchen Situationen oder unter welchen Umgebungsbedingungen die Ausprägung von Schmerzen und anderen Symptomen verändert erlebt wird. Es ist hilfreich, gemeinsam mit dem Patienten schmerz- und symptomfreie Intervalle herauszuarbeiten. Das unterstützt den Patienten dabei, zu erkennen, dass es schmerzfreie Momente geben kann. Auch wenn die Diagnose einer psychophysiologischen Störung gestellt und besprochen wurde, brauchen viele Patienten immer wieder die Bestätigung und die Darlegung der Entstehungsursachen, um vollständig akzeptieren zu können, dass das Leiden durch eine psychophysiologische Störung hervorgerufen wird.

> Nach dem ersten Termin bitte ich Elisabeth darauf zu achten, wann die Symptome stärker oder schwächer sind. In der zurückliegenden Woche hatte sie bemerkt, dass die Kopfschmerzen stärker wurden, als sie von ihrem Sozialarbeiter kritisiert wurde. Bei einer anderen Gelegenheit spürte sie ein über Minuten anhaltendes Brennen in Händen und Armen, während sie mit ihrem Partner telefoniert hatte. Ich beglückwünsche sie dazu, dass sie diese Zusammenhänge erkannt hat. Diese Erfahrung ist ein wesentlicher Schritt für ihren Genesungsprozess. Zusätzlich erinnere ich sie daran, dass sie, als sie über den zurückliegenden sexuellen Missbrauch gesprochen hatte, eine Anspannung in Kiefer und Nacken wahrgenommen hatte. Nach dieser Einordnung ist Elisabeth darin bestärkt, ihre emotionale Befindlichkeit als einen bedeutenden Faktor für die Entstehung ihres körperlichen Leidens zu sehen. Sie spürt eine gewisse Erleichterung als sie das Büro verlässt, auch wenn sie sich weiterhin überfordert fühlt.
>
> Peter hat bemerkt, dass seine Rückenschmerzen nicht immer gleich stark sind. Er hat wenig Schmerzen, wenn er zu Hause ist oder im Auto sitzt, aber er hat deutliche Schmerzen bei der Arbeit am Schreibtisch. Ich führe aus, dass ein Schmerz aufgrund einer strukturellen Schädigung selten zu solchen Fluktuationen führt. Er hatte bislang angenommen, dass es an seinen unterschiedlichen Schreibtischstühlen liegt. Allerdings hat der Austausch des Bürostuhls nicht zu einem Rückgang der Beschwerden geführt. Das Besprechen dieser Zusammenhänge hilft Peter die unterschiedliche Schmerzausprägung besser zu verstehen. Er lächelt, als ich ihm sagte, dass er auf dem Weg der Besserung ist.

4.3 Entängstigung durch Vermittlung einer anderen Sichtweise auf psychophysiologische Symptome

Wenn unter der Behandlung Schmerzen und Symptome auftreten bietet sich dem Patienten die Gelegenheit, in anderer Weise als bisher darauf zu reagieren. Ein erster Schritt ist es, die Symptome als physiologische passagere Reaktion einzuordnen, und nicht als Hinweis auf eine schwere körperliche Störung. Eine ausführliche Erklärung dieses Sachverhaltes hilft dabei, die körperlichen Angstreaktionen abzumildern. Es ist wichtig gegenüber dem Patienten zu betonen, dass Angst der wesentliche Faktor für die Aufrechterhaltung von psychophysiologischen Störungen ist. Die Angst vor Schmerzen hat den biologischen Sinn, vor Gefahren zu warnen. Der Schmerz nach dem Berühren einer heißen Herdplatte löst Angst vor der Wiederholung aus und lehrt uns, nicht noch einmal auf die Herdplatte zu fassen. Nach einer Unterschenkelfraktur vermittelt der Schmerz, dass das Bein geschont werden muss und eine Behandlung erforderlich ist. Bei psychophysiologischen Störungen warnen Schmerz und andere Symptome vor den emotionalen Gefahren des Lebens. Diese können sich zusammensetzen aus zurückliegender Traumatisierung, aktuell belastender Situation und dem Stress, der durch die Symptome entsteht. Es erfordert Mut, sich mit Ängsten und Befürchtungen auseinanderzusetzen und sich nicht davon einschüchtern zu lassen. In der Behandlung ist es wichtig, den Patienten zu ermutigen, zu bestärken, und ihm dazu zu gratulieren, dass er bereit ist, die Anstrengungen auf sich zu nehmen. Die Arbeit in dieser Phase kann sehr schwierig sein und viel Beharrlichkeit erfordern. Wenn Patienten fürchten, nicht mehr gesund werden zu können, kann diese Befürchtung selbst die Anspannung erhöhen und eine Verzögerung im Genesungsprozess verursachen. Auch Ungeduld angesichts einer langsamen Entwicklung belastet die Genesung. Dem Patienten sollte vermittelt werden, dass es eben eine unbestimmte Zeit braucht, bis die Störung überwunden ist.

Mit der Zeit können Patienten beginnen zu verstehen, dass die Symptome einen Versuch des Nervensystems darstellen, ihn zu schützen. Und eventuell kann die Erkenntnis heranreifen, dass dieser Schutzschild nicht mehr erforderlich ist, sodass die Warnsignale des Nervensystems wieder herunterreguliert werden können. Beispielsweise können bei psychophysiologischen Störungen Orte, Bewegungen, Situationen und Körperhaltungen als gefährlich eingestuft werden und damit Schmerz und andere Symptome entstehen lassen. Das Gehirn interpretiert dabei ursprünglich physiologische neuronale Signale aus dem betreffenden Körperteil als Hinweis auf eine Verletzung, sodass Schmerz als Warnsignal produziert wird. Die therapeutische Aufgabe besteht in dieser Phase darin, den Patienten wieder zu mehr Sicherheit im Umgang mit Körpersignalen zu verhelfen. Dazu werden Methoden erarbeitet, mit deren Hilfe diese dysfunktionalen Verknüpfungen wieder aufgelöst werden können.

4.4 Der Tyrann: Wie psychophysiologische Symptome als Peiniger verstanden werden können

Die meisten Patienten profitieren von der Metapher des »Tyrannen«. Die Symptome werden demnach zu einem »Tyrannen«, der den Patienten durch Angst und Schrecken kontrolliert. Kinder, die auf dem Schulhof tyrannisiert werden, fürchten ständig, ihrem Peiniger zu begegnen. Schmerz, Angst, Depression oder Erschöpfungssymptome können eine ähnliche Funktion einnehmen: die Betroffenen fürchten ihre Symptome und zweifeln daran, jemals wieder frei von Symptomen sein zu können. Daraus entstehen Hilflosigkeit und das Gefühl, schikaniert zu werden. So wird das Leben von Scham, Selbstmitleid und Schuldzuschreibungen dominiert. Die ständige Angst davor verstärkt die Symptome zusätzlich.

Patienten mit chronischen Schmerzen und anderen Beeinträchtigungen werden häufig von Therapeuten aufgefordert, ein Schmerz- oder Symptomtagebuch zu führen. Dort sollen das Auftreten und die Ausprägung der Symptome notiert werden. Allerdings wurde gezeigt, dass durch diese zusätzliche Aufmerksamkeit die Symptome verstärkt werden können (Ferrari und Russell, 2010; Ferrari 2015; Ferrari und Louw, 2013).

Betroffene können die Tyrannei beenden, indem sie den Peiniger in die Schranken verweisen. Betroffene sollten ermutigt werden, es nicht zuzulassen, dass Schmerz und andere Symptome über ihr Leben bestimmen. Stattdessen können die Patienten darin unterstützt werden zu erfahren, dass sie die Symptome überwinden können. Es ist möglich die Angst vor den Symptomen zu stoppen, indem weniger Aufmerksamkeit darauf verwendet wird. Wenn der Peiniger sich meldet, könnte die Antwort lauten: »Netter Versuch, aber mehr fällt Dir nicht ein?«

Es ist ausgesprochen schwierig, Schmerz und andere Symptome zu ignorieren. Aber mit der Erfahrung, dass sich Patienten vom Schmerz abgrenzen können, sich weniger beunruhigt fühlen und sie den Schmerz ohne Angst ignorieren können, wird das zentrale Nervensystem trainiert, pathologische neuronale Verschaltungen aufzulösen. Man kann üben, Schmerz und andere Symptome zu belächeln oder sogar auszulachen. Das setzt allerdings voraus, dass die Bedeutung der Symptome verstanden und die Angst vor körperlicher Verletzung überwunden wurde. Diese Art zu arbeiten fördert die Entschlusskraft, an der es den Patienten mit psychophysiologischer Störung häufig aufgrund ungünstiger früher Beziehungserfahrungen oder bestimmter Persönlichkeitszüge fehlt.

4.5 Top-Down Interventionen

Patienten mit psychophysiologischen Störungen betrachten sich mitunter so, als wären sie dem Terror hilflos ausgesetzt. Die Symptome können als verschlüsselte Wiederholung des Missbrauchs durch eine machtvolle Person aus der Vergangenheit verstanden werden. Die fortwährende Retraumatisierung aktiviert neuronale Alarmsysteme und führt zu einem Fortdauern der Symptome.

Mit der Erfahrung, dass die Denkmuster in Bezug auf Schmerz und andere Symptome verändert werden können, entsteht Zuversicht. Es ist wichtig, Patienten zu bewegen, Hilflosigkeit und sorgenvolle Gedanken durch aufbauende Botschaften zu ersetzen, die Stärke und Gesundheit in den Vordergrund rücken. Patienten können ermutigt werden, das Symptom direkt mit Formulierungen anzusprechen, die der Abgrenzung gegenüber dem Symptom dienen. Beispiele hierfür sind: »Schmerz, du bist ein Nichts« – »Ich lasse mir von Dir die Laune nicht verderben« – »Ich werde meine Tätigkeit nicht wegen Dir unterbrechen« – »Ich bin stark und werde deine Kontrolle über mich beenden« – »Ich fürchte dich nicht«. Mit diesen Selbstinstruktionen wird der Tyrann zurückgedrängt. Wir alle wissen, dass unser Gehirn Körperfunktionen kontrollieren kann, beispielsweise wenn die Blasenentleerung verzögert oder die Atmung bewusst verlangsamt wird. Wenn Patienten die psychophysiologische Störung tatsächlich verstanden haben und beginnen zu glauben, dass es Grund zur Hoffnung gibt, führt das zu einer Stärkung des Selbstbewusstseins und der Selbstwirksamkeit. Die Veränderung dieses inneren Dialogs versetzt den Patienten in die Lage, die ungünstigen Auswirkungen von Hilflosigkeit und Ausgeliefertsein zu überwinden. Eine aktuelle Studie legte dar, dass affirmative Selbstinstruktionen den ventrolateralen präfrontalen Kortex aktivieren. Dieses Hirnareal kann die vom limbischen System und von der Amygdala ausgehende Aktivierungen nachgeschalteter neuronaler Strukturen bei Gefahrensituationen dämpfen (Falk et al., 2015).

4.6 Verhaltensorientierte Interventionen

Schmerz und andere Symptome können konditionierte Antworten auf verschiedene Stimuli wie Wetter, Nahrung, Licht, Geräusche darstellen. Migränepatienten wird aktuell von einigen Wissenschaftlern empfohlen zu lernen, wie Triggerfaktoren vom Schmerzgeschehen entkoppelt werden können, statt diese zu vermeiden (Martin, 2010). Aktuellere Studien zeigten, dass der Einfluss des Wetters auf Rücken- und Gelenkschmerzen nicht belegbar ist (Steffens et al., 2014; Ferreira et al., 2016). Der Versuch dem Peiniger auszuweichen oder Triggerfaktoren zu vermeiden, kann Angst und Hilflosigkeit verstärken. Die Durchführung von Expositionen im Wissen darum, dass Auslösesituationen Hirnregionen aktivieren, die Symptome generieren, ohne dass dies eine dauerhafte Gewebeschädigung verursacht, kann zu einem Rückgang der psychophysiologischen Beschwerden führen. Beispielsweise können Patienten beginnen, auslösende Nahrungsmittel zu verzehren und sich dabei vergegenwärtigen, dass die Speisen ungefährlich sind. Ähnlich kann mit bislang vermiedenen Aktivitäten wie z. B. Sitzen, Stehen, Gehen oder nach vorne Neigen verfahren werden. Wenn sich der Patient in Zuversicht mit diesen Triggern auseinandersetzt, werden die Symptome allmählich zurückgehen, der Patient kann eine gesundheitsfördernde Haltung bestehend aus Gelassenheit und Optimismus entwickeln und sich dabei schrittweise von den Symptomen erholen.

Beim nächsten Besuch berichtet Peter, dass er aktiver ist, obwohl er weiter deutliche Schmerzen hat. Schmerz trete immer dann auf, wenn er sich zur rechten Seite neigt. Das lässt ihn an der Diagnose einer psychophysiologischen Störung zweifeln. Ich gratuliere ihm zu seinen Fortschritten. Aktiver zu werden, obwohl Schmerzen auftreten, ist ein bedeutender Schritt im Genesungsprozess. Ich frage ihn, ob er damit einverstanden ist, dieses Phänomen hier im Sprechzimmer zu untersuchen. Dabei erkläre ich, dass dieser Schmerz eine erlernte Reaktion ist. Das zur Seite neigen löst Schmerzen aus, weil die Schmerzzentren im Gehirn aktiviert werden und nicht, weil sein Körper geschädigt ist. Ich erkläre, dass es möglich ist, diese Reaktion zu »verlernen«.

Ich bitte ihn aufzustehen, eine standfeste Haltung einzunehmen (Füße auseinander, Wirbelsäule aufgerichtet, Hände zusammengepresst), einige positive Affirmationen anzuwenden, sich zur Seite zu neigen und zu beobachten, ob sich seine Schmerzreaktion verändert. Ich unterstütze bei den Formulierungen: »Ich bin gesund und stark. Mit meinem Rücken ist alles in Ordnung. Schmerz, ich habe keine Angst vor dir. Gehirn, entspanne Dich. Mir geht es gut, ich werde mich jetzt zur Seite beugen und es wird nichts Schlimmes geschehen.« Dann beugt er sich zur Seite. Der Schmerz tritt auf, aber etwas schwächer als beim letzten Mal. Ich bitte ihn, den Vorgang mehrere Male zu wiederholen. Jedes Mal ist der Schmerz etwas geringer. Dieses Vorgehen wird schließlich die neuronale Schmerzbahnung verändern und der Schmerz wird abklingen oder gar aufhören. (▶ Kasten 4.1).

Es wurde nachgewiesen, dass eine aufrechte, standfeste Körperhaltung den Testosteronspiegel erhöht, den Kortisolspiegel senkt und die Schmerzschwelle erhöht (Bohns und Wiltermuth, 2012; Carney et al., 2010).

Kasten 4.1: Selbstinstruktionstraining

Umdenken im Selbstverständnis

Ich bin gesund; Ich bin stark; mit meinem Körper ist alles in Ordnung. Ich übernehme Verantwortung. Ich kann tun, was ich will.

Verhaltensaktivierung

Schmerz, Symptome, ängstliche Gedanken: Ihr seid nichts. Ich fürchte Euch nicht. Ich brauche Euch nicht. Ihr könnt mich nicht länger peinigen.

Selbstberuhigung

Ich werde Euch ignorieren und mich darauf konzentrieren, was ich machen möchte und was ich zu tun habe.

> Es geht mir gut; ich bin OK; es wird mir gut gehen.
> Ich bin in Sicherheit und ich bin nicht in Gefahr.
> Ich werde mein Gehirn umtrainieren, Tag für Tag.
> Ich habe meine Genesung beschlossen.
> Ich werde Zeit für mich finden, damit ich mein Leben genießen kann und vorankomme.

4.6.1 Beispiel einer Anleitung zur Reduzierung psychophysiologischer Symptome

Wenn Schmerz oder andere Symptome auftreten: tief durchatmen und sich daran erinnern, dass kein ernsthaftes körperliches Problem vorliegt. Sie sind gesund, die Symptome werden bald zurückgehen. Erklären Sie ihrem Unbewussten, dass es damit aufhören kann, Symptome zu erzeugen. Tun Sie das mit Überzeugung, laut oder leise. Ordnen Sie den Schmerz oder andere dysfunktional gebahnte Symptome als Wahrnehmung ein, die keinen Schaden zufügt. Tief durchatmen und sich selbst beruhigen. Seien Sie sich darüber im Klaren, dass Sie sicher sind und keine Gefahr besteht. Konzentrieren Sie sich auf Dinge, die jetzt angepackt werden müssen. Gratulieren Sie sich selbst zu dem Weg, den Sie eingeschlagen haben, um gesund zu werden. Auch wenn die Symptome zurzeit noch anhalten.

4.6.2 Beispiel einer Anleitung für den Abbau des Vermeidungsverhaltens

In Triggersituationen (z. B. bestimmte Körperhaltungen, Orte, Bewegungen, Nahrungsmittel, Wetterumschlag) oder wenn Stress auftritt, empfiehlt es sich, kurz inne zu halten und einmal tief durchzuatmen. Der Patient soll sich in derartigen Situationen daran erinnern, dass durch die Selbstberuhigung die Symptome oder Schwierigkeiten schrittweise reduziert werden. Beispiel einer angstbesetzten Rumpfbeugung nach vorne: »Dies wird keine Rückenschmerzen verursachen. Mein Rücken ist gesund und stark, ich kann die Bewegung ohne Angst, mir selbst zu schaden, durchführen.« Es ist wichtig zu verstehen, dass der Körper gesund ist und eine Genesung erfolgen kann, indem der Patient selbst verhindert, dass seine Psyche Symptome produziert. Dazu verhilft Entspannung und Angstabbau durch bewusstes langsames Atmen. In Auslösesituationen ist es hilfreich, positive Formulierungen über die Gesundheit des eigenen Körpers und den Genesungsprozess anzuwenden. Dies ist solange erforderlich, bis das Gehirn aufhört, psychophysiologische Symptome zu generieren. Ziel ist dabei, während einer Triggersituation die Angst vor eventuell auftretenden Symptomen zu verlieren. Durch die Reduzierung der Angst und die Auseinandersetzung mit den Auslösern wird die neuronale Symptombahnung abgeschwächt.

4.7 Meditation und Achtsamkeitsübungen

Meditationstechniken können zur Senkung der Angst eingesetzt werden. Indem die Aufmerksamkeit auf die Atmung gerichtet wird, werden die Gefahrenzentren im zentralen Nervensystem beruhigt. Durch diese Übungen wird dem Körper bewusst, dass keine unmittelbare Gefahr besteht und dass der Patient in Sicherheit ist. Achtsamkeitsmeditation ist eine Methode, mit der die Antworten des Gehirns auf innere und äußere Stimuli verändert werden. Diese Techniken werden seit mehr als 2.500 Jahren eingesetzt und werden kontinuierlich weiterentwickelt (Kabat-Zinn, 1990, Goldstein 2013). Achtsamkeitsübungen dienen nicht dazu, Patienten von Schmerzen, Denkmustern oder Emotionen abzulenken. Vielmehr wird versucht, diesen Einflüssen mit Akzeptanz und nicht mit reaktivem Aktionismus zu begegnen. Achtsamkeitsübungen sind ein Weg, innere Zustände wahrzunehmen und sich davon abzugrenzen. Wenn psychophysiologische Symptome auftreten, können diese zunächst ohne Bedeutungszuschreibung wahrgenommen werden oder als merkwürdig störendes, aber ungefährliches Körpersignal eingeordnet werden. Es kann geübt werden, diese Signale mit Neugier und ohne Angst als etwas zu betrachten, das im Gehirn generiert wird. Achtsamkeit will nicht versuchen, den Schmerz zu vertreiben, sondern dabei helfen, Symptome wahrzunehmen ohne automatisiert darauf zu reagieren. Dieses mächtige Instrument reduziert unmittelbar die Angst und nimmt damit der psychophysiologischen Störung ihre Grundlage. Achtsamkeitsübungen sind starke Instrumente, um mit Bedenken umzugehen, die eine Erholung untergraben. Achtsamkeit zu üben bedeutet zu versuchen, Körperempfindungen frei von Gedanken, Bedenken und Befürchtungen mit neugierigem Interesse wahrzunehmen. Die meisten Patienten mit psychophysiologischen Störungen beschäftigen sich mit einer Vielzahl von belastenden Annahmen und immer wiederkehrenden Gedanken oder Denkmustern, zum Beispiel »es wird mir nie besser gehen«, »ich darf das nicht richtig machen«, »ich bin viel zu krank, um das zu tun«, »ich kann mir nicht erlauben, das zu tun«, »das steht mir nicht zu«, »ich bin nicht gut genug (oder nicht stark genug, tapfer genug, standhaft genug)«. Patienten können üben, ihre Gedanken zu beobachten und diese als nichts anderes zu sehen als Gedanken, die vorbei gehen. Den Patienten wird die Arbeit an den Denkmustern durch den Hinweis erleichtert, dass solche Denkmuster häufig sind und bei den meisten Patienten mit psychophysiologischen Erkrankungen auftreten.

Fordern Sie ihre Patienten auf, Gedanken und Körpersignale achtsam wahrzunehmen. Dabei haben sich die folgenden Schritte bewährt:

1. Ich bemerke diese Körperwahrnehmung oder diesen Gedanken. Das ist interessant.
2. Dieses Signal oder dieser Gedanke entsteht in meinem Gehirn.
3. Ich kann dieses Signal oder diesen Gedanken ohne Angst wahrnehmen. Es ist zwar eine irritierende Wahrnehmung, aber es ist nicht mehr als ein Gedanke.
4. Das wird sich verändern oder vorbeigehen.

5. Mir geht es gut.
6. Ich werde einmal tief durchatmen und sehen, was als nächstes entsteht.

Diese Übungen werden immer wieder wiederholt. Die Patienten lernen dabei, dass sie ihre Gedanken und Gefühle gelassener betrachten können und diese immer weniger mit einem automatisierten Verhalten verbunden sind. Mit der Erfahrung, dass die Gedanken und Körpersignale nüchtern, mit Interesse und Gelassenheit wahrgenommen werden, verringert sich die angstvermittelte Symptomverstärkung. Die Patienten werden aufgefordert, diese Übungen viele Male am Tag durchzuführen, gekoppelt mit kurzen Affirmationen wie »Ach, das ist wieder mein Gehirn, es ist alles in Ordnung«, oder »das sind nur Gedanken, die werden vorbei gehen«.

> Bei einem Folgetermin berichtet Elisabeth, dass einige Symptome sich nicht verändert haben, andere aber nicht mehr auftreten. Sie befürchtet, dass die anhaltenden Kopf- und Nackenschmerzen eine körperliche Ursache haben. Weil ein Arzt ihr erklärt hatte, dass die Bandscheiben in der Halswirbelsäule degenerativ verändert sind, falle es ihr schwer anzunehmen, dass es sich dabei um funktionelle Beschwerden handelt.
> Ich bitte sie, sich im Stuhl aufzurichten, die Augen zu schließen und ihr Bewusstsein für die neue Betrachtungsweise ihrer Symptome zu öffnen. Als erstes unterstütze ich sie dabei, ihre Atmung wahrzunehmen. Dabei geht es darum, das Atmen zu spüren, ohne Einfluss darauf ausüben zu wollen. Einatmen, ausatmen, den nächsten Atemzug. Dann bitte ich sie, sich in gleicher Weise ihrem Kopf zuzuwenden und all ihre Gedanken und Wahrnehmungen wie Wolken am Himmel vorüberziehen zu lassen. Innerer Eindrücke gewahr werden mit weniger Angst, ohne Grübeleien. Ich empfehle ihr zu versuchen, sich für einige Minuten auf ihre inneren Vorgänge einzulassen, auf kleine Schwankungen zu achten, ohne diese verändern zu wollen, das alles auf eine freundliche Art und Weise zu betrachten, ohne zu befürchten, dass der Schmerz zunimmt oder unverändert bleiben wird und gleichzeitig wissen, dass der Körper gesund ist, dass das sämtliche Beschwerden im Gehirn generiert wird. Dann bitte ich sie, sich wieder der Atmung zuzuwenden. Ich schlage vor, sich mit den gleichen Methoden der Achtsamkeit den sensorischen Empfindungen in ihren Händen zu widmen. Ihre Hände zu spüren und zu merken, dass ihr Gehirn diese Wahrnehmungen als nicht unangenehm interpretiert, dass dort keine Schmerzen gespürt werden; dass es nur an ihrem Gehirn liegt wie sensorische Empfindungen eingeordnet werden. Dann bitte ich sie, ihre Aufmerksamkeit wieder auf ihren Kopf zu richten. Einige Minuten darauf zu verwenden, alle Eindrücke wahrzunehmen in der Sicherheit, dass alles in Ordnung ist, egal, ob die Empfindung als angenehm oder unangenehm wahrgenommen wird. Dabei soll sie nicht versuchen, das Fühlen zu verändern, sondern alles als Teil ihrer selbst zu spüren und anzunehmen. Als die Übung sich dem Ende zuneigt, bitte ich sie, sich in gleicher Weise ihrem Nacken zuzuwenden: beobachten, interessiertes Wahrnehmen, ohne reaktiven

> Aktionismus. Am Ende der Übung geht die Aufmerksamkeit zur Atmung zurück und zu einer positiven Einstellung gegenüber sich selbst.
> Elizabeth berichtete, dass Kopf- und Nackenschmerzen anfangs konstant waren und für kurze Zeit stärker wurden. Als sie begann, einen Teil ihrer Befürchtungen wegen der Beschwerden ziehen zu lassen, bemerkte sie eine Veränderung. Während sie ihre Aufmerksamkeit auf Atmung und Halswirbelsäule richtete, gingen die Kopfschmerzen zurück. Einige Zeit später verschwanden auch die Nackenschmerzen. Gegen Ende der Übung bemerkte sie Schmerzen in der Lendenwirbelsäule. Diese wurden bald weniger, als sie sich darauf konzentrierte, diese ohne Angst wahrzunehmen. Dann sagte sie plötzlich: »Jetzt habe ich Brustschmerzen«. Ich entgegnete, dass es typisch für psychophysiologische Beschwerden ist, dass diese sich verschieben, aber voraussichtlich abklingen werden. Ich empfahl ihr, auch die Brustschmerzen mit der neuen Fähigkeit frei von Angst zu betrachten. Etwas später verschwanden auch diese Beschwerden.

Patienten mit psychophysiologischen Beschwerden zu Achtsamkeit anzuleiten hat therapeutische und diagnostische Aspekte. Es ermöglicht dem Anleitenden und dem Patienten zu beobachten, dass die Symptome vorbeigehen und nicht auf einem strukturellen Schaden beruhen. Der Patient erfährt dabei in prägnanter Weise, welcher Natur die Beschwerden sind. Außerdem stellt es dem Patienten ein starkes Werkzeug zur Verfügung. Während Elizabeth erfuhr, wie sie achtsam und selbstfürsorglich mit den Symptomen umgehen konnte, erfolgte ein Umlernen in ihrer Schmerzwahrnehmung. Diese Übung stellt eine Variante der des Body Scans dar. Dieser Ansatz kann eingesetzt werden, um Angst oder Anspannung in allen Körperregionen zu untersuchen und zu lindern. Es wurde belegt, dass Achtsamkeitsübungen Schmerzen reduzieren und für die meisten Patienten mit psychophysiologischen Beschwerden einen wesentlichen Bestandteil der Therapie darstellen (Grossman et al., 2007). Weiterhin möchte ich betonen, dass diese Techniken dramatische Effekte haben können, wenn Patienten bereits zur Überzeugung gelangt sind, dass ihre Beschwerden seelischer Natur sind. Wenn Patienten noch nicht zu dieser Einsicht gelangt sind, sondern davon ausgehen, dass ein körperlicher Schaden vorliegt, untergräbt diese Vorstellung der Schmerzursache die Fähigkeit, dem Schmerz weniger Raum zu geben. Die Patienten verbleiben dann in einem ängstlichen Zustand, was ein Andauern der Symptome begünstigt. In einer aktuellen Vergleichsstudie zeigten sich ähnliche Effekte für achtsamkeitsbasierte Therapien wie für kognitive Verhaltenstherapie. Die Effekte gingen jedoch innerhalb eines Jahres zurück (Cherkin et al., 2016). Allerdings waren die Patienten in dieser Studie nicht auf das Vorliegen einer psychophysiologischen Erkrankung untersucht oder darüber informiert worden.

4.8 Selbstmitgefühl

Achtsamkeitsübungen stärken das Gewahrsein im Hier und Jetzt. Zusätzlich werden die Teilnehmer ermutigt, sich selbst und anderen liebevoll und freundlich zu begegnen. Freundlichkeit zu üben ist von entscheidender Bedeutung für die Genesung bei psychophysiologischen Störungen. Als Folge von Traumatisierung und Vernachlässigung in der frühen Kindheit ist es wahrscheinlich, dass Patienten mit psychophysiologischen Erkrankungen zu ausgeprägter Schreckhaftigkeit und Wachsamkeit, zu angepasstem oder unterwürfigem Verhalten und einem hohen Ausmaß an Selbstkritik neigen. Ggf. besteht eine erhebliche Belastung durch tief vergrabene, schuldhaft verdrängte Wut gegenüber früheren Bezugspersonen, Geschwistern oder Tätern. Diese Anpassungsvorgänge treten häufig bei Menschen auf, die als Kinder exzessiver Kritik ausgesetzt waren, die nur Anerkennung erfuhren, wenn übermäßige Leistungen erbracht wurden oder die stärkeren Formen des Missbrauchs durch Verwandte ersten Grades ausgesetzt waren. Diese Erfahrungen führen häufig dazu, dass Betroffene mit starken Affekten, Angst oder Furcht auf Stress oder alltägliche Belastungen reagieren, die durch emotionale Bedrohungen oder durch schmerzbedingte Angst um die körperliche Unversehrtheit hervorgerufen werden. In der Reaktion auf aktuelle Stressoren liegt auch eine intensive Reaktion auf zurückliegende Erfahrungen, welche durch die aktuelle Situation reaktiviert wurden. Aufgrund damit verbundener Schuldgefühle und der chronischen Vernachlässigung in der frühen Kindheit, fällt es Betroffenen nicht leicht, Mitgefühl mit sich selbst zu haben. Häufig besteht das Gefühl, es nicht zu verdienen, geliebt und umsorgt zu werden. Die Betroffenen haben oft wenig Mitgefühl mit dem Kind, das in ihrem Körper aufgewachsen ist.

Zu den inneren Prozessen, die psychophysiologische Erkrankungen aufrechterhalten oder aktivieren, zählen anklagende Selbstzuschreibungen. Die Wut auf den Peiniger ist mit Schuldgefühlen verbunden, da zu diesem im nahen persönlichen Umfeld in der Regel zumindest in der Vergangenheit auch positive Gefühle vorhanden waren. Die Schuldgefühle führen zu einer Verinnerlichung negativer Selbstzuschreibungen. In kritischen Phasen, zum Beispiel, wenn starke Schmerzen oder andere schwerwiegende Symptome, einschließlich Angst oder Depression auftreten, »hören« Patienten häufig kritische innere Botschaften wie »Du bist ein Verlierer«, »es ist alles deine Schuld«, »es wird niemals besser«, »Du bist es nicht wert«. Wir ermutigen unsere Patienten diese Zuschreibungen als Botschaften eines inneren Gegenspielers zu betrachten und die oben beschriebenen Achtsamkeitsübungen dagegen einzusetzen. Wenn verstanden wurde, dass diese Stimmen aus einer angelernten selbstentwertenden Haltung aufgrund von negativen Beziehungserfahrungen resultieren, kann der Patient beginnen, diesen Stimmen weniger Bedeutung beizumessen.

Ein anderes Herangehen an psychophysiologische Symptome bezieht sich auf den Aspekt, dass die Symptome aus einem Mangel an Selbstmitgefühl entstehen. Daher ist es sinnvoll, den auftretenden Symptomen einen Moment lang mit Mitgefühl und Freundlichkeit zu begegnen, was dazu führen kann, dass die Strenge im Umgang mit sich selbst gemildert wird. Das ermöglicht, dass sich die neuronal vermittelten Schmerzmechanismen auflösen können.

Durch das Vermitteln dieser kognitiv-behavioralen Fertigkeiten kann einer signifikanten Anzahl von Patienten mit psychophysiologischen Störungen zu einer Symptomlinderung oder sogar Genesung verholfen werden. Allerdings werden mit diesen Techniken nicht die Ursachen behandelt, die die Symptome hervorgerufen haben. Diese entstehen aus konflikthaften Emotionen, die meist noch nicht bewusst sind, nicht ausgedrückt werden können und nicht bearbeitet wurden. Erläuterungen hierzu finden sich in folgenden Kapiteln.

Wenn sich ein Patient während der therapeutischen Arbeit als ein ängstliches Kind in einer bedrohlichen oder ausweglosen Situation wahrnimmt, ist es oft möglich, das Gefühl von Traurigkeit oder Trauer zu spüren. In dieser Situation kann der Patient ermutigt werden, sich diesem visualisierten inneren Kind zuzuwenden und ihm Trost zuzusprechen. Zum Beispiel mit Formulierungen wie »du hast es nicht verdient, so schlecht behandelt zu werden«, »Du bist jetzt in Sicherheit«, »ich beschütze dich und ich liebe dich«. Dazu ist die Imagination hilfreich, das Kind zu umarmen und zu halten. Diese oft emotional bewegende tröstliche Fantasie gegenüber den verletzten kindlichen Anteilen vermittelt dem Patienten eine positive Selbstzuwendung und erlaubt ihm, Mitgefühl mit sich selbst zu entwickeln. Es kann hilfreich sein, eine andere Person einzuführen, um dem Patienten diese liebevolle Zuwendung zuteilwerden zu lassen. Dies kann eine freundliche Bezugsperson sein oder eine weitere Imagination des kindlichen Ichs. Einigen Patienten, denen es schwerfällt, Selbstmitgefühl zu entwickeln kann es helfen, sich ein Kind vorzustellen, möglicherweise ein eigenes Kind, das die gleiche angstmachende Situation erleben muss wie sie selbst in ihrer Kindheit. Die meisten Patienten werden einen Rückschlag in Form einer Symptomzunahme erleben, wenn die eigenen Kinder die Erfahrungen aus der eigenen Kindheit durchmachen. Chris Germer (2009) und Kirsten Neff (2011) haben nützliche Selbsthilfeanleitungen formuliert, die das Wachsen von Selbstmitgefühl unterstützen.

Ein anderer Faktor, der zur Genesung beitragen kann, ist Vergebung. Vergebung bedeutet nicht, dass das Geschehene vergessen wird, sondern versucht einen Umgang mit dem Vergangenen zu finden, der verhindert, dass das Erlebte weiterhin das Leben dominiert und dass der Betroffene von den zurückliegenden Ereignissen emotional in Geiselhaft genommen wird. Ein Rachefeldzug wird manchmal mit der Metapher verglichen, »selbst Gift einzunehmen und zu erwarten, dass der andere stirbt«. Vergebung meint, Wut und Ärger vorübergehen zu lassen. Viele Patienten berichten, dass die Erholung beginnen konnte, als sie sich selbst vergeben konnten. Bei vielen Patienten mit funktionellen Beschwerden ist es hilfreich, diesen Bereich anzusprechen. Viele Patienten fühlen sich für etwas schuldig, was außerhalb ihrer Einflussmöglichkeiten lag. Sie profitieren davon, wenn sie darin bestärkt werden, dass sie nichts absichtlich falsch gemacht haben. Wenn Fehler gemacht wurden, ist es hilfreich mit dem Patienten zu erarbeiten, dass er versucht hatte, es so gut wie möglich zu machen und sich selbst den Fehler vergibt. Weitere Ausführungen hierzu finden sich bei Luskin (Forgive for Good, 2002).

Patienten, die bereits lange von Schmerzen geplagt sind oder traumatische Erfahrungen machen mussten, spüren oft eine chronische Anspannung. Für diese Patientengruppe ist es hilfreich, sich täglich Zeit zu nehmen um sich darüber gewahr zu werden, dass aktuell keine Gefahr besteht, dass tief durchgeatmet werden kann und dass es weitergeht. Tatsächlich benannte einer meiner Patienten mit chronischem Schmerzsyndrom als den wichtigsten Baustein seiner Genesung, sich bewusst klar zu machen, dass er in Sicherheit ist und er sich nicht mehr in Gefahr befindet.

> Ich bat Elizabeth, zurückzugehen zu einer Situation, in der sie verletzt wurde und Gefahren ausgesetzt war, um zu erfahren, ob sie Mitgefühl mit dem Mädchen haben kann, das sie selbst war. Sie geht unmittelbar zurück in eine Zeit, in der sie sexuell missbraucht wurde und beginnt zu weinen. Nach einigen Minuten bitte ich sie, sich vorzustellen, dass sie sich als Erwachsene der jüngeren Elizabeth nähert, um sie zu halten, zu trösten und mit ihr zu sprechen. Sie spricht in eindeutig fürsorglicher Weise mit dem Mädchen, sie sagt: »Das ist nicht deine Schuld. Du hast nichts falsch gemacht. Du wirst da rauskommen und du wirst es überstehen. Ich liebe Dich und werde bei Dir sein. Du bist gut, so wie du bist, du bist nicht alleine.« Dieses Vorgehen erlaubte ihr, Traurigkeit und Trauer auszudrücken und Mitgefühl zu spüren. Elizabeth bemerkte, dass die Nackenmuskulatur weniger verspannt war und dass sie sich »leichter« fühlte.

4.9 Expressives Schreiben

Es gibt leicht umsetzbare Methoden, die eingesetzt werden können, um Patienten dabei zu unterstützen, die emotionale Wahrnehmung zu fördern und den Umgang damit zu erleichtern. Dazu gehört eine Reihe von Schreibübungen. Pennebaker hat Studien dazu veröffentlicht, wie spontanes Aufschreiben von emotionalen Inhalten Veränderungen erleichtern kann (Pennebaker 1990 und 2004). Nach Lumley et al. ist das expressive Schreiben (Aufforderung die tiefsten Gedanken und Gefühle über ein früheres Trauma aufzuschreiben. Anm. d. Übersetzer) bei Asthma, Fibromyalgie und rheumatoider Arthritis hilfreich (Gillis et al., 2006, Norman et al., 2004, Smyth et al., 1999). Nach Pennebaker ist es sinnvoll, täglich 15–20 min spontan aufzuschreiben, was den Patienten aufwühlt oder belastet. Spezifische Schreibübungen für Patienten mit psychophysiologischen Störungen finden sich bei Schubiner und Betzold in »Unlearn your pain«. Beispielsweise können Briefe an Bezugspersonen geschrieben werden, in denen formuliert wird, was nicht ausgesprochen werden konnte. Der Brief entfaltet seine Wirkung, auch wenn er nicht verschickt wird. Dabei ist es nicht von Bedeutung, ob die Adressaten noch in Kontakt mit dem Schreibenden sind oder bereits verstorben sind. Dabei werden emotionale Inhalte ausgesprochen, ohne dass Konsequenzen befürchtet werden müssen. Wird der Brief nach dem Schreiben zerstört, kann das symbolisch für das Loslassen dieser Inhalte stehen.

Eine andere Möglichkeit ist das Niederschreiben von fiktiven Dialogen mit einer einzelnen Person oder einer Gruppe von Personen. Das ermöglicht es, wichtige Aspekte sowohl über die ausgesprochene »Wahrheit« als auch über das, was als Antwort darauf »gehört« wird, zu erfahren. Eine große Anzahl meiner Patienten hat Dialoge mit den Symptomen entstehen lassen und aufgeschrieben. Wenn ein Patient sich erlaubt, sich darauf einzulassen, bietet das die Möglichkeit zu erfahren, warum Symptome auftreten und was getan werden muss, um diese loszulassen (Schubiner und Betzold, 2016). Nach jeder Schreibübung empfehlen wir dem Patienten einen Brief an sich selbst zu formulieren, in dem er seine Gedanken über die deutlich gewordenen Inhalte niederschreibt.

> Peter schrieb eine Reihe von nicht verschickten Briefen an seinen Vater, seine Mutter, seinen Chef und seinen Sohn. Dabei wurde ihm bewusst, wie sehr er sich über diese Menschen ärgerte. Er fühlte sich besser, nachdem er den Ärger formuliert hatte. Es wurde ihm auch deutlich, wie sehr er sich selbst die Schuld gab für Dinge, die in seinem Leben geschehen waren. Er wurde sich darüber bewusst, wie sehr er sich schuldig für die Probleme seines Sohnes und wie sehr er angenommen hatte, der alleinige Verantwortliche für die Schwierigkeiten des Sohnes zu sein.
>
> Beim nächsten Termin gelang es ihm zu erklären, dass sein Ärger berechtigt war und zu berichten, dass das Schreiben seiner Gesundheit förderlich ist. Ich wies darauf hin, dass er beim Schreiben zukünftiger nicht verschickter Briefe auch auf das Verzeihen fokussieren könne. Das könne ihm helfen, Gefühle loszulassen. Ich konnte ihm auch dabei helfen anzunehmen, dass das Ausmaß der sich selbst zugeschriebenen Schuldgefühle überhöht ist, dass er der beste Vater ist, der er sein konnte und kann. Ich wies darauf hin, dass Selbstbeschuldigung in erheblichem Maße Rückenschmerzen verstärkt. Ich empfahl zu überdenken, ob er mit seinem Sohn darüber sprechen wolle. Nach dieser Sitzung ging es ihm besser, er wurde aktiver, begann Fahrrad zu fahren und wieder zu laufen. Er bemerkte, dass der Schmerz deutlich zurückging und spürte, dass er auf dem Weg zur Genesung war.

4.10 Emotionale Aufmerksamkeit

Eine andere Intervention besteht darin, den Patienten aufzufordern, damit zu beginnen, auf seine Gefühle zu achten. Verdrängte Affekte, Wut inbegriffen, aktivieren Alarmsignale, die psychophysiologische Symptome triggern. Patienten mit funktionellen Beschwerden neigen dazu, Gefühle phobisch zu meiden und zu verdrängen. Sehr häufig wird das Auftreten von Schmerz oder Angst dadurch ausgelöst, dass Lebensereignisse Emotionen, wie z. B. Angst, Wut, Schuld oder Traurigkeit, hervorrufen. Wenn Patienten in diesen Situationen in der Lage sind, inne zu halten und zu prüfen, welche Affekte unter den Symptomen verborgen sind, können diese oft wahrgenommen und benannt werden. Dann müssen diese nicht verdrängt werden.

Oft vermittelt eine solche Erfahrung ein tieferes Verständnis für die mit den körperlichen und seelischen Symptomen verbunden Emotionen. Erleben und Ausdrücken von Gefühlen führen bereits zu einer Linderung körperlicher und seelischer Symptome. In den folgenden Kapiteln wird gezeigt, dass die therapeutische Arbeit an den Affekten die Ursache der funktionellen Beschwerden wirkungsvoll behandelt. Gelingt es, einen für die Patienten sicheren Raum zu schaffen und die Patienten dabei zu unterstützen, Zugang zu den Affekten zu finden und Sicherheit im Umgang mit emotionalen Reaktionen zu gewinnen, werden psychophysiologische Symptome deutlich gebessert. An dieser Stelle im therapeutischen Prozess ist es für die Patienten wichtig zu verstehen, dass die Schwierigkeiten in der Wahrnehmung der Emotionen darin begründet sind, dass sie gelernt haben, Gefühle zu unterdrücken und diese nun unbewusst in Form körperlicher Symptome ausgedrückt werden. Diese Art von Verdrängung reicht tief in die Wurzeln der eigenen seelischen Strukturen.

> Elizabeth wurde gebeten, auch zu Hause darauf zu achten, ob sie beim Auftreten von Symptomen Gefühle identifizieren kann. Beim nächsten Besuch schilderte sie, dass sie Bauchschmerzen und ein Brennen in den Händen verspürte, als ihr Freund ihr per Textnachricht mitteilte, dass er zum Abendessen nicht bei ihr sein werde, weil er sich mit Freunden treffen wird. Sie dachte darüber nach und stellte fest, dass sie sich gekränkt und abgewiesen fühlte und bemerkte einen gewissen Ärger. Sie entschied sich, ihre verletzten Gefühle mit der neu erlernten Methode zu besänftigen, indem sie die kindlichen Anteile beruhigte. Sie erlaubte sich dabei, den Ärger auf ihren Freund zu spüren. Als der Ärger stärker wurde, gingen die Bauchschmerzen zurück, das Brennen in den Händen blieb unverändert. Sie spürte plötzlich den Impuls, ihren Freund zu ohrfeigen und es drängte aus ihr heraus: »Geh zur Hölle«. In diesem Augenblick wurde auch das Brennen in ihren Händen weniger. Unmittelbar danach begann sie, ihre Gedanken und Wahrnehmungen zu dieser Begebenheit niederzuschreiben. Als sie damit fertig war, war das Brennen in den Händen vollständig abgeklungen. Sie war damit einverstanden einen Termin mit einem Therapeuten zu vereinbaren, der sich darauf spezialisiert hat,

> Menschen zu unterstützen, mit ihren in unbewussten Tiefen verborgenen Emotionen in Kontakt zu kommen und zu bearbeiten. Sie hatte verstanden, dass ein wichtiger Baustein ihrer Genesung daraus besteht, Zugang zu diesen verdrängten Gefühlen zu finden.

4.11 Überprüfen der Lebensumstände

Patienten mit psychophysiologischer Störung befinden sich oft in Lebensumständen, die Stress und negative Emotionen aufrechterhalten. Sie können sich oft nicht durchsetzen, entwerten sich selbst und finden sich immer wieder in Situationen, die früheren Belastungssituationen ähneln.

Veränderung in Beziehungen und Lebensumständen sind manchmal für die Genesung unvermeidbar. Viele Patienten mit funktionellen Beschwerden erleben sich als hilflose Opfer. Wenn sich die Patienten im Gefolge der Behandlung stärker, selbstbewusster und tatkräftiger erleben, kann das zu Schwierigkeiten in der Beziehung führen, besonders wenn der Partner missbräuchlich und bedrohlich ist. Dennoch suchen Patienten mitunter immer wieder in solchen Beziehungen eine Form von Sicherheit, anstatt den Missbraucher zu konfrontieren. Unabhängig davon ist es wichtig, die Fähigkeit zu erlangen, aufzustehen und mit kräftiger Stimme für sich selbst einzutreten, auch um die psychophysiologische Störung zu überwinden.

Elizabeth hat einige wichtige Entscheidungen in Hinblick auf ihren Freund zu treffen. Peter ist nun in der Lage, mit seinem Sohn über ihre Beziehung zu sprechen und daran zu arbeiten, Verständnis zu finden und versuchen, eine Verbindung herzustellen.

4.12 Das Leben wieder in die Hand nehmen

Patienten, die den Mut haben, ihr Leben soweit wie möglich selbst zu bestimmen, ihre Aktivitäten schrittweise auszubauen, es den Symptomen nicht erlauben, sie ans Bett zu fesseln oder daran zu hindern, zur Schule oder zur Arbeit zu gehen, haben bereits damit begonnen, große Schritte im Kampf gegen ihre Erkrankung zu machen. Die innere Haltung, sich so unabhängig wie möglich von den Symptomen zu sehen, ist dafür hilfreich. Dabei wird versucht, das subjektive Wohlbefinden von den Symptomen zu entkoppeln. Patienten erleben dann weniger Erfolgsdruck. Das führt dazu, dass der Tag nicht von der Angst vor Symptomen gestaltet wird. Durch eine aktive Lebensgestaltung trotz einschränkender Symptome werden die neuronalen Verknüpfungen günstig beeinflusst. Diese innere Haltung beinhaltet, sich mehr auf das Leben als auf die Krankheit zu konzentrieren. Die neuronalen Netzwerke, die bei körperlicher Betätigung, im Kontakt mit anderen, in der Spiritualität, im Ausüben von Hobbys und Arbeit, oder bei intensiven Erlebnissen (z. B. in Natur, Spiritualität oder Meditation) aktiviert werden, stimulieren Hirnregionen, die denen entgegenwirken, die mit Angst und Schmerz assoziiert sind. Spielen und Lachen sind wirksame Gegenmittel gegen psychophysiologische Störungen und sollten gefördert werden, da sie integrale Bestandteile des Genesungsprozesses sind (Brown und Vaughan, 2009).

Es gibt naturgemäß keinen festgelegten Zeitrahmen für die Dauer des Genesungsprozesses bei psychophysiologischen Störungen. Einige Patienten erfahren sehr schnell eine relevante Verbesserung durch die Gewissheit, körperlich gesund zu sein. Einige brauchen Monate, um die kognitiven und verhaltensaktivierenden Interventionen zu integrieren. Andere haben symptomfreie Intervalle, die sich mit Phasen starker Symptomausprägung abwechseln. Und für andere ist der Weg zur Genesung noch länger. Es ist von außerordentlicher Bedeutung, dass die in den therapeutischen Prozess eingebunden Personen ihre zuversichtliche und ermutigende Haltung nicht verlieren. Während manche Patienten eher von der diagnostischen Einordnung, von edukativen Elementen und Affirmationen profitieren, sind bei anderen Achtsamkeitsübungen hilfreicher. Für die Behandlung anderer Patienten ist es erforderlich, den später beschriebenen emotionsfokussierten Behandlungsansatz einzusetzen.

Im Verlauf der Behandlung muss besonders bei Stagnation überprüft werden, ob der gewählte Behandlungsweg beibehalten werden soll, da auch die oben aufgeführten Behandlungsmethoden nicht bei allen Patienten zum Erfolg führen können. Dies ist beispielsweise dann der Fall, wenn Patienten sich zu sehr unter Druck setzen und auf die Symptome fixiert bleiben. Dann sollte trotz anhaltender Symptome damit begonnen werden, das Leben umzugestalten und in Beziehung zu treten. Einige Studien haben dargelegt, dass der Schlüssel zur Gesundheit darin liegen kann, in lebendigen Beziehungen zu anderen Menschen zu leben und dem Leben einen Sinn und Ziel zu geben. Manchmal ist es hilfreicher, diese Bereiche umzugestalten, als sich zu sehr auf die Symptome und deren Überwindung zu konzentrieren.

4.13 Strukturierung des Patientenkontaktes

Wie können diese Empfehlungen umgesetzt werden? Viele Behandler haben wenig Zeit für die Behandlung von Patienten mit nichtspezifischen, funktionellen oder psychophysiologischen Körperbeschwerden. Allerdings erfordert es nur ein überschaubares Zeitkontingent, um dem Patienten zu erklären, dass ihre Symptome durch Stress verursacht werden und dass es dafür spezifische effektive Behandlungsmethoden gibt. Wenn vorsichtig vorgegangen und vermieden wird, dass der Patient die Aufklärung über die Diagnose als Schuldzuweisungen auffasst und er spüren kann, dass die Symptome nicht infrage gestellt oder als eingebildet abgestempelt werden und deutlich wird, dass es dem Arzt tatsächlich darum geht, dem Patienten zu helfen, dann fällt es den meisten Patienten leichter, die Diagnose einer psychophysiologischen Störung anzunehmen. Dies allein kann bereits einen therapeutischen Effekt haben. Als nächster Schritt kann der Patienten mit Adressen von Institutionen versorgt werden, die Hilfe bei psychophysiologischen Erkrankungen anbieten.

Kasten 4.2: Zusammenfassung der psychoedukativen und kognitiv-behavioralen Behandlungselemente

Psychoedukation/Aufklärung

- Vermitteln, dass die Symptome real sind, aber nicht durch eine körperliche Schädigung verursacht werden.
- Vermitteln, dass die Symptome durch neuronale Verknüpfungen entstehen, die erlernt wurden und deaktiviert werden können.
- Vermitteln von Hoffnung und dem Glauben, dass eine Erholung eintreten wird.
- Informationen persönlich und bezogen auf die individuelle Situation vermitteln, damit der Patient erkennen kann, wie das Krankheitskonzept zu seiner Situation passt.

Kognitiv-behaviorale Interventionen

- Die Angst vor den Symptomen reduzieren.
- Kontrolle über die Symptome gewinnen, anstatt sich von den Symptomen kontrollieren zu lassen.
- Verhaltensaktivierung – Symptomtrigger bearbeiten und herausfordern.
- Sich unabhängig von den Symptomen machen, indem bei der Verhaltensaktivierung den Symptomen weniger Bedeutung zugemessen wird.
- Mittels Achtsamkeit, der eigenen Gedanken, körperliche Empfindungen und Gefühle gewahr werden.
- Lernen, Emotionen wahrzunehmen, besonders wenn diese mit dem Auftreten oder der Verstärkung von Symptomen im Zusammenhang stehen.
- Mitgefühl mit sich selbst einüben, für das heutige und das kindliche Selbst.
- Expressives Schreiben anwenden.
- Für sich selbst einstehen und sich selbst verwirklichen.
- Meditative Entspannungsübungen durchführen.
- Arbeit an der Fähigkeit, sich und anderen zu verzeihen.
- Sich klar machen, dass man sicher und nicht in Gefahr ist.

- Mehr Freude haben am Leben, der Arbeit, dem Üben, dem Spielen und Dinge mit einer weniger anspruchsvollen Haltung betrachten.
- Tragfähige mitmenschliche Beziehungen aufbauen und pflegen.
- Ziele definieren und dem Leben einen Sinn geben.

Bei geringen zeitlichen Ressourcen empfiehlt sich ein abgestuftes Vorgehen über einen längeren Zeitraum. Die Behandlungskontakte können sich auf ein oder zwei der oben beschriebenen Kurzinterventionen beschränken, falls erforderlich mit Nachfolgetermin. Ein Erstkontakt von einer Stunde mit 3–4 weiteren Terminen von 20–30 min ermöglicht neben der Diagnosestellung bereits die psychoedukative Krankheitsbearbeitung. Dieser Zeitraum reicht aus, um mit verhaltenstherapeutischen Maßnahmen zu beginnen. Eine relevante Anzahl von Patienten wird bereits von diesen kurzen therapeutischen Interventionen profitieren. Viele Kliniker verfügen nicht über die zeitlichen Ressourcen, um kognitiv-behaviorale Interventionen durchzuführen. Dennoch eröffnen Diagnosestellung, das Erklären der Diagnose und die Überweisung der Patienten an spezialisierte Fachkräfte dem Patienten einen neuen Ausblick. Entscheidend für einen günstigen Verlauf ist sowohl die Information darüber, dass der Patient nicht unter einer körperlichen Schädigung leidet als auch die Botschaft, dass er eine deutliche Linderung seiner Beschwerden erfahren kann.

Viele Patienten bringen eine Eigenmotivation für diesen Behandlungsansatz mit. In englischer Sprache sind ressourcenorientierte Programme für Patienten mit funktionellen Störungen verfügbar (abrufbar unter www.tmswiki.org). Dort findet sich auch eine Vielzahl von zusätzlichen Interventionen für die Behandlung von Ängsten, Aufbau von Selbstbewusstsein und dem Schaffen von Zufriedenheit. Nützlich ist es für den Patienten, körperlich und sozial aktiv zu werden. Physiotherapie ist hilfreich, wenn sie dazu dient, den Körper zu kräftigen und zu lockern, vorausgesetzt der Physiotherapeut vermeidet Botschaften, die suggerieren, dass der Körper geschädigt ist. An vielen Orten werden Kurse in Achtsamkeitsmeditation angeboten. Körperliches Training, Yoga, Tai-Chi oder Pilates sind hervorragende Ergänzungen und für viele Patienten geeignet.

Die folgenden Kapitel geben eine Einführung in seelische und emotionale Mechanismen und beschreiben emotionsfokussierte psychodynamische Interventionen, die in der Hand von Psychotherapeuten Patienten dabei helfen, psychophysiologische Störungen zu überwinden. Dieser Behandlungsansatz ist häufig erforderlich, wenn Patienten auf die in den vorangehenden Kapiteln erläuterten Interventionen nicht ausreichend ansprechen. Sie sind auch sinnvoll, wenn sich Patienten mit emotional belastenden Themen ihrer Lebensgeschichte auseinandersetzen wollen.

4.14 Zusammenfassung

- Sobald der Patient die Diagnose einer psychophysiologischen Störung angenommen hat, kann mit der Behandlung begonnen werden.
- Dem Patienten kann dazu geraten werden, sein Alarm- bzw. Angst-/Abwehrsystem dadurch zu regulieren, indem er beim Auftreten von Schmerzen sein Gehirn beruhigt.
- Hilfreich ist die Erklärung, dass körperliche und soziale Aktivitäten durchgeführt werden können, ohne dass es dadurch zu einer körperlichen Schädigung kommt.
- Fördern von Selbstmitgefühl und Vergebung.
- Einige Patienten müssen evtl. ihre Lebensumstände verändern, um Belastungsfaktoren zu reduzieren.

5 Physiologie und Psychologie der Emotionen

Dieses Kapitel gibt einen Überblick darüber, wie unsichere frühkindliche Bindungen oder Bindungstraumata stressbedingte Symptome hervorrufen können. Hierzu werden die emotionalen Abläufe gegenübergestellt, die zu stressbedingten Symptomen oder gesunden emotionalen Reaktionen führen. Darüber hinaus werden Physiologie und Pathophysiologie der Emotionen dargestellt. Die Beschäftigung mit den pathophysiologischen Prozessen wird dann erforderlich, wenn Patienten mit den in Kapitel 2–4 dargestellten Interventionen keine ausreichende Symptomlinderung erfahren. Im Folgenden werden die Grundlagen für eine emotionsfokussierte Diagnostik und Behandlung in Anlehnung an die ISTDP (Intensive Short-term Dynamic Psychotherapy) vermittelt. Die jahrzehntelange Analyse von audiovisuellen Therapieaufzeichnungen hat wesentlich zum tieferen Verständnis von emotionalen Prozessen und damit interagierenden unbewussten Vorgängen beigetragen und zu einem besseren Verständnis von seelischen Genesungsprozessen geführt (Davanloo, 2005; Abbass, 2015).

5.1 Bindung

Von der Geburt an suchen wir Nähe, Beziehung und Bindung. Stellt man sich eine Situation vor, in der ein Säugling und seine Mutter sich gegenseitig anlächeln, miteinander in Kontakt sind und aufeinander reagieren, so löst dieses Bild ein angenehmes Gefühl aus. Eine sichere Bindung verhilft dem Kind zur Entwicklung von Urvertrauen in Menschen und auch in seine Umgebung. Das Kind erfährt, dass es geliebt wird und seine Umgebung ein sicherer Ort ist. Das Kind kann darauf vertrauen, dass es die Herzen der Eltern berührt, dass Eltern da sind, die seine emotionalen Bedürfnisse stillen werden und seine Entwicklung fürsorglich begleiten. Aufgrund der Nähe zu den Eltern und an ihrem Beispiel lernt das Kind über die Zeit, wie es mit Gemütsbewegungen umgehen und diese in Beziehungen zur Stillung seiner eigenen Bedürfnisse zum Ausdruck bringen kann. In dieser idealen Umgebung gelangt das Kind zu einer ruhigen und gelassenen Grundstimmung. Das ermöglicht es dem Kind, flexibel und mit verschiedenen Verhaltensweisen auf äußere Stressoren zu reagieren. Wenn sich diese Bindungserfahrungen ohne größere Störungen fortsetzen, wächst das Kind mit den Fähigkeiten auf, seine Gefühle wahrzunehmen, diese adaptiv in der Beziehung zu anderen Menschen auszudrücken, sich dabei sicher zu fühlen und dadurch eine innere Selbstsicherheit aufzubauen. Es wird keine übermäßige Furcht, Angst oder Zurückhaltung entwickeln. Die Erfüllung der basalen menschlichen Bedürfnisse nach Bindung und Beziehung zu anderen stellt die Grundlage für seelische Reifungsprozesse dar und ermöglicht es, die Welt neugierig und erfolgreich zu erkunden (Bowlby, 1988).

5.2 Bindungstrauma

Aber was geschieht, wenn das Kind keine sichere Bindung erfahren kann, zum Beispiel wegen der psychischen Erkrankung eines Elternteils, weil ein Elternteil stirbt oder aufgrund von Missbrauch, Abwesenheit eines Elternteils oder anderer belastender Ereignisse während der frühen Kindheit. Derartige Störungen führen zu Verunsicherung und schmerzlichen Gefühlen über den Verlust. Solange das Kind andere liebevolle Bindungspartner hat, können diese das Trauma kompensieren. Das Kind ist dann in der Lage, die Gefühle über die Störung seiner Bindung zu einer Bezugsperson zu verarbeiten und sich auf eine gesunde Art und Weise weiterzuentwickeln. Wenn niemand da ist, der das Kind beim Erleben der schmerzhaften und belastenden Emotionen unterstützen kann, wird das Kind beginnen, sowohl die eigenen Gefühle als auch Bindungen und zwischenmenschliche Beziehungen zu vermeiden. Darüber hinaus führen sehr schmerzliche Gefühle, wie sie häufig bei schweren Traumatisierungen in den ersten Lebensjahren vorkommen, zu einer reaktiven Wut gegenüber der verlorenen oder nicht unterstützenden Bezugsperson. Das noch in der seelischen Entwicklung befindliche Kind ist nicht in der Lage, diese Wut zu verarbeiten und so wird es diese so weit wie nur irgend möglich von sich weisen und zu verdrängen versuchen. Auch wenn das Kind die Wut nicht in brutale Handlungen umgesetzt hat, bildet sich die Erinnerung daran im Unbewussten so ab, als habe die Wut in der Realität zu brutalen Handlungen gegen die geliebten Bezugspersonen geführt. Abhängig vom Ausmaß der Wut entstehen Schuldgefühle, die sich mit der zugrunde liegenden Wut vermengen. Diese Fusion aus starken, schuldbeladenen Gefühlen löst Angst aus und führt zur Vermeidung von Gefühlen in aktuellen Beziehungen, zu Schwierigkeiten im Erleben von Nähe und Intimität und zu selbstzerstörerischen Verhaltensmustern. Das Nervensystem verbleibt hochaktiviert in einem Alarmzustand, in einer kontinuierlichen unbewussten Angst davor, Schaden zu erleiden oder anderen Schaden zuzufügen. Bei einer solchen Ausgangslage besteht eine hohe Wahrscheinlichkeit für die Entstehung von maladaptiven Anpassungsversuchen und schließlich für das Auftreten psychophysiologischer Störungen, Angstzuständen, Depressionen, Persönlichkeitsstörungen, Essstörungen oder Suchterkrankungen.

Je früher und schwerer das Kind traumatisiert wurde, desto größer und belastender ist der daraus entstehende emotionale Schmerz, um so unkontrollierbarer wird die Wut, umso quälender werden die damit verbundenen Schuldgefühle und umso bedrohlicher wird die daraus resultierende Angst. Zum Beispiel manifestiert sich bei einem frühen Bindungstrauma die unbewusste Angst als kognitiv-perzeptive Störung. Die betroffene Person weist dann nur eine geringe Angst- und Affekttoleranz auf und hat nur eine schwach entwickelte Fähigkeit, ein integriertes Selbst aufrechtzuerhalten und im Leben zurechtzukommen (Davanloo, 2000, Abbass, 2015).

Auch desorganisiertes oder unsicheres Bindungsverhalten führt dazu, dass das Kind anfällig für ähnlich schwerwiegende Erkrankungen ist. Das Fehlen sicherer Bindungen kompromittiert besonders die Entwicklung von Angsttoleranz und Selbstwahrnehmungsfähigkeit (Schulte und Petermann, 2011). Vernachlässigung in der Kindheit ist häufig mit fehlenden Kompetenzen in der Selbstfürsorge, Selbstwahrnehmung, Beziehungsgestaltung und Angsttoleranz verbunden und Patienten mit diesen Erfahrungen zeigen häufig Symptome funktioneller Störungen, dissoziativer Erkrankungen oder schwerer Persönlichkeitsstörungen.

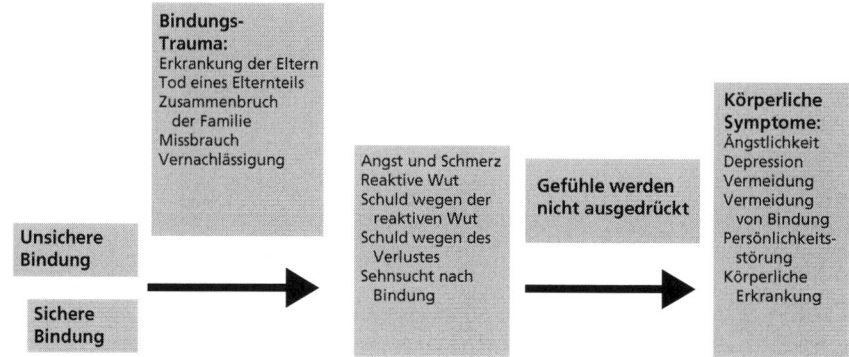

Abb. 5.1: Folgen von Bindungstraumata

5.3 Übertragung

Die mit einem Bindungstrauma verknüpften komplexen Gefühle werden in aktuellen Beziehungen und insbesondere in der Beziehung zum Arzt oder anderen Helfern reaktiviert. Warum? Jeder der in die Behandlung involviert ist, drückt damit seine Fürsorge gegenüber dem Patienten aus, bietet ihm eine positive Beziehung an und bringt ihm Wertschätzung entgegen. Mit dem Blickkontakt wird die Erinnerung an die frühen Beziehungen und an die Gefühle, die mit dem Schicksal dieser Beziehungen verbunden sind, wachgerufen. Der Prozess der Aktivierung unbewusster Emotionen, Ängste und Abwehrmechanismen in gegenwärtigen Beziehungen wird im Weiteren als Übertragung bezeichnet (▶ Abb. 5.2).

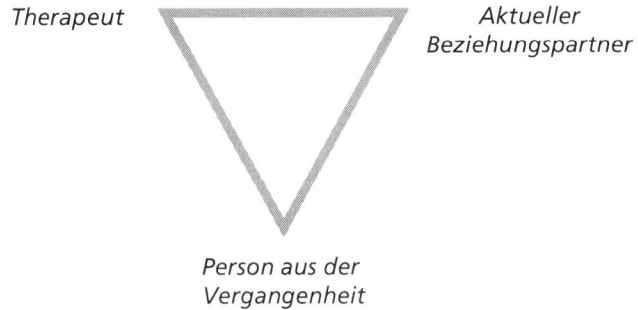

Abb. 5.2: Übertragung

Gegenübertragung bezieht sich auf den gleichen Prozess, der sich beim Behandler einstellt. Die sich anbahnende therapeutische Beziehung löst auch beim Therapeuten Emotionen aus. Wenn sich dieser seiner Gefühle in der Begegnung mit dem Patienten bewusst ist, kann er diese als Instrument dafür einsetzen, den Patienten zu verstehen und sich in hilfreicher Weise in die Behandlung einzubringen. Allerdings hat dieser Vorgang, besonders wenn er verborgen bleibt oder nicht bearbeitet werden kann das Potenzial, beim Therapeuten selbst Angst, Depression, somatische Symptome oder Abwehrmechanismen zu aktivieren. Dies kann einerseits den therapeutischen Prozess, anderseits aber auch das Beziehungsgefüge des Therapeuten im beruflichen und privaten Umfeld in erheblichem Umfang beeinträchtigen.

5.4 Körperliche Ausbreitungswege unbewusster Angst

Im Kontakt mit dem Behandler werden in der Regel unverarbeitete Gefühle mobilisiert. Dies führt dazu, dass Angst entsteht, die dem Patienten überwiegend nicht bewusst ist. Diese unbewusste Angst schlägt sich abhängig von der subjektiven Dimension der Angst in unterschiedlichen Organsystemen nieder. Die Mobilisierung von Emotionen und der daraus entstehenden Angst führt zu einer Aktivierung von Abwehrmechanismen, um das Individuum vor dem bewussten Erleben der Angst und der Affekte zu verschonen. Das Aufkommen der Abwehrmechanismen muss vom Therapeuten bemerkt werden, die Abwehren müssen diagnostisch eingeordnet werden, damit diese im nächsten Schritt bearbeitet und überwunden werden können (▶ Abb. 5.3). Dies setzt natürlich voraus, dass der Patient Zugang zu seinen Affekten gewinnen will. Im folgenden Abschnitt wird ein Überblick über die verschiedenen Ausbreitungswege unbewusster Angst und die häufig dabei auftretenden unbewussten Abwehrmechanismen gegeben. Die

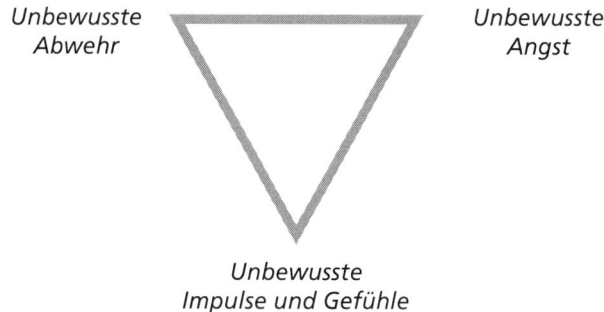

Abb. 5.3: Konfliktdreieck nach David H. Malan

5.5 Ausbreitung der unbewussten Angst in die quergestreifte Willkürmuskulatur

Die Ausbreitung der unbewussten Angst in der sogenannten Willkürmuskultur, die sich in histologischen Schnitten quergestreift darstellt, wird als »Angst in der quergestreiften Muskulatur« bezeichnet. Obwohl die quergestreifte Muskulatur willkürlich innerviert wird, wird die Kontraktion der Muskelfasern auch durch unbewusste Impulse und Gefühle moduliert. Die körperliche Ausbreitung der Angst in der quergestreiften Muskulatur folgt der sensomotorischen Neuroanatomie. Hieraus ergibt sich der örtliche und zeitliche Verlauf dieser Erregungsausbreitung und der daraus resultierenden sensorischen Wahrnehmung. Zu Beginn der Angstausbreitung ist diese Form der Muskelaktivierung im Daumen spürbar und steigt dann auf in die Hände, Arme, Schultern und Nacken und breitet sich anschließend über Brust und Abdomen bis in die Beine und zu den Füßen aus. Die topografische Ausbreitung erfolgt in einer geordneten Weise entlang des sensomotorischen Kortex. Bei einer Aktivierung können spezifische Körperveränderungen sichtbar werden. Ein leicht beobachtbares Zeichen dieser Angst ist das Zusammenpressen der gespreizten Finger, ein Reiben und Kneten der Hände, einzelne, seufzend vertiefte Atemzüge, welche durch den Wechsel aus Kontraktion und Relaxation der Muskelfasern in Brust und Zwerchfell ausgelöst werden.

Eine Person, bei der sich die unbewusste Angst in dieser Ausdrucksform darstellt, leidet häufig unter Symptomen, die durch eine dauerhafte Kontraktion der Muskelfasern entstehen und zu Verspannungen in Form eines muskulären Hartspanns zu regionalen oder generalisierten muskuloskelettalen Beschwerden führen können. Beispiele hierfür sind Kopfschmerzsyndrome, Rückenschmerzen, Nackenschmerzen, Schulter/Arm Syndrom, Brustschmerzen und Schmerzen im Bereich der Bauchwand und auch Beschwerden im Sinne einer Fibromyalgie. Andere häufige direkte oder indirekte Hinweise auf die Angstausbreitung in die quergestreifte Muskulatur sind panikassoziierte Symptome mit Hyperventilation und Verwirrtheit, Kribbeln in Händen und Füßen und Anflügen von leichter Kurzatmigkeit oder Dyspnoe. Auch Kaubeschwerden, Schwierigkeiten beim Sprechen, Tics und Tremorsyndrome können durch Ausbreitung der unbewussten Angst in der quergestreiften Muskulatur ausgelöst oder verstärkt werden (Abbass, 2005, 2015).

5.5.1 Selbstreflexion über emotionale Zustände

Wenn jemand in der Lage ist, über seine emotionale Verfassung zu reflektieren, kann er Liebe, Wut, Schuldgefühle oder Trauer erkennen, auch wenn er diese Affekte nicht in Form von körperlichen Empfindungen spüren kann. Dieser Vorgang gleicht dem Mechanismus der Affektisolation. Menschen, die ihre Gefühle kognitiv erkennen können, sind meistens in der Lage, bewusst darauf zu achten, Belastungssituationen mithilfe intellektueller Instrumente zu bearbeiten. Können diese Menschen ihre Emotionen in einer bestimmten Situation nicht einordnen, kann die Angst als Anspannung in der quergestreiften Muskulatur verbleiben und dort durch chronisch erhöhten Muskeltonus zu körperlichen Symptomen führen. Übermäßige Selbstreflexion und Anspannung der quergestreiften Muskulatur treten häufig gemeinsam auf. Daraus wird ersichtlich, warum es in vielen Symptomkonstellationen oft nicht ausreicht, kognitive oder intellektuelle Einsichten über emotionale Problemen zu gewinnen. Aus der Ausbreitung der Angst in die quergestreifte Muskulatur können chronische Schmerzsyndrome bei Fibromyalgie und durch Muskelanspannung hervorgerufene Symptome resultieren (▶ Kasten 5.1).

Kasten 5.1: Symptome, die durch Angst in der quergestreiften Muskulatur ausgelöst oder verstärkt werden

Kopfschmerz
Brustschmerz
Kieferschmerz
Kurzatmigkeit
Fibromyalgie
Globusgefühl
Bauchdeckenschmerzen
Sprachliche oder andere Tics
Beinschmerzen
Nackenschmerzen
Muskelkrämpfe

Tremor
Rückenschmerzen

5.6 Unbewusste Angst in der glatten Muskulatur

Ein zweiter Ausbreitungsweg unbewusster Angst betrifft Muskelzellen, die im Mikroskop eine eher homogene Struktur zeigen, und deshalb als glatten Muskelzellen bezeichnet werden. Glatte Muskelzellen werden vom autonomen Nervensystem gesteuert und kommen in den kontraktionsfähigen Hohlorganen vor, beispielsweise in den Atemwegen, dem Darm, der Harnblase und in Blutgefäßen (▶ Tab. 5.1). Menschen, bei denen die Angst hauptsächlich in diese Muskelfasern zum Ausdruck kommt, leiden unter einer großen Bandbreite von körperlichen Symptomen, sie werden deshalb häufig an unterschiedlichen Fachärzten verwiesen (Abbass, 2005 und 2015).

5.6.1 Repression

Durch den Abwehrmechanismus der Repression, einer der Konversion ähnlichen Form der Verdrängung, werden Emotionen aus dem bewussten Erleben ins Unbewusste verdrängt. Das bedeutet, dass Patienten, die diese Form der Abwehr einsetzen, ihre gegenwärtigen Emotionen auch kognitiv nicht wahrnehmen können. Dieser Vorgang unterscheidet sich von dem des bewussten Unterdrückens, bei der Emotionen bewusst gemieden oder ausgeblendet werden. Der Mechanismus der Repression tritt häufig auf, wenn Angst in die glatte Muskulatur abgeführt wird oder es zu stressbedingten kognitiv-perzeptiven Störungen kommt (▶ Kap. 5.7, ▶ Kap. 5.8).

Tab. 5.1: Klinische Symptome, die durch Angst in der glatten Muskulatur hervorgerufen oder verschlechtert werden.

Fachrichtung	Somatische Symptome
Kardiologie	Hypertonie, Koronarspasmen, Raynaud Syndrom, Erytheme, Hypotonie mit Bewusstseinsverlust (Synkopen)
Pneumologie	Asthma, Hustenreiz
Gastroenterologie	Reizdarm, Reflux, funktionelles Erbrechen, funktionelle abdominelle Schmerzen
Urologie	Funktionelle Miktionsstörungen
Neurologie	Migräne

5.7 Unbewusste Angst im kognitiven und perzeptiven System

Führt unbewusste Angst zu kognitiv-perzeptiven Störungen, kann dies zu Fehlfunktionen spezieller Sinnesleistungen oder zu Denkstörungen führen. Einige der damit verbundenen Symptome sind Sehstörungen und Hörminderung, die als sensorische Konversion bezeichnet werden können. Eine massive Angstanflutung kann zu vorübergehende Erblindung oder Ertaubung führen. Die betroffene Person erlebt ihren Geist als völlig leer, eine Ohnmacht kann auftreten, Bewusstlosigkeit ebenso wie psychogene Krampfanfälle. In der Angstüberflutung können Denkstörungen sogar mit Halluzinationen und andere psychotische Symptome einhergehen.

Die unter diesen Symptomen leidenden Patienten werden häufig beim Neurologen vorgestellt. Meistens wird dann ein bildgebendes Verfahren zur Darstellung des Gehirns veranlasst. Eine unvollständige Auflistung der klinischen Präsentation der kognitiv-perzeptiven Störungen findet sich in Kasten 5.2. Bei leichter Ausprägung benennen die Patienten Gedächtnisstörungen, sie wirken im klinischen Setting oft unaufmerksam oder überfordert. Bei Fokussierung auf eigene Probleme oder unbewusste Gefühle zeigen die Patienten eine zunehmende Verwirrtheit oder leiden unter den unten aufgeführten Wahrnehmungsstörungen. Die therapeutische Arbeit mit der Fokussierung auf unbewusste Emotionen führt mit der Mobilisierung der Emotionen auch zu einem Anstieg der unbewussten Angst. Deshalb muss der Therapeut, der mit dieser Methode arbeitet, in der Lage sein, die Ausbreitungswege der Angst zu erkennen und sich in der Anwendung von angstsenkende Interventionen sicher fühlen. Diese werden in den nächsten Kapiteln besprochen.

5.7.1 Projektion

Projektion bedeutet, dass eigene Gefühle und Impulse einer anderen Person zugeschrieben werden. Beispielsweise fürchtet ein wütender Patient, dass der Therapeut ihn schlagen wird. Oder der Patient nimmt an, eine andere Person habe Eigenschaften, die er selbst hat. Beispielsweise hält ein Patient das Gegenüber für einen idealen Retter, einen manipulativen Missbraucher, eine entwertende Person oder auch einen hasserfüllten Kritiker. Diese übertragenen Teilaspekte können wiederum im Patienten eine gegenläufige oder eine der Annahme entsprechende Reaktion des Patienten auf das von ihm selbst gezeichnete Bild seines Gegenübers hervorrufen.

Projektionen treten häufig bei Patienten auf, die auch unter kognitiv-perzeptiven Störungen leiden. Zahlreiche Patienten, bei denen die Diagnose einer dissoziativen oder einer psychotischen Störung gestellt wurde, zeigen häufig einen Wechsel zwischen projektiven Abwehr und kognitiv-perzeptiven Störungen (▶ Kasten 5.2).

Kasten 5.2: Klinik kognitiv-perzeptiver Störungen

Verschwommenes Sehen, Verlust der Sehschärfe, Tunnelblick
Hörminderung, Hörverlust, Ohrensausen
Gedächtnisstörung, Verwirrung
Psychogene Anfälle, dissoziative Symptome, Depersonalisation, Derealisation
Halluzinationen aller fünf Sinnesqualitäten

5.8 Motorische Konversion

Ein anderer körperlicher Zustand, der durch unbewusste, mit der Repression von Emotionen im Zusammenhang stehende Vorgänge ausgelöst wird, ist die motorische Konversion. Dabei nimmt der Muskeltonus in quergestreiften Muskelgruppen ab, die Muskulatur erschlafft. Im Gegensatz dazu steht die Anspannung in der quergestreiften Muskulatur wie in Kapitel 5.5 beschrieben ebenfalls bei unbewusster Angst vorkommt. Beispielsweise führt die motorische Konversion dazu, dass Patienten die Fähigkeit verlieren, die Muskulatur in Extremitäten oder Stimmbänder anzuspannen. Wenn eine motorische Konversion auftritt, wirken die Patienten nicht angespannt, sondern eher gleichgültig, obwohl eine Paralyse der Muskulatur besteht. Dies hängt damit zusammen, dass sowohl der Tonus der mimischen als auch der Skelettmuskulatur herabgesetzt ist. Das hat zum Begriff der »belle indifférence« geführt. Vereinfacht bedeutet das, dass ein Patient kaum ängstlich oder abwehrend wirkt, weil sich Angst und Abwehren vollständig durch seine Muskelschwäche ausdrücken (Abbass, 2005, 2015). Weitere Ausführungen hierzu in Kapitel 6.

5.9 Welche Patienten sind für eine emotionsfokussierte Diagnostik geeignet?

Im Folgenden werden Patientengruppen mit Bindungstraumata und Problemen mit unbewussten unverarbeiteten Gefühlen und Impulsen beschrieben, die von einer emotionsfokussierten Untersuchung und Behandlung profitieren können.

Die Einteilung erfolgt nach zwei Symptomkategorien (Davanloo, 2000, Abbass, 2015). Die Gruppe der Patienten mit psychoneurotischen Störungen wird danach unterteilt, wie stark der Widerstand gegen das Erleben verdrängter Gefühle ist, ob es sich also um Patienten mit leicht-, mittel- oder hochgradigem Widerstand gegen die Mobilisierung von verdrängten Emotionen in der Übertragung handelt. Wenn im Vordergrund steht, dass der Betroffene bei emotionalem Stress Denk- und Wahrnehmungsstörungen entwickelt und seine seelische Binnenstruktur verliert, wird er der zweiten Kategorie zugeordnet, der Gruppe der Patienten mit fragiler Charakterstruktur (▶ Abb. 5.4 und ▶ Abb. 5.5).

5.9.1 Patienten mit leichtgradigem Widerstand

Patienten mit leichtgradigem Widerstand leiden unter unverarbeiteter Trauer über einen Verlust. Es liegen keine unverarbeitete Wut oder Schuldgefühle im Unbewussten, der Patient neigt nicht zu übermäßiger Selbstkritik, sodass sich eine unbewusste Angst nicht entwickeln muss. Bei diesen Personen entsteht die Trauer im Zusammenhang mit dem Verlust einer oder mehrerer früher Bindungspersonen in der Regel nach dem achten Lebensjahr. Diese Trauer wird typischerweise durch den Verlust aktueller Beziehungspartner oder beim Beginn neuer Beziehungen reaktiviert. Patienten stellen sich nicht aufgrund von Beziehungsproblemen oder körperlichen oder seelischen Beschwerden vor. Angst in der quergestreiften Muskulatur oder Angstüberflutungen treten nicht auf. Die Behandlung ist kurz und besteht darin, dem Patienten beim Erleben der Trauer über den Verlust zu unterstützen (Abbass, 2015).

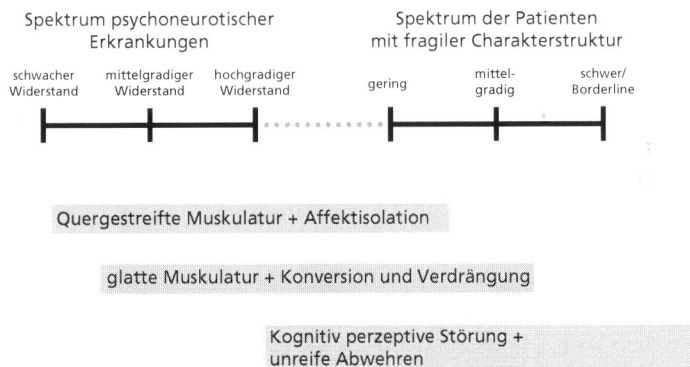

Abb. 5.4: Spektrum der Symptomausprägung geeigneter Patienten

5.9.2 Patienten mit mittelgradigem Widerstand

Bei Patienten mit mittelgradigem Widerstand liegt im Unbewussten eine signifikante, schuldhaft verdrängte Wut mit mörderischer Intensität verborgen, die typischerweise durch ein Bindungstrauma im Alter von fünf bis sieben Jahren entstanden ist. Aufgrund der Wut sind erhebliche Schuldgefühle vorhanden, die tief vergraben wurden. Zusätzlich befindet sich im Unbewussten Traurigkeit und Schmerz angesichts der früheren und auch späteren Verluste. Alle diese Gefühle und Impulse werden im Unbewussten zurückgehalten, indem Emotionen abgespalten und Affekte isoliert werden und in zwischenmenschlichen Beziehungen habituell durch Passivität und Angepasstheit abgewehrt werden. Die unbewusste Angst aktiviert die quergestreifte Muskulatur und kann zu Symptomen und Beschwerden führen, die durch eine chronische muskuläre Verspannung ausgelöst werden.

5.9.3 Patienten mit hochgradigem Widerstand

Patienten mit hochgradigem Widerstand haben mehrere übereinander gelagerte Schichten aus unbewusster Wut und Schuldgefühlen. Diese entsprechen den Traumatisierungen in unterschiedlichen Altersstufen. Je weiter man in die Tiefe des Unbewussten gelangt, umso intensiver werden die Wut und die mit der Wut verbundenen Schuldgefühle. Dazwischen liegen Schichten mit traurigen Gefühlen aufgrund von schmerzlichen Verlusten und den Auswirkungen dieser Verluste und Entbehrungen auf das eigene Leben. Die Patienten zeigen hochgradige Widerstände gegen das Zulassen der Übertragungsgefühle. Sie sind emotional nicht im Kontakt, verhalten sich selbstzerstörerisch und vermeiden emotionale Nähe. Es besteht die Gefahr, mit diesen Patienten in konflikthafte Verstrickungen zu geraten, ihnen Vorhaltungen zu machen und sich von ihnen abzuwenden. Klinisch zeigen die Patienten Funktionsstörungen der kontraktionsfähigen inneren Organe, dissoziative Bewegungsstörungen und rezidivierende schwere depressive Episoden.

5.9.4 Fragile Charakterstruktur

Patienten mit fragiler Charakterstruktur tragen in ihrem Unbewussten brutale archaische Wut und quälende Schuldgefühle. Diese Gefühle beziehen sich auf signifikante Personen aus der Vergangenheit, zu denen es nicht gelang, eine tragende Bindung aufzubauen, von denen sie vernachlässigt oder zu Opfern seelischer oder körperlicher Gewalt gemacht wurden. Neben einer intensiven Sehnsucht nach Verbundenheit und Beziehung besteht eine tiefe Traurigkeit über die missglückten Beziehungsversuche. Da die Hauptabwehren aus projektiven Mechanismen und Repression bestehen, sind sich die Patienten ihrer starken Emotionen in der Regel nicht bewusst. Häufig zeigen die Betroffenen Impulsdurchbrüche, Substanzmissbrauch, Essstörungen und selbstverletzendes Verhalten. Die unbewusste Angst manifestiert sich in erster Linie in Form von Angstüberflutung und kognitiv-perzeptiven Störungen.

Eine Schwierigkeit in der Behandlung dieser Patientengruppe liegt darin, dass die Betroffenen ihr therapeutisches Umfeld oft sehr verzerrt wahrnehmen und starke Affekte bei den mit ihnen interagierenden Personen hervorrufen. Wird eine fragile Charakterstruktur diagnostiziert, ist die Überweisung an einen erfahrenen Therapeuten dringend anzuraten.

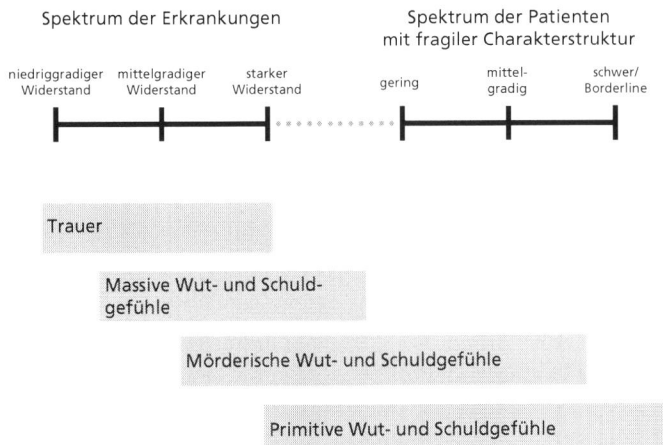

Abb. 5.5: Beschreibung der Patienten anhand von Widerstand, Fragilität und verdrängten Gefühlen.

5.10 Emotionen erleben

Im Gegensatz zu den pathophysiologischen Markern unbewusster nicht verarbeiteter Gefühle und Impulse ist das tatsächliche Erleben von Emotionen ein gesundes physiologisches Ereignis (Abbass, 2015).

5.10.1 Positive Gefühle

Positive und liebevolle Gefühle werden hauptsächlich in Form von Wärme im Brustraum oder einer nach oben strömenden Energie wahrgenommen, oft mit dem Bedürfnis verbunden, jemanden zu berühren oder zu umarmen. Häufig wird diese Wahrnehmung von einem Lächeln begleitet. Der Körper ist angenehm entspannt und fühlt sich ruhig und leicht an.

5.10.2 Wut

Wird Wut körperlich erlebt, beginnt deren Wahrnehmung in den unteren Körperabschnitten, in den Füßen oder im Unterbauch. Von dort strömt eine oft als Vulkan beschriebene Energie oder Hitzewallung nach oben. Typischerweise breitet sich diese Energie über den Hals, das Gesicht und die Arme weiter aus bis zu den Händen. Wenn diese körperlichen Wahrnehmungen die Hände erreichen, geht dies oft mit dem Impuls einher, etwas zu ergreifen, zu schlagen oder eine andere Form von Gewalt auszuüben. Besteht der Impuls, zuzubeißen, werden

Hitze und Kraft in der Kiefermuskulatur gespürt. Wird die Wut tatsächlich erlebt, weicht die Angst aus der quergestreiften Muskulatur. Sie wird durch das Spüren der Wut ersetzt. Folglich verändert sich die Körperwahrnehmung der Person von angespannt und eingeengt zu aktiviert, kräftig und frei in der Bewegung. Schmerzen, die durch erhöhte Anspannung in der quergestreiften Muskulatur ausgelöst werden, gehen während des Erlebens der Wut unmittelbar zurück oder sistieren völlig.

5.10.3 Schuldgefühle angesichts der Wut

Schuldgefühle werden körperlich als Einengung im Bereich des oberen Brustraumes und des Halses erlebt. Wenn Schuldgefühle aktiviert und erlebt werden, weint der Patient schmerzhaft gequält, es entsteht ein gepresstes Schluchzen, der Patient verspürt reuevolle Gefühle angesichts der aggressiven Impulse, als ob er der geliebten Personen tatsächlich schweres Leid zugefügt hätte. Das Erleben von Schuld überkommt den Körper typischerweise in aufeinanderfolgenden Wellen. In diesen Momenten kann der Patient kaum sprechen, da er komplett von diesen Emotionen eingenommen ist. Wenn die Schuld so ausgeprägt erlebt wird, hat das einen starken und oft unmittelbaren Effekt auf die Rückbildung der körperlichen Symptome.

5.10.4 Trauer

Im Gegensatz zu den Schuldgefühlen tritt Trauer nicht notwendigerweise in Form von Wellen auf. Es werden Tränen tiefer Traurigkeit über einen Verlust geweint. Dabei wird in der Regel kein körperlicher Schmerz empfunden. Ein weiterer Unterschied zum Erleben von Schuldgefühlen besteht darin, dass die Gedanken von Verlust und nicht von Reue geprägt sind. Durch das Erleben von Trauer werden die körperlichen Beschwerden gelindert, die durch Angst in der glatten und quergestreiften Muskulatur hervorgerufen werden.

5.11 Zusammenfassung

- Ein Bindungstrauma verursacht eine Reihe von komplexen Gefühlen, die einer Dynamik unterliegen und verdrängt werden.
- Diese komplexen Gefühle werden in alltäglichen und therapeutischen Begegnungen mobilisiert.
- Unbewusste Angst und die damit verbundenen Abwehren sind Marker unverarbeiteter Gefühle und Impulse.
- Das gesunde Erleben von Emotionen folgt neurophysiologisch vorgegebenen Erregungsabläufen, die vom Erleben unbewusster Angst unterschieden werden können.

6 Psychodiagnostik

Auf Grundlage der vorherigen Kapitel können unverarbeitete Gefühle untersucht und die direkten Effekte dieser Emotionen auf die körperlichen Symptome beobachtet werden. Dadurch gewinnt der Untersucher Informationen darüber, inwieweit die körperlichen Symptome durch emotionale Ursachen ausgelöst werden (Abbass, 2015). Dieser Prozess wird nachfolgend in seinen einzelnen Schritten beschrieben.

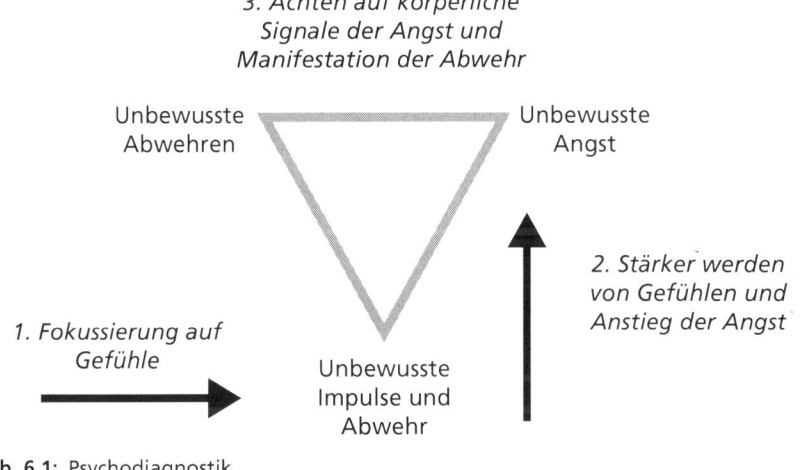

Abb. 6.1: Psychodiagnostik

6.1 Erläuterung der Vorgehensweise

Im bisherigen Gespräch wurde bereits durch Zuhören, durch die Exploration des für den Patienten zentralen Problems und das erarbeitete Verständnis Vertrauen zwischen Behandler und Patient aufgebaut. Der Therapeut hat sich als sachkundiger Partner erwiesen, der sein Bestes geben wird, um den Patienten zu unterstützen. Der Prozess dieses Beziehungsaufbaus hat bereits therapeutische Effekte und ist die Voraussetzung für die weitere Untersuchung der unbewussten emotionalen Abläufe.

Zunächst wird dem Patienten die Möglichkeit eröffnet, gemeinsam mit dem Therapeuten zu prüfen, ob und inwieweit Emotionen und Stimmungen Auswirkungen auf seine körperlichen Symptome haben. Der Therapeut erläutert, dass er nach belastenden und stressauslösenden Situationen und Emotionen fragen wird, um zu erfahren, ob dadurch das Erleben der körperlichen Beschwerden verändert wird. Der Patient wird eingeladen und gebeten, mit dem Therapeuten zusammenzuarbeiten und seine Wahrnehmungen während des Gespräches mitzuteilen.

6.2 Aktivierung vermiedener Gefühle durch Fokussierung

Zunächst werden Situationen und Begebenheiten erkundet, die zu einer Zunahme der Beschwerden geführt haben. Mithilfe von gezielten Fragen kann die Aufmerksamkeit darauf gerichtet werden, was der Patient in den betreffenden Situationen gefühlt hat. Durch diese Fokussierung auf konkrete Situationen und die dabei auftretenden Emotionen werden vermiedene unbewusste Affekte mobilisiert, die wiederum unbewusste Angst hervorrufen oder Abwehrmechanismen gegen das Erleben dieser Angst aktivieren (▶ Abb. 1, ▶ Abb. 6.1).

Während der Fokussierung auf die Gefühle werden die körperlichen Reaktionen des Patienten sehr genau beobachtet. Der Therapeut achtet dabei beispielsweise auf ein Zusammenpressen der Hände, die Atmung, Verdauungsgeräusche, ein Aufstoßen und ob eine leichte Verwirrung oder Müdigkeit einsetzt. Während des Gespräches sollte der Patient ermutigt werden, die auftretenden Phänomene gemeinsam mit dem Therapeuten zu erkunden. Dabei teilt auch der Therapeut dem Patienten mit, was er bemerkt. So können beide Gesprächspartner ein klares Bild davon entwickeln, wie Emotionen körperliche Reaktionen und das Verhalten des Patienten beeinflussen.

6.3 Gefühle, Angst, Abwehr und Gedanken differenzieren

Ein wesentlicher Aspekt bei psychophysiologischen Erkrankungen ist die Unfähigkeit, die körperlichen Empfindungen der Emotionen vom Erleben der Angst, Verhalten, Abwehrmechanismen oder Gedanken zu unterscheiden. Wenn der

Patient diese Phänomene richtig einordnen kann, wird dies zu einer Symptomreduktion führen und dem Patienten dabei helfen, mit seinen Gefühlen adaptiver umzugehen, Affekte besser zu tolerieren und die innere Orientierung zu verbessern. Diese zunehmende Sicherheit kann auch den Raum dafür eröffnen, Gefühle körperlich wahrzunehmen. Körperliches erleben von Emotionen trägt erheblich zum Heilen der Wunden aus einem zurückliegenden Bindungstrauma bei.

6.4 Zusammentragen der Befunde: Verknüpfungen erarbeiten

Noch während der Therapeut mit dem Patienten ein bestimmtes Ereignis untersucht, werden die auftretenden körperlichen Veränderungen besprochen. Die Selbstreflexion in unmittelbarer zeitlicher Nähe zum Ereignis fördert die Selbstwahrnehmung. Kurze Zusammenfassungen können dafür genutzt werden, die Zusammenhänge zwischen Gefühlen, Angst und Abwehr zu verdeutlichen und diese mit vergangenen oder aktuellen Beziehungserfahrungen zu verknüpfen. Dies fördert die Selbstreflexion und ist für sich genommen bereits ein hilfreiches Instrument im Umgang mit emotionalen Schwierigkeiten.

Im Folgenden wird das diagnostische Vorgehen (bei häufigen klinischen Konstellationen) anhand von vier Fallbeispielen veranschaulicht.

Fallvignette: Angst in der quergestreiften Muskulatur

Ein 54 Jahre alter Patient, arbeitsunfähig mit der Diagnose einer Fibromyalgie und einem chronischen Fatigue Syndrom kommt in die Sprechstunde. Während er einen Konflikt mit der Ehefrau beschreibt, presst er seine Hände gegeneinander, Arme und Schultern sind angespannt, die Schultern angehoben.

Therapeut (T): Wir haben nun ein deutliches Bild Ihrer Symptome erarbeitet und eine Vorstellung davon gewonnen, wie diese Symptome Sie beeinträchtigen. Können wir nun gemeinsam untersuchen, wie sich emotionaler Stress auf Ihren Körper auswirkt? Dadurch können wir klären, ob Emotionen Ihre Symptome verstärken. *(Klärung der Aufgabe und Zustimmung für das Vorgehen einholen.)*
Patient (P): Klingt gut.
T: OK. Während wir miteinander arbeiten, beschreiben Sie bitte, was Sie bei sich wahrnehmen. Ich werde auf Dinge hinweisen, die mir auffallen. So können wir das gemeinsam erarbeiten. *(Klärung der Aufgaben und Betonung der Partnerschaft.)*
P: Das klingt sinnvoll.

T: Können Sie ein Erlebnis beschreiben, bei dem Sie unter Stress standen? *(Fokussierung auf ein spezifisches Ereignis.)*
P: Ja. Letzte Woche haben meine Frau und ich uns darüber gestritten, wie ich mit einer Frau aus der Nachbarschaft spreche.
T: Was für ein Streit war das?
P: Ähm, meine Frau findet, dass ich zu viel Zeit damit verbringe, mit dieser Frau zu sprechen. Vermutlich hat sie recht.
T: Also hat ihre Frau das damit ins Gespräch gebracht?
P: Oh ja.
T: Und was haben Sie dabei gefühlt? *(Fokussierung auf Gefühle.)*
P: Ich habe es satt, mir das anzuhören. *(Kognitive Antwort.)*
T: Wie fühlen Sie sich ihr gegenüber? *(Fokussierung auf Gefühle.)*
P: Das macht mich rasend. *(Tiefer Atemzug, Anspannung in den Händen.)*
T: Rasend, vor Ärger, meinen Sie?
P: Ja, Ärger.
T: Wie haben Sie den Ärger in Ihrem Körper gespürt? *(Fokussierung auf das Erleben des Ärgers.)*
P: In meinem Körper?
T: Ja klar, wie fühlt sich das in Ihrem Körper an? *(Fokussierung auf das Erleben des Ärgers.)*
P: Ich bin sehr angespannt, es tut weh.
T: Sie spüren Schmerzen? *(Unterscheidung zw. Ärger und Angst vs. Schmerz.)*
P: Ja, in meinen Muskeln und in den Schultern. *(Reibt die Hände kräftig gegeneinander.)*
T: Also spüren Sie Anspannung und Angst. *(Unterscheidung von Wut und Angst.)*
P: Angst, stimmt.
T: Aber wie spüren Sie den Ärger gegenüber ihrer Frau? *(Fokussierung auf den Ärger.)*
P: Das ist schwer zu beschreiben.
T: Dann kam was Ängstliches und die Anspannung, oder? *(Verknüpfen von Wut und Schmerz.)*
P: Ja, da kam Angst.
T: Sind Sie angespannt und spüren Sie Schmerzen, wenn sie innerlich ärgerlich sind? *(Verbinden von Gefühlen mit Angst und Schmerz.)*
P: Stimmt, ja. Und dann gehe ich ihr aus dem Weg. *(Vermeidung als Abwehr der Affekte.)*
T: Das ist ihre Art, wie Sie mit Ärger und Angst umgehen. Aber wie spüren Sie den Ärger, der darunterliegt? *(Unterscheidung zwischen abwehrendem Verhalten und Fühlen von Affekten.)*
P: Wie ich schon gesagt habe, es ist sehr schwer, das in Worte zu fassen. Ich werde wahnsinnig, ja.
T: Also ist es etwas wie Wut?
P: Es fühlt sich wie Wut an, ja.
T: Wie spüren Sie diese Wut körperlich? *(Fokussierung auf das Erleben der Wut.)*
P: *(Tiefer Atemzug.)*

Dieser Mann war zunächst in der Lage intellektuell zu erklären, was er gegenüber seiner Frau in dieser Situation empfunden hat. Er war in der Lage das Gefühl intellektuell als »wütend« zu identifizieren. Dennoch fühlte er in diesem Moment nicht die Wut, sondern die Wut führte über eine Anspannung der quergestreiften Muskulatur zu Muskelschmerzen, zum Pressen der Hände gegeneinander und dazu, dass er tief durchatmete. Als die Gefühle gegenüber seiner Frau aktiviert wurden, erstarrte sein Körper. In diesem Moment erkannte er die Wut weder kognitiv, noch fühlte er die Wut. Durch das Nachfragen wurde es ihm wieder möglich, die Wut intellektuell zu benennen. Dieses Einordnen von Gefühlen, ohne dass diese als Gemütsbewegung gespürt werden, ist ein Beispiel *intellektueller Selbstreflexion* oder *Affektisolation*.

Wenn jemand auf diese Weise intellektualisiert, bildet sich die Angst in einer Anspannung der quergestreiften Muskulatur ab. Unter den körperlichen Manifestationsformen der Angst ist dies eine eher günstige, da sie mit weniger Verdrängung einhergeht und in der Regel leichter zu behandeln ist. Bislang hat dieser Kompensationsversuch dem Patienten allerdings erhebliche Schmerzen bereitet und zur Diagnose der Fibromyalgie geführt. Nachdem der Patient darin unterstützt wurde, die unter den Symptomen liegende Wut, die Schuldgefühle und den Schmerz über seine frühe Traumatisierung zu erleben, welcher durch seine Frau getriggert wurde, bildeten sich muskuläre Anspannung und Schmerzen rasch und anhaltend zurück.

Fallvignette: Angst in der glatten Muskulatur

Eine Frau im mittleren Alter mit Migräne und Reizdarmsyndrom sitzt sehr ruhig und ohne sichtbare Muskelanspannung im Behandlungsraum.

T: Können Sie von einer Konfliktsituation näher berichten, damit wir erfahren können, wie dies ihre Symptome beeinflusst? (*Klären der Aufgabe und Fokussieren auf ein spezifisches Beispiel.*)
P: Jedes Mal, wenn ich mit jemandem in einen Konflikt gerate, bekomme ich Kopfschmerzen. (*Andeutung einer Verbindung zu vielschichtigen Affekten.*)
T: Können Sie mir ein Beispiel dafür geben? (*Fokussierung auf eine Begebenheit.*)
P: Manchmal geschieht das bei meinem Ehemann.
T: Können Sie mir eine Situation beschreiben, in der das auftrat? (*Fokussierung auf eine Begebenheit.*)
P: Ja. Mein Ehemann hatte unser gesamtes Geld auf einer Reise ausgegeben und es blieb nicht mal was für die Miete übrig. Das hat mich rasend gemacht und ich habe ihn angeschrien. Etwas später bekam ich Kopfschmerzen und mir wurde übel.
T: Also, dieses Schreien kam aus Ihnen heraus. Aber wie haben Sie ihm gegenüber gefühlt? (*Differenzierung zwischen der Handlung des Schreiens und dem Erleben von Wut.*)
P: Ich dachte, »ich bin keine gute Ehefrau«. (*Selbstanklage, keine Signale aus der quergestreiften Muskulatur.*)

T: Sie meinen, Sie haben sich selbst Vorwürfe gemacht? *(Unterscheidung Gedanken versus Gefühl.)*
P: Ja, das habe ich. Mein Magen fühlt sich gerade nicht gut an.
T: Können Sie mir beschreiben, was Sie in ihrem Magen jetzt gerade spüren? *(Intellektueller Überblick, um Angst zu senken und den Affekt zu isolieren.)*
P: Hier sind Krämpfe, als ob ich überbläht bin. *(Zeigt in die Mitte ihres Abdomens.)*
T: Also, als wir über die Situation mit dem Konflikt und über ihre Frustration dabei gesprochen haben, da hat Ihr Magen reagiert. Ist das richtig? (Gedankliche Einordnung der Verbindung zwischen aufkommenden Affekten und körperlichen Symptomen.)
P: Ja, scheint so.
T: Dann geht also ihre Frustration mit ihrem Ehemann irgendwie in den Magen oder führt zu Kopfschmerzen? Weil Sie hier begonnen haben, über die Frustration mit ihm zu sprechen, reagierte ihr Magen hier in der Therapiestunde, und draußen würden dann später Kopfschmerzen entstehen. *(Wiederholung der Verknüpfung, um Selbstwahrnehmung zu fördern und Angst zu senken.)*
P: Ja, in etwa.
T: Können wir genauer untersuchen, wie das hier abläuft? *(Fokussierung auf die Aufgabe, ihre Motivation und ihr Einverständnis, weiter zu machen.)*
P: Das würde ich gerne.

6.4.1 Einordnen des Ansprechens auf die Interventionen

Der Therapeut beobachtet, dass die Patientin keine sichtbare Anspannung in der quergestreiften Muskulatur zeigt. Ihre Angst führt also nicht zu einer Aktivierung der quergestreiften Muskulatur, sondern schlägt sich in der glatten Muskulatur nieder. In dieser Sequenz hatte sie beschrieben, dass Kopfschmerzen im Gefolge von Ärger auftreten. Die Patientin beschreibt auch, dass sie die Tendenz hat, sich selbst dafür verantwortlich zu machen und anzuklagen, wenn sie sich über jemanden ärgert. Das ist eine häufige Beobachtung bei Menschen, die Repression zur Regulation einsetzten. Um die Annahme, dass die Angst in die glatte Muskulatur abgeführt wird zu überprüfen, und um Informationen über die Beeinträchtigung der Angsttoleranz dieser Patientin zu erfahren, wird das Vorgehen anhand eines Beispiels aus der Gesprächssituation wiederholt.

T: Können Sie mir beschreiben, was hier in Ihnen vor sich geht während wir hier zusammensitzen? *(Fokussierung auf die Wahrnehmung von Gefühlen.)*
P: Ja.
T: Welche Gefühle kommen mir gegenüber auf, während wir hier miteinander sprechen? *(Fokussierung auf die Wahrnehmung von Gefühlen.)*
P: Nun, ich weiß nicht. *(Lächelt ohne sichtbare Anspannung.)*
T: Lassen Sie uns untersuchen, welche Gefühle, die ja Auswirkungen auf den Magen haben, hier hochkommen *(Fokussierung auf die Wahrnehmung von Gefühlen.)*

P: Ich... mein Magen reagiert wieder. *(Patientin wirkt völlig entspannt, keine Antwort in der quergestreiften Muskulatur.)*
T: Also, Ihr Magen krampft sich wieder zusammen, wenn Sie über ihre Gefühle sprechen. *(Rekapitulation, Einordnung der Verknüpfung von Gefühlen mit Angst.)*
P: Ja, stimmt. Das erkenne ich jetzt.
T: Also gibt es einen Vorgang, der dazu führt, dass Ihre Gefühle unterdrückt werden und in diesen Situationen nicht direkt wahrgenommen werden. Stattdessen reagiert der Magen oder Sie bekommen Kopfschmerzen. Auf diese Weise scheinen die Gefühle zu verschwinden. *(Rekapitulation, Einordnung der Verknüpfung von Gefühlen mit Angst.)*
P: Das leuchtet ein. Ich hatte das nicht bemerkt. Meinem Magen geht es jetzt etwas besser. *(Presst die Hände zusammen und atmet tief ein.)*

6.4.2 Repression

Konnte diese Frau ihre Emotionen spüren? Nein. Nachdem sie begonnen hatte über eine irritierende Situation zu sprechen, führte das Gespräch dorthin, wohin ihre Gefühle abgeleitet wurden: in den Magen. Die Gefühle wurden unmittelbar verdrängt und nicht bewusst wahrgenommen. Sie wurden stattdessen in den Körper gedrängt.

6.4.3 Körperliche Ausbreitungswege der Angst

Es bestätigte sich, dass die Angst dieser Patientin nicht zu einer Aktivierung der Skelettmuskulatur führte. Stattdessen fand sie ihren Niederschlag in den glatten Muskelzellen der Verdauungsorgane. Die Fähigkeit, über ihre Gefühle zu reflektieren war beeinträchtigt. Aus diesen Befunden kann abgeleitet werden, dass eine schnelle Mobilisierung unbewusster Gefühle ihre gastrointestinalen Beschwerden verstärken würde, da die Fähigkeit, Angst zu tolerieren, an diesem Zeitpunkt noch nicht ausreicht. Daher ist es hier zunächst erforderlich, die Fähigkeit, Angst tolerieren zu können, ohne diese in Verdauungsorgane oder das ZNS drängen zu müssen, auszubauen. Erst dann kann der Patientin dabei geholfen werden, ihre unter der Angst liegenden Gefühle aushalten zu können.

Im oben aufgeführten Beispiel führte die gedankliche Einordnung und das Intellektualisieren über Zusammenhänge von Gefühlen und Symptomen dazu, dass die Angst in die quergestreifte Muskulatur geleitet werden konnte. Das wurde am Ende der Vignette deutlich, als die Patienten tief ein- und ausatmete und beschrieb, dass die abdominellen Beschwerden zurückgegangen waren. Die im Beispiel gezeigte Unterstützung zu Selbstreflektion und gedanklicher Einordnung der Affekte führte dazu, dass die Angst weniger in körperlichen Symptomen umgewandelt wurde, sondern in die quergestreifte Muskulatur überführt wurde, was die Magenbeschwerden zeitweise linderte.

6.5 Vorgehen bei Angstausbreitung in die glatte Muskulatur

Die Zunahme von Symptomen bei Fokussierung auf Gefühle und der Rückgang von Symptomen bei kognitiver Einordnung ist eine wichtige diagnostische Information. Das weist darauf hin, dass die Symptome von Emotionen hervorgerufen werden. Anhand dieser diagnostischen Information wird klar, dass es erforderlich ist, die Angsttoleranz auszubauen, bevor daran gearbeitet werden kann, eigene Gefühle wahrzunehmen, anstatt in körperliche Symptome zu überführen.

Ein dafür geeigneter Behandlungsansatz, der als schrittweises oder gradiertes Vorgehen der ISTDP bezeichnet wird, wird in Kapitel 8 beschrieben. (Davanloo, 1990a, Whittemore, 1996, Abbass und Bechard, 2007, Abbass, 2015).

Fallvignette: Kognitiv-perzeptive Störung

Dieses Beispiel stammt aus der 13. Sitzung mit einem 34 Jahre alten Patienten mit paranoider Persönlichkeitsstörung, der auch unter Phasen geistiger Verwirrung und Depression leidet. Zu Beginn der Sitzung reibt er sich die Augen, zeigt absolut keine Hinweise für angstbedingte Aktivierung der quergestreiften Skelettmuskulatur, die Hände liegen ruhig auf dem Schoß, er atmet ruhig, ohne tiefen Atemzüge. Im folgenden Abschnitt wird eine erhebliche Symptomreduktion beschrieben, die durch eine Reduktion der Angst mittels gedanklicher Einordnung der körperlichen Symptome und durch Fokussierung auf die Ursachen ermöglicht wurde.

P: Sie müssen entschuldigen heute, ich bin etwas vernebelt.
T: Vernebelt? *(Klärung des Erlebens.)*
P: Ja.
T: Ist Ihr Denken irgendwie unklar, vernebelt? *(Einordnung des Erlebens.)*
P: Unklar und vernebelt, ja.
T: Können Sie klar sehen? *(Einordnung des Erlebens.)*
P: Wie durch einen Nebel.
T: Haben Sie einen Tunnelblick oder ist es wie, wenn man durch einen trübe Scheibe blickt? *(Klärung des Erlebens.)*
P: Eher wie ein Tunnelblick.
T: Aha, eher so, als ob Sie am Rande des Gesichtsfeldes wenig sehen, aber geradeaus in der Mitte können Sie scharf sehen. *(Klärung des Erlebens.)*
P: Ja.
T: Wann begann das?
P: Mhm, vor zwei ..., so etwa vor zwei Tagen. So richtig habe ich das heute Morgen bemerkt.
T: Es ist das, was wir schon als Ausdruck einer Angst eingeordnet haben, oder? *(Hinweis auf bereits erlerntes Material.)*
P: Ja.

T: Dauerte das an den letzten beiden Tagen kontinuierlich an? *(Klärung des Erlebens.)*
P: Also mehr oder weniger nur heute als ich erwachte.
T: Okay, warum sind Sie gerade ängstlich? *(Fokussierung auf Einordnung der Ursachen.)*
P: Bin ich ängstlich?
T: Das haben wir in einer der vergangenen Sitzungen herausgearbeitet. *(Hinweis auf bereits erlerntes Material, ohne Vorwurf in der Stimme.)*
P: Es ist eher wie eine Betäubung.
T: Es ist wie eine Art Unterbrechung oder Abtrennung. Eine Abtrennung von dem, was gerade in Ihnen vor sich geht. *(Klärung und Einordnung.)*
P: Ja.
T: Und gibt es irgendwelche Gedanken darüber, warum Sie heute morgen ängstlich sind? *(Fokussierung auf die Einordnung der Ursachen.)*
P: Ich glaube nicht, dass es etwas damit zu tun hat, dass ich heute zu Ihnen komme.
T: Sie glauben nicht, dass es damit zusammenhängt, dass Sie heute hierherkommen? *(Fokussierung auf Einordnung der Ursachen.)*
P: Es hängt nicht damit zusammen, dass ich heute bei Ihnen bin, nein.
T: Sie waren nicht verunsichert dadurch? *(Fokussierung auf Einordnung der Ursachen.)*
P: Ich denke nicht.
T: Also wie ordnen wir die Angst ein? Wie ordnen Sie sie selbst ein? *(Fokussierung auf Einordnung der Ursachen.)*
P: Naja, arbeite morgen und habe letzte Nacht über die Arbeit nachgedacht.
T: Warum dann heute? *(Fokussierung auf Einordnung der Ursachen.)*
P: Das weiß ich nicht. Sie haben recht, es wird weniger. *(Tiefer Atemzug.)*
T: Es ist gerade weniger?
P: Ja.

Ähnlich wie bei der vorherigen Patientin war zunächst keine Angst in der quergestreiften Muskulatur sichtbar. Er war sich der Angst und der darunterliegenden Gefühle nicht bewusst. Er war sich auch nicht darüber im Klaren, dass er Angst gespürt hatte. Stattdessen manifestierte sich die Angst in Form einer Beeinträchtigung der Kognition und des visuellen Systems, die Angst als solche ist in der Begegnung nur indirekt wahrzunehmen. Wenn die Ursachen dieser Symptome nicht erkannt werden, suchen die Patienten die Notfallabteilungen der Krankhäuser und Arztpraxen auf, anstatt sich um psychotherapeutische Hilfe zu bemühen. Durch die Förderung der Selbstreflexion über seine körperlichen Reaktionen verschob sich die Angst in die quergestreifte Muskulatur, was sich im tiefen Atemzug ausdrückte. Die Sehstörung ging parallel dazu zurück.

6.5.1 Projektion

Zu Beginn der Behandlung fürchtete der Patient aggressive Reaktionen von anderen. Er projizierte seine eigene Feindseligkeit ins Außen und reagierte auf die als feindlich interpretierte Welt. Zum Zeitpunkt der oben dargestellten Sitzung hatte der Patient seine Projektionen weitgehend eingestellt und erlaubte es sich, seine eigenen Emotionen zu untersuchen und Angst dabei zu erleben. Als er begonnen hatte, die Projektionen zu überwinden, führte das dazu, dass die größer werdende unbewusste Angst die Kognition in Form von Gedankenabreißen beeinträchtigte. Projektion und andere mit einer Störung der seelischen Reifung verbundene Abwehrmechanismen, wie zum Beispiel die Spaltung in Gut und Böse, treten ebenfalls häufig bei Patienten mit kognitiv-perzeptiven Störungen auf. Die meisten Patienten mit dieser Symptomkonstellation wuchsen mit unsicheren Bindungen auf und wurden schwer traumatisiert.

6.5.2 Motorische Konversion

Ein weiteres klinisches Syndrom, das mit unbearbeiteten unbewussten Impulsen und Gefühlen in Zusammenhang steht, ist die motorische Konversionsstörung, die auch als dissoziative Bewegungsstörung bezeichnet wird. Bei dieser Störung führt unbewusste Angst nicht zur Aktivierung der quergestreiften Muskulatur mit erhöhter Muskelanspannung. Stattdessen nimmt der Muskeltonus ab, der Patient wird schwach und wirkt ermattet, eine oder mehrere Muskelgruppen erschlaffen. Das kann dazu führen, dass Arme, Beine oder Stimmbänder nicht mehr bewegt werden können. Dabei wirkt der Patient nach außen entspannt und gelassen, da der Tonus der quergestreiften Muskulatur herabgesetzt ist.

Bei der Einordnung ist zu berücksichtigen, dass Kliniker auch Syndrome mit einer Tonuserhöhung in der quergestreiften Muskulatur wie zum Beispiel Muskelkrämpfe oder muskulären Hartspann als Konversionsstörung bezeichnen. Diesen Symptomen liegt allerdings ein anderer Mechanismus zugrunde. Patienten, bei denen die unbewusste Angst eine Aktivierung der quergestreiften Muskulatur bewirkt, zeigen anders als Patienten mit motorischer Konversionsstörung selten eine entspannte Gelassenheit. Bei Fokussierung auf Affekte nimmt bei der Angstausbreitung in die quergestreifte Muskulatur die motorische Anspannung im Gefolge der Zunahme der unbewussten Gefühle und der damit verbundenen Angst zu, bei motorischer Konversion geschieht das nicht. Patienten, bei denen unbewusste Angst zu einer Aktivierung der quergestreiften Muskulatur führt, sind angespannt und kräftig; Patienten mit motorischer Konversion zeigen keine erhöhte Spannung in der quergestreiften Muskulatur, sie zeigen einen reduzierten Muskeltonus und wirken körperlich schwach. Patienten mit Angst in der quergestreiften Muskulatur benutzen diverse Abwehrmechanismen, häufig das Intellektualisieren; Patienten mit motorischer Konversion zeigen über die Konversion hinaus kaum Abwehraktivität, weil Gefühle und Ängste unmittelbar in Muskelschwäche umgewandelt werden. Daher werden diese Kategorien unterschiedlich behandelt.

Fallvignette: Motorische Konversion

Ein Mann kommt im Rollstuhl in die Praxis. Er leidet an episodischer muskulärer Schwäche. Er stürzt häufig und ist oft über Stunden oder Tage paralysiert. Er ist sehr schwach und kippt in seinem Rollstuhl hin und her, als ob er rausfallen würde.

T: Soviel ich weiß, haben Sie den Neurologen wegen Ihren Problemen aufgesucht und er hat Sie an mich überwiesen. Was sind Ihre Schwierigkeiten, die Sie jetzt im Moment erleben? *(Spezifischer Fokus.)*
P: *(Beide Arme und Körper nach rechts geneigt.)*
T: Haben Sie jetzt körperliche Symptome? *(Klärung der Symptome und Fördern der Selbstreflektion.)*
P: Ja.
T: Was erleben Sie jetzt gerade in ihrem Körper? Was erleben Sie innerlich? *(Fördern der Selbstreflektion.)*
P: Ja, gut, ich bin klar. *(Er reflektiert über sich und der Kopf ist klar.)*
T: Um-hmm, was nehmen Sie körperlich wahr? *(Fördern der Selbstreflektion.)*
P: Okay *(Selbstreflektion.)*
T: Merken Sie, ob Sie ängstlich sind? *(Fördern der Selbstreflektion.)*
P: Nein, ich bin nicht ängstlich.
T: Nehmen Sie irgendeine muskuläre Anspannung wahr? *(Fördern der Selbstreflektion.)*
P: Meinen Sie in dem Sinn, ob ich nervös war, als ich hier reinkam?
T: Muskuläre Anspannung in Ihrem Körper. *(Fördern der Selbstreflektion.)*
P: Oh ja, ich weiß, das ist da.
T: Warum ist das gerade jetzt da, wenn Sie zu mir kommen? Woran liegt das? Welche Gefühle führen zu dieser Anspannung in Ihrem Körper? *(Fokus die Gefühle zu identifizieren.)*

6.6 Ansprechen auf Fokussierung im Prozess

Dieser Patient zeigte keine Seufzer und kein Kneten der Hände oder Zusammenpressen der Finger. Das ist ein deutlicher Hinweis, dass sich die emotionalen Kräfte als motorische Konversion äußerten. Nachdem der Therapeut sieben Minuten lang auf die körperlichen Erfahrungen und die darunterliegenden Gefühle fokussiert hatte, wurde der Patient motorisch ruhiger und die überschießende anmutende Muskelaktivierung ging zurück. Er begann, vom Konflikt mit seiner neuen Ehefrau zu erzählen. Der Konflikt begann zwei Jahre vor dem Einsetzen seiner Symptomatik.

P: Meine Frau hat von vielen Dingen feste Vorstellungen und manchmal explodiert sie. Dann wird sie laut und flucht.
T: Um-hmm.
P: Und das kotzt mich wirklich an.
T: Waren Sie da gerade zu Hause? *(Spezifischer Fokus.)*
P: Ich hörte sie im Flur rumgehen und fluchen.
T: Wie fühlen Sie ihr gegenüber? *(Fokus Gefühle zu identifizieren.)*
P: Sehr wütend!
T: Wie fühlen Sie die Wut im Körper, wenn Sie daran denken? *(Fokus die Wut zu fühlen.)*
P: In meinem Körper. *(Selbstreflektion.)*
T: Wenn Sie sich jetzt in die Situation hineindenken, wie spüren Sie, dass Sie innerlich sehr wütend sind? *(Fokus die Wut zu fühlen.)*
P: Meine Güte! *(Selbstreflektion, ein tiefer Seufzer, er presst die Finger gegeneinander.)*

6.7 Die Angst in die quergestreifte Muskulatur lenken

Der Seufzer des Patienten markiert einen Wechsel des neurobiologischen Ausbreitungswegs der Angst: Diese aktiviert nun die quergestreifte Muskulatur, anstatt zu einer motorischen Konversion zu führen, die sich im herabgesetzten Muskeltonus zeigt. Verantwortlich für diese Änderung ist zum einen das Fokussieren auf seine unbewussten Gefühle, die dadurch mobilisiert werden, zum anderen seine Anstrengung, seinen Körper und seine Gefühle zu beobachten. Als er begann, über sich selbst zu reflektieren, wechselte die Konversion in eine Aktivierung der quergestreiften Muskulatur. In diesem veränderten Zustand erlebte er komplexe Gefühle gegenüber seiner Ehefrau, in geringem Umfang auch körperlich erlebte Wut und Schuld. Diese Gefühle gegenüber seiner Ehefrau waren mit komplexen Gefühlen zu seiner Mutter assoziiert. Die Mutter verhielt sich früher verbal missbräuchlich ihm gegenüber. Heute ist sie eine nette ältere Dame. Während er die Mutter beschreibt, erlebt er einen starken Ärger in seinem Körper und Schuldgefühle wegen des Ärgers. Der Konflikt mit seiner Ehefrau mobilisierte diese unverarbeitete Wut und Schuldgefühle aus seiner Kindheit.

Am Ende der Sitzung war der Patient gestärkt und benötigte weder Krücken noch Rollstuhl. Er verließ die Praxis auf seinen eigenen Beinen. Das bedeutsame in diesem Prozess war, die motorische Konversion durch emotionale Achtsamkeit und körperliche Wahrnehmung zu ersetzen. Die Gefühle wurden stufenweise exploriert, um den neurobiologischen Ausbreitungsweg der Angst aus der motorischen Konversion in die quergestreifte Muskulatur zu bringen.

Kapitel 8 beschreibt diesen Prozess des gestuften oder gradierten Vorgehens detaillierter. Das Prinzip ist: Hilft der Therapeut dem Patienten, über seine Emotionen und körperlichen Antworten zu reflektieren, bewirkt das, dass die unbewusste Angst in die quergestreifte Muskulatur übergeht, weg von unreiferen Ausbreitungswegen der Angst.

6.8 Abwehrmechanismen unterbrechen

So wie gewisse Patienten sich während einer abdominalen Untersuchung verspannen, distanzieren sich Patienten oder reagieren abwehrend, wenn man deren emotionale Funktionen prüfen will. Sie beginnen dem Therapeuten auszuweichen und das Erleben von Gefühle zu vermeiden.

Im Umgang mit diesem Widerstand helfen spezifische Interventionen. Die Bandbreite dieser Interventionen reicht vom Umgehen über das Klären bis zum Herausfordern der Abwehr. Diese Schritte werden abhängig von der Ausprägungsform dieser Abwehr während des Interviews angewendet.

Die Ermunterung und Einladung, die Abwehr zu umgehen, kann es dem Patienten bereits ermöglichen, das Gegenteil von dem zu tun, wozu die Abwehr den Patienten bringen möchte. Das ist die erste Interventionsstufe, wenn Patienten behandelt werden, bei denen der Widerstand und nicht die Fragilität im Vordergrund steht. Ist der Patient nur mittelgradig abwehrend, wie im Beispiel in diesem Kapitel, genügt diese Intervention.

Kann der Widerstand mittels der Ermunterung zum Umgehen der Abwehr nicht überwunden werden, wird die nächste Interventionsstufe, das Klären und Verdeutlichen der Abwehr eingesetzt. Das ermöglicht dem Patienten zu verstehen, wie er unbewusst agiert und wie er damit sein therapeutisches Ziel gefährdet. Diese Intervention ist bei Patienten mit mittel- bis hochgradigem Widerstand erforderlich, da hier die Abwehr weniger leicht überwunden werden kann. Im Fallbespiel des Patienten mit Angstmanifestation in der quergestreiften Muskulatur finden sich Beispiele für diese Interverntion.

Wird die Abwehr trotz Umgehen und Klären nicht ausreichend geschwächt, wird die Abwehr herausgefordert, das heißt der Patient wird aufgefordert, die Abwehr nicht zu benutzen. Die Aufforderung, die Abwehr nicht einzusetzen, kann erst eingebracht werden, wenn die Abwehr zuvor geklärt wurde, d. h. gemeinsam mit dem Patienten identifiziert und besprochen wurde und der Patient verstanden hat, dass ein weiteres Festhalten an der Abwehr den Therapieerfolg gefährdet. Hat er das verstanden, wird er aufgefordert, die Abwehr nicht weiter einzusetzen. Dieses Vorgehen wird in der ISTDP als Herausforderung (Challenge) beschrieben. In Tabelle 6.1 sind einige Abwehrmechanismen und die entsprechenden Interventionen aufgeführt.

Der Verzicht auf die Abwehr führt zu einem Anstieg der unbewussten Gefühle und der Angst, welche durch die Abwehr verdeckt wurde. Setzt der Patient, nachdem die Abwehr herausgefordert wurde, diese nicht mehr ein, führt das dazu, dass unbewusste Angst sichtbar werden kann. Das erlaubt in vielen Fällen die Diagnose einer psychophysiologischen Störung (▶ Tab. 6.1). Die folgende Vignette illustriert die Evaluation des Prozesses einer Person, die stark intellektualisiert und dadurch verhindert, mit seinen Gefühlen in Kontakt zu treten.

Tab. 6.1: Interventionen zur Überwindung spezifischer Abwehrmechanismen

Abwehr	Umgehen der Abwehr	Klären der Abwehr	Herausfordern der Abwehr
Passivität	Können wir das zusammen anschauen?	Merken Sie, dass Sie auf mich warten?	Wenn Sie nicht passiv werden.
Trotz	Wollen Sie, dass wir das explorieren?	Es scheint, dass Sie sich bekämpfen.	Wenn Sie sich nicht bekämpfen.
Unterwerfung	Woran wollen Sie mit mir arbeiten?	Passen Sie sich mir an?	Wenn Sie sich mir nicht anpassen.
Distanziertheit	Können Sie mit mir hier präsent bleiben.	Merken Sie, dass Sie mir ausweichen?	Wenn Sie nicht abkoppeln.
Intellektuelles Grübeln	Was fühlen Sie?	Merken Sie, dass Sie denken, anstatt zu fühlen?	Wenn Sie nicht denken.
Selbstentwertung	Wir sind hier um etwas Gutes für Sie zu tun.	Merken Sie, wie Sie sich demütigen?	Wenn Sie sich nicht attackieren.

Fallvignette: Umgang mit abwehrendem Verhalten

Ein 25-jähriger Mann mit chronischen Kopfschmerzen verhält sich distanziert und unbeteiligt. Er sitzt mit verschränkten Armen da und meidet den Augenkontakt. Das Fokussieren auf die Gefühle löste Angst aus, die körperliche Anspannung wurde deutlicher und er entfernte sich weiter aus dem emotionalen Kontakt und intellektualisierte über seine Probleme. Seine Kopfschmerzen blieben während dieses Teiles des Interviews unverändert. Hieraus wurde ersichtlich, dass sich der Patient erlauben musste, einen Teil seiner Gefühle hier im Interview zu erleben, damit es möglich werden konnte, eine Einordnung seiner emotionalen Muster vornehmen zu können und er den Unterschied zwischen dem Reden über Gefühle und dem tatsächlichen Erleben von Gefühlen erfahren konnte.

Im weiteren Verlauf presst er die Hände aufeinander und atmet immer wieder vertieft ein und aus. Seine Angst entlädt sich jetzt in die quergestreifte Muskulatur. Er intellektualisiert und grübelt über Gefühle. Es ist anzunehmen, dass die Angstabfuhr in die quergestreifte Muskulatur seine chronischen Kopfschmerzen auslöst oder dazu beiträgt. Um herauszufinden, ob diese Angst zu seinen Kopfschmerzen beiträgt, müssen wir ihm helfen, die Gefühle, die in Zusammenhang mit seinem Besuch in der Praxis stehen, zu erleben. Gelingt es dem Patienten, seine Gefühle zu spüren, führt das zu einer Abnahme der Angst. Daraus wird der Einfluss der Angst auf die Kopfschmerzen abgeleitet.

T: Das haben wir kognitiv erarbeitet. Wir müssen aber etwas anderes machen. Damit wir wirklich sehen können, ob Gefühle mitverantwortlich sind für Ihre Kopfschmerzen, müssen wir etwas anderes machen, als wir bisher gemacht haben.
P: *(Nickt mit dem Kopf.)*
T: Sie denken und analysieren viel. Sie übergehen mit Ihren Gedanken vieles. Ich denke, dass Sie sich damit von Ihren Gefühlen abschneiden. Die Gefühle sind im Gehirn nicht am gleichen Ort lokalisiert wie die Gedanken. *(Klärung: Gefühle versus Intellektualisieren.)*
P: Mm hmm.
T: Können Sie sich für einige Minuten mit dem Denken zurückhalten und stattdessen schauen, was Sie fühlen? *(Fokus weg von der Abwehr.)* Können sie das Analysieren für eine Minute stoppen und schauen, welche Gefühle auftauchen, die zu einer Anspannung führen? Ist das schwierig für Sie? *(Klären der Abwehr.)*
P: Nun, ich denke immer über Dinge nach. Ich kann den ganzen Tag nachdenken und mir viele Sorgen machen.
T: Sie denken die ganze Zeit? *(Klären der Abwehr.)*
P: Immer.
T: Wenn Sie das hier auch so machen, verhindern Sie zu schauen, ob blockierte Gefühle Teil Ihres Problems sind, richtig? *(Klären der Abwehr.)*
P: Richtig. Ich weiß nicht, wie ich meine Gedanken stoppen kann.
T: Wie können wir das erreichen? *(Ermuntern, die Abwehr aufzugeben.)*
P: Ich weiß es nicht. *(Schüttelt den Kopf und macht hilflose Gesten.)*
T: Ist das nicht ein hilfloser Gedanke, wenn Sie denken, Sie können das nicht? *(Klären der Abwehr und Fokus auf die Gefühle.)* Schauen Sie, wenn Sie für eine Minute nicht in hilflose Gedanken gehen, was fühlen Sie? *(Herausforderung der Abwehr und Fokus auf die Gefühle.)* Wenn Sie sich erlauben, für eine Minute nicht zu zweifeln. *(Herausforderung der Abwehr.)* Schauen wir, was Sie fühlen. *(Fokus auf die Gefühle.)*
P: Ich weiß, ich versuche es.
T: Dann müssen Sie aufhören zu denken. *(Herausforderung der Abwehr.)*
P: Das sehe ich.
T: Sehen Sie, Sie müssen mehrere Sachen aufgeben um zu fühlen *(Klären.)*
P: *(Immer noch denkend.)*
T: Sie denken immer noch. *(Klären der Abwehr.)*
P: Ich weiß nicht wie...
T: Sind Sie immer noch am Denken? *(Klären der Abwehr.)*
P: Ja, ich weiß. *(Seufzt. Das signalisiert ein Anstieg der Gefühle.)*

6.9 Hinweis auf ein Nachlassen der Abwehr

Dieser Seufzer und das Anerkennen seiner Abwehr bedeuteten, dass die Abwehr nachlässt. Nun können Gefühle und Angst hochkommen. Dieser Prozess weist auf eine funktionelle Störung hin. Da der Patient jetzt die Abwehr sieht, aber sie immer noch benutzt, können nun stärkere Interventionen wie eine direkte Herausforderung angewendet werden: Das wird helfen, dass sich die Gefühle intensivieren und erlebt werden können.

> T: Wie fühlen Sie sich, wenn sie nicht ins Denken gehen? *(Fokus auf die Gefühle und Herausforderung der Abwehr.)* Wenn sie für eine Minute Ihr Denken unterbinden. *(Herausforderung.)*
> P: Ich weiß es nicht. Ich weiß es nicht. Ich versuche nicht zu denken, aber es passiert einfach.
> T: Lassen Sie uns sehen, was sie darunter fühlen. *(Fokus auf die Gefühle.)*
> P: Hm. *(Bricht Augenkontakt ab und distanziert sich innerlich.)*
> T: Sie müssen sich auch nicht von mir distanzieren, denn das ist ein weiterer Faktor, der Sie am Erreichen Ihres Zieles hindert. *(Klären der Abwehr.)*
> P: Richtig. *(Immer noch losgelöst, Augenkontakt meidend.)*
> T: Sie müssen sich weder zurückziehen noch distanzieren. Doch Sie ziehen sich zurück. *(Klären der Abwehr)* Wie fühlen Sie, wenn Sie sich weder distanzieren noch zurückziehen oder eine Mauer oder Barriere hier aufkommen lassen? *(Fokus auf die Gefühle und Herausforderung der Abwehr.)* Wie fühlen Sie sich? *(Fokus auf die Gefühle.)*

6.10 Passen Sie Ihre Aktivität der Aktivität der Abwehr an

Aus dem obigen Textauszug geht hervor, wie wiederholt nach den Gefühlen gefragt und damit auf das Erleben von Gefühlen fokussiert wird. Klärung und Herausforderung der Abwehr nehmen zu. So lange die Abwehr aktiv ist, müssen die Gefühle aktiviert werden und es muss an der Überwindung der Abwehr gearbeitet werden. Wird dies versäumt, kann nicht geklärt werden, ob Emotionen zur Entstehung der körperlichen Symptome beitragen. Der Patient verbleibt dann in einem angespannten, innerlich distanzierten und leidenden Zustand mit anhaltenden Kopfschmerzen und Gedankenkreisen.

> P: Irgendwie fühle ich..., mir fällt das Wort nicht ein... Ich versuche es zu finden. *(Hände pressend und klammernd.)*
> T: Sie sind angespannt. Merken Sie, wie angespannt Ihre Hände sind? *(Auf die Angst aufmerksam machen.)*

P: Ja, ich weiß.
T: Sie sind sehr gespannt.
P: Ich weiß.
T: Aber wie fühlen Sie, wenn Sie sich das nicht antun? Wenn Sie sich nicht ausschalten. *(Fokus auf die Gefühle und die Herausforderung der emotionalen Vermeidung.)*
P: Also, um ehrlich zu sein, wollte ich nicht zu Ihnen kommen. Ich weiß nicht, was das für ein Gefühl ist. Ich weiß, ich fühle etwas. Ich kann es jetzt nicht benennen. *(Hände bewegen sich frei, Anspannung sinkt als er seine Frustration ausdrückt.)*
T: In Ihrem Körper?
P: Ja.
T: Was fühlen Sie in Ihrem Körper? Was nehmen Sie wahr? *(Weiterhin auf die Gefühle fokussierend.)*
P: Ja, ich fühle, dass ich da bin, weil ich Kopfschmerzen habe. Ich sollte nicht da sein und darüber sprechen, was für Gefühle ich habe. Ich verstehe nicht, warum ich darüber sprechen sollte. *(Er weist darauf hin, dass er frustriert ist, weil er zu einer emotional-basierten Exploration geschickt wurde.)*
T: Mm hmm.
P: Ich weiß, es hat mit Stress zu tun. Und ich weiß, dass ich Gefühle abblocke, aber… *(Er erklärt selber, was so wichtig ist, worauf wir uns fokussieren.)*
T: Nur, wenn Sie das selber wollen. Wenn Sie zusammen mit mir schauen wollen, was hier passiert. *(Deaktivieren von jeglichem Trotz und Rückversichern, dass er zusammen mit mir an der Wahrnehmung seiner Gefühle arbeiten will.)* Offensichtlich sind Sie eine intelligente Person und trotzdem passiert das Ihnen.
P: Richtig.
T: Und Sie sind blockiert mit dieser Anspannung, die Ihnen geschieht.
P: Richtig.
T: Anstatt Ihre Gefühle zu fühlen, bleiben Sie darin stecken. Aber wenn Sie wollen, können wir zusammen schauen, wie es dazu kommt. *(Klären des Willens.)*
P: Das will ich.
T: Wie fühlen Sie mir gegenüber unter dieser Anspannung, wenn Sie sich nicht davon erfassen lassen, wenn Sie sich nicht distanzieren und nicht ins Denken gehen? *(Fokus auf die Gefühle und Herausforderung der Abwehr.)*
P: Ich fühle mich gerade traurig, dass ich an so einem Ort gelandet bin. Nein, das ist es nicht. *(Er ist immer noch am Intellektualisieren und Grübeln, merkt es aber und unterbricht sich.)*
T: Ist das mehr ein Gedanke?
P: Ja. Das kam als ich erfuhr, dass ich hierherkommen sollte.
T: Was fühlten Sie Ihrem Arzt gegenüber, als er Sie mir überwiesen hatte? *(Fokus auf die Gefühle.)*
P: Ich war verärgert, weil… *(Intellektuelle Antwort.)*
T: Wie fühlte sich der Ärger an? Als Sie in seiner Praxis waren, haben sie innerlich Ärger ihm gegenüber gefühlt? *(Fokus auf die Gefühle.)*
P: Ja.

T: Wie fühlen Sie den Ärger ihm gegenüber in Ihrem Körper? *(Fokus auf die Gefühle.)*
P: Sehen Sie, ich bin verärgert, aber ich weiß nicht, wie sich das anfühlt. *(Anspannung ist gesunken, die Hände gestikulieren. Er ist in Kontakt mit der körperlichen Erfahrung von Ärger.)*
T: Woran erkennen Sie, dass sie ärgerlich sind? Was nehmen Sie in Ihren Armen wahr? *(Fokus auf die Gefühle.)*
P: Ich bin nicht mehr so verkrampft! *(Er bemerkt, dass die Anspannung gesunken ist.)*
T: Was ist stattdessen? Was nehmen Sie wahr? *(Fokus auf die Gefühle.)*
P: Ich bin entspannter. Meine Schultern sind entspannt.
T: Gut, was hat sich geändert, das Ihnen erlaubt zu wissen, dass Ärger in Ihnen ist? Die Anspannung ist verschwunden? Ist es das, was passiert ist?
P: Ja.
T: Was war an deren Stelle für eine Sekunde?
P: Das ging so schnell. *(Das Gefühl des Ärgers.)*
T: Etwas Schnelles?
P: Ja, es kam in meinem Körper hoch. *(Der körperliche Ausbreitungsweg des Ärgers.)*
T: Etwas hat sich dort bewegt?
P: Mm hmm. Schauen Sie, ich glaube was passiert ist, dass ich Gefühle fühle. Aber sie kippen so rasch in eine Anspannung, dass ich sie nicht identifizieren kann. *(Er fasst zusammen, wie Angst und Abwehr seine Gefühle blockieren.)*
T: Wie ist Ihre Stirn jetzt?
P: Okay. Es ist besser als zuvor. *(Reduktion der frontalen Kopfschmerzen.)*
T: Wie ist es auf Ihrem Scheitel?
P: Das fühlt sich jetzt auch okay an. Ja.
T: Gut. Ist der Schmerz ganz weggegangen, als sich die Anspannung in den Schultern senkte?
P: Ja.

In dieser Vignette wurde dem Patienten geholfen, etwas von den Gefühlen wahrzunehmen, welche zu einer Aktivierung der quergestreiften Muskulatur und den körperlichen Schmerzen führten. Als er etwas fühlte, senkte sich die Anspannung und so auch gleichzeitig der Schmerz. Das bestätigte, dass beides zusammenhängt. Die Anspannung steuerte zum Schmerz bei: Wenn er in der Lage ist, seine Gefühle zu fühlen, sollten seine Kopfschmerzen gelindert werden können. In diesem Fall mussten wir ihm helfen, das habituelle Vermeiden der Gefühle zu überwinden um zu sehen, dass seine Symptome teilweise durch die Muskelverspannung verursacht waren.

6.11 Wahrnehmen der somatischen Ausbreitungswege der Gefühle

Wenn der Patient in der Lage ist, seine Gefühle zu identifizieren oder zu erleben, können spezifische Körpermanifestationen während des Interviews gesehen werden. Es ist wichtig, die physische Auswirkung wahrzunehmen, wenn der Patient seine Emotionen fühlt, um mögliche Verbindungen zu den Körpersymptomen aufzudecken. So etwa die Trauer über einen Verlust oder schuldbeladene Wut über verletzende Ereignisse. Die folgenden Vignetten demonstrieren einige Details des körperlichen Ausbreitungsweges der Gefühle, die im konsiliarischen Interview beobachtet wurden.

6.12 Schuld, somatische Symptome und gegen sich gerichtete Wut

Angstmanifestation in der quergestreiften oder glatten Muskulatur, kognitiv perzeptive Störungen, Konversion und andere Symptome resultieren aus komplexen, also aus einer miteinander vermischten unterschiedlichen und scheinbar gegensätzlichen Gefühlen gegenüber der gleichen Person: Positive Gefühle, gewalttätige Wut und Schuld wegen der Wut. Andere Auswirkungen der gegen sich gerichteten Wut sind Selbstkritik, Depression und Abwehren wie Passivität und Hilflosigkeit. So mögen Patienten körperliche Missempfindungen entwickeln oder andern schildern, sie seien mit sich unzufrieden und ärgerlich über sich selbst.

Die Menschen beginnen sich selber zu attackieren, wenn sie nahe am Erleben von Wut oder Schuldgefühlen sind. Beobachten Sie genau, wie sich die Selbstattacke auf die Symptome des Patienten auswirkt. Weist der Therapeut auf die Selbstattacke hin, hilft er dem Patienten zu erkennen, dass diese Symptome die Manifestation des Ärgers sind, welchen er nach innen richtet: In gewissen Fällen vermindern sich die Symptome allein durch das Bewusstwerden dieser Dynamik. Bei anderen Patienten können die Beschwerden erst durch das Erleben von Wut und Schuldgefühlen überwunden werden.

Fallvignette: Schuld, Symptomreduktion

Ein 65-jähriger Mann mit multiplen, medizinisch unerklärbaren Symptomen ist zu Beginn der Sitzung frustriert, weil sich der Therapeut verspätet hat. Als auf das körperliche Erleben des Ärgers fokussiert wird, reagiert er mit abdominalen Schmerzen. Das bestätigt den Zusammenhang von aktiviertem Ärger und abdominalen Schmerzen. Als ihm der Therapeut erklärte, warum der Ärger sich gegen ihn richtet, meinte er, dass dies ein lebenslanges Muster sei um Aggressionen zu vermeiden. Daraufhin wurde fokussiert, warum er so starke Angst vor seinem Ärger hat und was seine Befürchtung ist, was der Ärger bewirken könnte, wenn er diesen nicht nach innen auf seinen Magen richten würde.

T: Lassen Sie mich bezüglich des Ärgers anders fragen. Wenn ein unzivilisierter Mann mit diesem Ärger den Raum hier betreten würde, was würde er machen? *(Fokus auf den Impuls seines vermiedenen Ärgers.)*
P: Ich sehe ihn weglaufen. *(Vermeidendes Muster.)*
T: Aber, wenn der Mann mich angreift. *(Fokus auf den Impuls.)*
P: Er greift Sie nicht an. Er dreht sich um und geht weg. *(Vermeidendes Muster.)*
T: Lassen wir ihn umdrehen, dass er auf mich zukommt, damit wir den Ärger sehen, der Ihnen Angst macht.
P: Wissen Sie was ich sehe? Ich sehe ihn vor Ihnen stehen und sagend: »Ich habe mir die Zeit frei geräumt um rechtzeitig hierher zu kommen. Warum waren Sie nicht pünktlich?«
T: Das ist der zivilisierte Mann. Was macht Ihnen solche Angst, wenn Sie diesen Ärger in Ihrem Körper spüren? *(Ermutigen den aggressiven Impuls zu sehen und zu erleben.)*
P: Ich kenne nichts anderes. *(Die Arme bewegen sich frei und expressiv.)*
T: Nein? Haben Sie noch nie eine Aggression gesehen?
P: Natürlich habe ich das, aber das nimmt mich schrecklich mit.
T: Können Sie mir das schildern?
P: Ich sah einen Boxkampf mit meinem Nachbarn zusammen. Ich habe danach zwei Tage geweint. Es hat mich erschüttert, dass Menschen einander so schlagen.
T: Sehen wir das so: Wenn ein Boxer reinkommt, diesen Ärger in seinem Körper hat und auf mich zukommt, wie stark sind seine Schläge, wenn er den Ärger an mir rauslässt? *(Ermutigen den aggressiven Impuls zu sehen und zu erleben.)*
P: Nur ein Schlag, es ist keine große Sache.
T: Ein Schlag?
P: Ein Schlag.
T: Wo trifft er mich?
P: Direkt ins Gesicht! *(Seine rechte Faust schlägt in die linke Hand und sagt dies mit einem Lächeln.)*
T: Schauen wir uns das mal an. Ein Schlag ins Gesicht.
P: Oh Mann, das bringt mich durcheinander. *(Weinerlich und offensichtlich Schuldgefühle erlebend.)*
T: Wie würden Sie sich fühlen, wenn Sie mich vor einer Minute so geschlagen hätten?
P: Schuldig. Es würde mich Tage kosten, das zu überwinden. Wenn mein Vater etwas Dummes macht und er mich nervt, dann fühle ich mich schuldig.
T: Können Sie mir eine entsprechende Situation erzählen?
P: Ich merke gerade, dass ich keine Magenschmerzen habe.

T: Sie haben keine Magenschmerzen mehr? Wie erklären Sie sich das?
P: Hmm.
T: Es ist als ob Ihr Magen Ihre Wut absorbiert hatte. Als wollten Sie mich die ganze Zeit schlagen und stopfen stattdessen den Ärger in Ihren Magen. War es das? *(Rekapitulation durch verbinden der Gefühle mit der Angst und den Symptomen.)*
P: So muss es sein. So war es eben. *(Schaut überrascht.)*
T: Wir sehen aber auch viel Schuld in Ihnen über den Ärger, weil Sie auch positive Gefühle haben. Das ist so, als ob Sie mit dem Ärger geschadet und jemanden verletzt hätten, den Sie nicht verletzen wollten. *(Vermiedene Gefühle werden noch mehr mit den Symptomen in Zusammenhang gebracht.)*
P: Ja, das sehe ich.
T: Sie begannen über Ihren Vater zu sprechen und wie Sie mit ihm das gleiche Muster erleben. Ist das ein altes Muster, wie Sie mit Ihrer Schuld über Ihre Wut umgehen? *(Noch mehr Rekapitulation.)*
P: So mache ich das seit meiner Kindheit. Ich konnte mich nie gegen meinen Vater behaupten.

Dieser Prozess hilft dem Patienten seine angstbeladenen Gefühle, welche durch die Verspätung ausgelöst wurden, zu identifizieren, sie zu fühlen und darüber zu sprechen. Diese Gefühle beinhalteten Ärger und Schuld, als ob sie den Therapeuten verletzt hätte. Offensichtlich sind diese Gefühle mit unverarbeiteten gemischten Gefühlen seinem Vater gegenüber verbunden, die er nicht verarbeitet hat. Als er fähig war diese gemischten Gefühle zu erkennen und zu erleben, sank die körperliche Angst und die Magenschmerzen hörten auf. Davor, wenn immer er ärgerlich war, unterdrückte er den Ärger und produzierte Magenschmerzen. Indem wir ihm halfen, die gemischten Gefühle zu sehen und zu erleben, halfen wir ihm zu sehen, dass vermiedener Ärger und vermiedene Schuld über den Ärger mit seinen Schmerzen verbunden sind. Gleichzeitig reduzierte sich seine Schmerzsymptomatik.

Als er diese Gefühle fühlte, verband er die komplexen Gefühle von sich aus mit den Gefühlen seinem Vater gegenüber. Diesen Prozess nennt man partielle Öffnung des Unbewussten (Davanloo, 1990b) und wird im Buch: Reaching Through Resistance (Abbass 2015) detailliert untersucht. Die komplexen Gefühle mit der Vergangenheit zu verbinden bringt bei den meisten Patienten sowohl diagnostische Klarheit und bewirkt eine Symptomlinderung.

6.13 Interventionen zur Angstreduktion

Wie beschrieben, ermutigt der Interviewverlauf den Patienten, Gefühle zu identifizieren und zu erleben. Während dies geschieht, wird Angst mobilisiert. Das führt zu diversen körperlichen Reaktionen und Abwehrverhalten. Wird die

6 Psychodiagnostik

Angst zu hoch und der Patient fühlt sich unwohl oder er kann nicht mehr klar denken, muss die Angst gesenkt werden.

Tab. 6.2: Interventionen zur Angstreduktion

Angstreduzierende Intervention	Beispiel
Intellektuelle Wahrnehmung der körperlichen Symptome	Können Sie mir sagen, wie Sie die Angst körperlich erleben? In Ihren Händen, im Brustkorb etc.?
Rekapitulation des Gelernten: Die Befunde zusammenfassen	Soweit sehen wir, dass wenn Sie starken Ärger empfinden, triggert das Angst in Form von Anspannung im Brustkorb und Sie werden kurzatmig.
Das Thema wechseln. Z. B. von einer Situation zu einer anderen gehen	Können sie mir ein anderes Beispiel geben, wo das passiert ist?
Fokus auf die Gefühle zum Therapeuten während des Interviews	Was fühlen Sie hier mit mir? Was löst diese Angst aus, während wir sprechen?
Fokus auf die Schuld wegen der Wut	Wie fühlen Sie, wenn diese Wut rauskommt und Ihren Ehemann verletzt?

Es gibt diverse spezifische Techniken, die Angst zu senken (▶ Tab. 6.2). Eine Kernmethode Angst zu senken ist, den Prozess, der in der Praxis stattfindet, zu analysieren. Das aktiviert den Intellektualisierung und Kognition und senkt so die Angst. Eine andere Methode, die Angst zu senken, ist die Reflektion der Körperempfindungen: Das ist ein Beispiel einer achtsamkeitsbasierten Intervention, (▶ Kap. 4) um dem Patienten zu helfen, sich zu beobachten. Das verhindert eine Überstimulation durch die emotionalen Zentren. Während die Angst gesenkt wird, müssen die Reaktionen des Patienten sorgfältig beobachtet werden. Sie geben uns weitere Informationen über den Zusammenhang der Angst mit den physischen Symptomen.

Fallvignettel: Angstreduktion

Ein 32-jähriger Mann leidet an einer schweren Angst, die ihn daran hindert, klar zu denken. In der Sitzung zeigt er keine Aktivierung der Skelettmuskulatur. Er wirkt konfus. Diese Beobachtung legt nahe, dass sich seine Angst als kognitiv-perzeptive Störung manifestiert. Diese hohe Angst erfordert Techniken, um sie zu reduzieren, damit er im Interview ohne Angstüberflutung die Verbindungen von Angst und den somatischen Symptomen verstehen kann.

T: Ich sehe, dass sie ängstlich sind.
P: Das ist ständig da.
T: Immer?
P: Ja.

T: Wie fühlt sich das körperlich an, wenn Sie das jetzt erleben? Wie merken Sie das? *(Fokus auf die Körperzeichen um seine Selbstreflektion zu fördern.)*
P: Ja nun, ich habe das schon Jahre lang. Ich werde krank, mir wird schwindlig. *(Durch die kognitive Störung ist die Sprache nicht fließend.)*
T: Ist Ihnen jetzt schwindlig? *(Fokus auf die Körperzeichen um seine Selbstreflektion zu fördern.)*
P: Ja, schwindlig. Es geht von leichtem konstanten Schwindel bis zum Gefühl, herumgewirbelt zu werden. So ähnlich. Das dauert nicht so lange, aber das ist wie ein Anfall.
T: Haben Sie jetzt das Gefühl, es dreht sich oder fühlen Sie sich instabil? *(Fokus auf die Körperzeichen um seine Selbstreflektion zu fördern.)*
P: Mehr instabil.
T: Instabil als ob Sie umfallen könnten? *(Fokus auf die Körperzeichen um seine Selbstreflexion zu fördern.)*
P: Ja, ich möchte mich irgendwie an etwas festhalten.
T: Fühlen Sie sich jetzt auch im Sitzen instabil?
P: Nein, so ist es okay. Es geht mir ziemlich gut jetzt.
T: Fühlen Sie sich jetzt instabil auf Ihren Füßen?
P: Ja, *(Nickt mit dem Kopf.)* irgendwie hängt das zusammen. Ich fühle mich auf eine Art eingeschlossen, als ob ich mich nicht orientieren könnte.
T: Mm hmm.
P: Da sind zu viele Informationen. Es ist wie ein Tunnelblick. *(Perzeptive Störung.)*
T: Sie sehen wie durch einen Tunnel? *(Fokus auf die Körperzeichen um seine Selbstreflektion zu fördern.)*
P: Ja, ich kann nicht zu viele Informationen aufnehmen. *(Kognitive Störung.)*
T: Ich verstehe. Nehmen Sie noch etwas anderes körperlich wahr? Schwitzen Sie? *(Fokus auf weitere Körperzeichen um die Angst zu senken durch Fördern der Selbstreflektion.)*
P: Ja, ich schwitze. Hitzeschübe.
T: Hitzeschübe. Haben Sie das jetzt? *(Fokus auf weitere Körperzeichen um die Angst zu senken durch erhöhte Selbstreflektion.)*
P: Nein, das habe ich jetzt nicht. Die sind aber sehr schlimm. Ich fühle mich dann wie in einem Ofen oder ähnlich. Ich war noch nie in der Lage, das zu erklären. Aber es fühlt sich wie blitzende Stromstöße im Kopf an.
T: Stromstösse im Kopf?
P: Ja, wie ein Blitzen manchmal. Komisches Gefühl. Kann es nicht erklären. *(Seufzer, die Hände knetend. Die Angst aktiviert die quergestreifte Muskulatur.)*
T: Also wie Funken. Haben Sie einen trockenen Mund oder etwas Ähnliches? *(Fokus auf weitere Körperzeichen.)*
P: Ja.
T: Irgendwelche Empfindungen in Ihrem Bauch? *(Fokus auf weitere Körperzeichen.)*
P: Nun, der Magen ist jetzt nicht so schlecht. Wenn ich aber eine Zeit der Angst durchlebe, beginnt dies immer mit körperlichen Symptomen und fast

immer sind das Bauchkrämpfe und Durchfall. *(Er weist auf die Angst in der glatten Muskulatur hin.)*
T: Mm hmm.
P: Und ein Gefühl krank zu sein, wie vergiftet.
T: Das hört sich schlimm an; ein Gefühl in ihrem Inneren, als wären Sie vergiftet. *(Seine Erfahrung reflektierend, durch seine Angst vergiftet zu werden.)*
P: Ja, in meinem Bauch.
T: Mm hmm. Also krampfartige Schmerzen im Bauch und der Drang, sich zu entleeren oder etwas ähnliches.
P: Oh ja.
T: Spüren Sie noch etwas wie ein Kribbeln in den Händen und Füßen oder weitere Empfindungen in Ihren Armen? *(Fokus auf weitere Körperzeichen.)*
P: Nein, das nicht. *(Seufzer und Hände klammernd: Angst in striärer Muskulatur.)*
T: Mm hmm. Und wie ist Ihr Gesichtsfeld im Moment? Hat es sich verändert, seit Sie reingekommen sind?
P: Ja, es ist etwas besser, etwas weiter.
T: Größerer Bereich?
P: Ja.
T: Sie haben diese Angst von Zeit zu Zeit. Manchmal wird sie schlimmer, aber im Allgemeinen haben Sie ein gewisses Angstlevel. *(Zusammenhang zwischen Angst und Symptomen rekapitulierend.)*
P: Das ist richtig.
T: Wir sehen verschiede Ausdrucksformen der Angst. Eine ist, dass Ihre Sicht und Ihre Gedanken sich vernebeln, eine weitere ist der Schwindel und eine weitere können Bauchkrämpfe oder Durchfall sein.
P: Uh hmm.
T: Wollen Sie, dass wir die Angst zusammen erforschen und wie es zur Angst kommt? *(Rekapitulation und die Aufgabe der Behandlung umreissen.)*
P: Ja, machen wir das.
T: Es scheint Sie wirklich zu quälen, wenn das passiert. *(Die quälende Natur seiner Symptome spiegeln.)*
P: *(Seufzt.)*

Bei diesem Patienten zeigte sich eine kognitiv-perzeptive Störung. Sehen wir diese Anzeichen, erfordert das eine Angstreduktion. Indem die Angst gesenkt wurde, konnten Patient und Therapeut erkennen, dass die somatischen Beschwerden das Produkt hoher Angst waren. Durch diese Arbeit ist man auch in der Lage ein gutes Verhältnis aufzubauen, den Patienten zu beruhigen, Vertrauen in die therapeutischen Fähigkeiten zu fördern, die Anamnese erfassen und den emotionalen Zusammenhang mit den Symptomen zu diagnostizieren. All das hat in den ersten 5–10 Minuten des Interviews stattgefunden.

Ein standardisiertes, symptombasiertes, gründliches medizinisches Interview kann durch einen ähnlichen Prozess wie oben beschrieben die somatischen Symptome reduzieren. Beobachten Sie den Grundzustand der unbewussten Angst des Patienten und merken Sie sich, wenn sich diese ändert, wenn Sie seine

Geschichte mit ihm aufrollen. Fassen Sie die Ergebnisse zusammen und beobachten Sie, ob das zu einer Änderung der Symptome führt. So kann dieses Vorgehen eines traditionell arbeitenden Mediziners therapeutisch wirken.

6.14 Rekapitulieren und Überprüfen

Die Technik der Rekapitulation eignet sich sowohl zur Angstregulation als auch zur Überprüfung emotionaler Auslöser einer funktionellen Störung. Rekapitulieren ist ein sehr ähnlicher Prozess wie das Besprechen der diagnostischen und körperlichen Befunde mit dem Patienten. Diese Besprechung sollte alle gesammelten Daten beinhalten, die in Zusammenhang mit den durch den Patienten gemiedenen Gefühlen, der Angst, der physischen Manifestationen und Mechanismen stehen. Es ist für den Patienten hilfreich, wenn dieser umfassende Überblick wiederholt wird. So ist man sicher, dass der Patient es versteht. Die Rekapitulation dient nicht nur dem besseren Verständnis und der Symptomreduktion, es ist auch ein Mittel für den Therapeuten, selber besser zu verstehen, was er beobachtet hat. Rekapitulation führt zum nächsten Schritt im gemeinsamen Heilungsprozess.

Patienten mit Symptomen in der glatten Muskulatur oder mit kognitiv-perzeptiver Störung benötigen öfters wiederholte und ausführliche Erläuterungen, damit diese Symptome durch eine Selbstreflektion über die Affekte und eine Aktivierung der quergestreiften Muskulatur ersetzt werden. Es folgt ein Beispiel einer Rekapitulation mit einem Patienten, der eine kognitiv-perzeptive Störung während einer psychodiagnostischen Evaluation erlebte. Die Rekapitulation wurde zum Zwecke der Angstreduktion und zum Aufbau der Kapazität über sich zu reflektieren angewendet. Er starrte mich mit leeren Augen an, war mental konfus, seine Stimme war gepresst. Der Therapeut beginnt damit, die Angst zu senken.

> T: Können Sie mir beschreiben, was vor einer Sekunde in Ihrem Körper geschah? *(Intellektuelle Überprüfung um die Angst zu senken.)*
> P: Ich... ich fühlte mich gerade ganz verloren.
> T: Was passierte etwa vor zehn Sekunden? Können Sie mir sagen, was passierte? *(Exploration des Phänomens.)*
> P: Ich fühlte total... Alles verschwand... Ich...
> T: Erzählen Sie mir, was sie wahrgenommen haben. Was haben Sie in Ihrem Kopf erlebt? *(Exploration des Phänomens.)*
> P: In meinen Kopf wurde es dunkel, ich wurde leer.
> T: Okay, kamen Ihre Gedanken durcheinander? *(Exploration des Phänomens.)*
> P: Sehr stark. Es kam alles durcheinander.
> T: Okay, wie lange hat das angehalten? Eine Sekunde oder zwei? *(Exploration des Phänomens.)*

P: Sekunden.
T: Gut, für eine Sekunde hatten sie diese Erfahrung und Sie konnten Ihre Gedanken nicht mehr ordnen. Ihre Gedanken waren weg. *(Rekapitulation.)*
P: Das ist richtig.
T: Gut, wurde diese Denk- und Wahrnehmungsstörung durch Gefühle getriggert? *(Rekapitulation: Gefühle und Symptome zusammenbringen.)*
P: Ja, das muss es sein. Denn Sie fragten mich, was ich dem Chef gegenüber fühlte. Dann passierte das sofort. *(Die Hände verspannen sich, er seufzt: Die Angst aktiviert nun die quergestreifte Muskulatur.)*
T: Wie ist die Angst jetzt?
P: Sie ist weniger.
T: Gut, dieser Prozess passiert schnell.
P: Ja.
T: Können wir das zusammen näher anschauen? So können wir die Angst bei Bedarf senken, indem wir das zusammen anschauen. *(Definiere die Aufgabe indem wir gemeinsam die Angst regulieren.)*
P: Das hört sich gut an.
T: Wir sehen, dass starke Gefühle Angst auslösen können. Das kann spezifische Symptome erzeugen, wie unklares Sehen und mentale Konfusion. Aber diese Symptome können gesenkt werden, indem wir sie überprüfen. *(Gefühle und Angst werden verlinkt.)*
P: Ja, es ist, als ob ich vor diesen Gefühlen Angst hätte. *(Hände stark verkrampft und weiterer Seufzer. Der Denkprozess ist klar.)*
T: Als ob Ihr Geist diese furchteinflössenden Gefühle regelt, indem Gedanken und Wahrnehmung abschalten. *(Weiteres Verlinken von Gefühlen, Angst und Symptomen.)*

Dieser Patient ist nicht in der Lage einen hohen Anstieg der Angst zu ertragen. Wir sehen die körperliche Auswirkung durch die intellektuelle Überprüfung und der Rekapitulation: durch die intellektuelle Reflektion bewegt sich die Angst in die quergestreifte Muskulatur, weg von der kognitiv-perzeptiven Störung. Sobald wir auf seine Symptome fokussieren und diese intellektuell rekapitulieren, wird seine Angst auf ein erträgliches Maß gesenkt. Nun können wir mit ihm erarbeiten, dass die Angst zu seiner kognitiv-perzeptiven Störung geführt hat. Gleichzeitig vertiefen wir damit den Kontakt und das Vertrauen. Durch diese Mobilisierung und Rekapitulation erarbeiteten wir gemeinsam, dass die funktionellen neurologischen Symptome durch Angst ausgelöst werden.

Tab. 6.3: Ergebnisse der Psychodiagnostik

Ergebnis	Interpretation und Konsequenz
Symptomreduktion	Werden Symptome durch den emotionalen Fokus gelindert oder aufgehoben, besteht ein starker Hinweis, dass die Symptome eine Manifestation der unbewussten Angst sind.
Veränderung der Symptome parallel zur Ausprägung der Angst	Steigen oder sinken die Symptome in Übereinstimmung mit der Angst, besteht ein starker Verdacht eines Zusammenhanges zwischen unbewusster Angst und den Symptomen.
Keine Veränderung der Symptome trotz Veränderung der Angst	Wenn sich die körperliche Symptomatik überhaupt nicht ändert, ist das ein Hinweis, dass organische Faktoren das Zustandsbild dominieren. Somatische Untersuchung oder ein vertieftes Interview ist notwendig.
Unklare Dynamik	Kann die Reaktion nicht zugeordnet werden ist ein vertieftes Interview erforderlich.

6.15 Interpretation der Ergebnisse

Mit diesem psychodiagnostischen Interview sind vier Konstellationen möglich (Abbass, 2005; Abbass et al., 2007).

- Eine Abnahme oder völlige Rückbildung der Symptome belegt, dass die Symptome durch unbewusste Angst verursacht wurden.
- Verstärken oder schwächen sich die Symptome während des Interviews in gleichem Maße wie die erlebte Angst, spricht dies ebenfalls stark für eine emotionale Beteiligung am Krankheitsgeschehen.
- Es kann sein, dass keine Änderung der Symptomatik eintritt. Das lässt vermuten, dass kein Zusammenhang zwischen der unbewussten Angst und der Symptomatik besteht.
- Eine dazwischenliegende Antwort, bei welcher es nicht möglich ist zu sagen, ob es einen Zusammenhang zwischen der unbewussten Angst und den Symptomen gibt. Dieses Ergebnis bedeutet, dass der ganze Prozess wiederholt werden muss oder eine Serie von Interviews notwendig ist.
Hier bestehen Ähnlichkeiten zur abdominalen Untersuchung: In einigen Fällen muss man die körperliche Untersuchung wiederholen, bestimmter oder an einer anderen Stelle palpieren. Die möglichen Resultate, Interpretationen und vorgeschlagenen Vorgehensweisen sind in Tabelle 6.3 umrissen.

6.16 Wann muss der Patient an eine Fachklinik überwiesen werden?

Die Ergebnisse der psychodiagnostischen Untersuchung mögen implizieren, dass der Patient an ein spezialisiertes Gesundheitszentrum überwiesen werden sollte. Bei nachfolgenden Befunden sollte eine Überweisung in Betracht gezogen werden:

1. *Psychotische Symptome:* Patienten mit Wahnvorstellungen sollten überwiesen werden, weil das ein Zeichen einer psychotischen Störung sein kann, die sich somatisch äußert. Zum Beispiel eine Person, die überzeugt ist, dass die vergiftet ist und deshalb körperliche Symptome hat.
2. *Suizidalität:* Personen, bei denen aktive Suizidgedanken zu den Körpersymptomen hinzukommen, sollten in eine psychiatrische Institution überwiesen werden.
3. *Suchtpatienten*: Der Zustand eines aktiven Suchtmittelabhängigen kann sich bei ansteigender Angst verschlechtern. So besteht eine Gefährdung zu erhöhten Suchmittelkonsum, wenn dieser nicht zuerst angegangen wird.
4. *Manie:* Zeigt ein Mensch Zeichen einer Manie, Reden wie ein Wasserfall, Größenfantasien, Schlafstörungen und Impulsivität, besteht der Verdacht auf eine manische Störung. Eine Überweisung an eine Fachklinik ist angezeigt.
5. *Ausgeprägte Dissoziation:* Patienten mit ausgeprägter Dissoziation, Gedächtnislücken, Ohnmachtsanfälle sollten einer Fachklinik zugewiesen werden.

6.17 Zusammenfassung

- Das Entstehen unbewusster Angst kann zu einer Aktivierung der quergestreiften Skelettmuskulatur, der glatten Muskulatur der inneren Organe oder zu einer Störung des Denkens oder der Wahrnehmung führen. Eine motorische Konversion zeigt sich in einem Mangel an Aktivität der Skelettmuskulatur, einer Abnahme des Muskeltonus und Lähmungserscheinungen.
- Die Angst kann durch eine Fokussierung auf die Körperempfindungen, Rekapitulation des Gelernten und durch Veränderung des Gesprächsfokus reduziert werden.
- Durch eine Fokussierung auf vermiedenen Gefühle und diegleichzeitige aufmerksame Beobachtung der körperlichen Reaktionen und Verhaltensmuster kann die Diagnose einer psychophysiologischen Störung erhärtet oder verworfen werden.

7 Modifizierte ISTDP für Ärzte und Psychologen

Wenn medizinische Evaluation, psychodiagnostische Beurteilung, edukative und kognitive-behaviorale Interventionen nicht zu einer adäquaten Symptomlinderung führen, erfordert dies eine vertiefte, auf Emotionen fokussierte Behandlung. Im Folgenden werden dem Leser grundlegende Elemente und Prozesse eines an die ISTDP angelehnten Vorgehens vermittelt. Diese können in der Grundversorgung eingesetzt werden.

Dabei wird dargelegt, wie zu Beginn der Stunde der Einstieg in den Prozess gefunden werden kann, mit welchen Interventionen Gefühle aktiviert werden und wie der Prozess am Ende der Sitzung in einer Zusammenfassung eingeordnet wird. Wir befassen uns mit zentralen emotionalen Elementen, die während des Prozesses aktiviert werden. Siehe hierzu auch die Übersicht in Tabelle 7.1. Das hier beschriebene Vorgehen stellt eine abgekürzte Variante der umfassenden ISTDP dar, die in kurzen Behandlungssequenzen effizient eingesetzt werden kann (Davanloo, 2005; Abbass, 2015).

7.1 Voraussetzungen

Eine sachkundige ISTDP-orientierte Behandlung kann durch einen gut ausgebildeten Arzt angewendet werden, der die Theorie und die diagnostische Technik versteht, welche in den vorhergehenden Kapiteln vermittelt wurden. Dieser Prozess stützt sich auf eine therapeutische Beziehung, die durch Evaluation und Edukation des Patienten bereits etabliert ist. Um diese Sitzungen anbieten zu können, müssen Sie die wesentlichen Konzepte verstehen, die in den Kapiteln 5 und 6 beschrieben und im Kasten 7.1 zusammengefasst sind.

Kasten 7.1: Grundlagen und Voraussetzung für die Anwendung der modifizierten ISTDP

1. Unbewusste Gefühle sind komplex und beinhalten liebende Gefühle, schmerzliche Gefühle und Trauer um Verluste, Wut und durch Wut ausgelöste Schuldgefühle. Besonders bei Patienten mit einer psychophysiologischen Störung wurden diese Gefühle nicht ausreichend verarbeitet und ins Unbewusste verdrängt.

2. Unbewusste komplexe Gefühle, unbewusste Angst und Abwehrmechanismen stehen miteinander in Verbindung. Die Abwehrmechanismen schließen Konversion und Verdrängung in körperliche Symptome (Repression) ein.
3. Der Zusammenhang von vergangenen und gegenwärtigen Beziehungen ist bedeutend. Gefühle aus früheren Beziehungen werden in aktuellen Beziehungen mobilisiert.
4. Wissen über die somatischen Ausbreitungswege der unbewussten Angst und der motorischen Konversion und die Fähigkeit, diese zu erkennen.
5. Die Fähigkeit, aktive Gefühle (Trauer, Wut, Schuld über die Wut) von somatisch erlebter Angst zu unterscheiden.
6. Die Fähigkeiten, Angst reduzierende Interventionen wie zum Beispiel die Unterstützung der Selbstwahrnehmung durch angeleitete Fokussierung und die kognitive Reflektion des Therapieprozesses anzuwenden.
7. Erkennen und Umgang mit der Abwehr gegen das emotionale Erleben der Gefühle sowie sicherer Umgang mit der Intervention der Herausforderung im Einvernehmen mit dem Patienten. Ausweichendes Verhalten wird während der Sitzung aufgearbeitet und der Patient aufgefordert, von diesem Verhalten Abstand zu nehmen.
8. Erfahrung in der Anwendung der Technik des Rekapitulierens und der Zusammenfassung der Erkenntnisse.

7.2 Kerninhalte der Behandlung

Das Ziel der Behandlung ist es, dem Patienten zu folgenden Erfahrungen zu verhelfen:

- die im aktuellen Leben mobilisierten Gefühle sind vielschichtig und komplex
- diese Gefühle sind mit vergangenen Erlebnissen verknüpft
- diese komplexen Gefühle tragen zu den körperlichen Symptomen bei

Diese Zusammenfassung vermittelt die wesentlichen Aspekte, mit deren Hilfe der Patient in die Lage versetzt wird, sich selbst zu verstehen. Die Hauptantriebskraft für das Entstehen von somatischen Symptomen sind unbewusste Schuldgefühle aufgrund ins Unbewusste verdrängter wütender Affekte. Werden die oben aufgeführten Punkte mit den individuellen Erfahrungen des Patienten zusammengeführt und kann der Patient dies während der Therapie erfahren, so kann auch bei sehr kurzer Therapiedauer mit zum Beispiel lediglich vier therapeutischen Sitzungen einer Vielzahl, wenn nicht gar der überwiegenden Anzahl der Patienten in der psychosomatischen Grundversorgung, zu einer deutlichen Symptomlinderung verholfen werden.

Die Wirksamkeit der ISTDP wurde durch Studien für ein weites Spektrum somatischer Symptome belegt. Unter diese Symptome fallen Kopfschmerzen, Rückenschmerzen, Symptome bei Fibromyalgie, funktionelle Bewegungsstörungen, chronische Schmerzen, Unterleibsschmerzen, urogenitale Symptome, nichtepileptische Anfälle und unspezifische somatische Störungen. (Abbass et al., 2008; Abbass et al., 2009a; Town und Driessen, 2013; Russell et al., 2016). Bei Patienten mit chronischen Schmerzsyndromen ohne medizinische Ursache war ISTDP der mindfulness based stress reduction und einer Kontrollgruppe überlegen (Chavooshi et al., 2016a und b). Die durchschnittliche Behandlungsdauer in diesen Studien bewegte sich zwischen 3 und 16 Sitzungen. Etwa 15 Studien belegten, dass ISTDP kosteneffizient ist, Kosten für Krankenhausbehandlung, ärztliche Konsultationen und Arzneimittel sowie für Sozialleistungen aufgrund von Krankheit und Arbeitsunfähigkeit reduziert werden. (Abbass und Katzmann, 2013; Abbass et al., 2015; Russell et al., 2016). Die ISTDP kann auch erfolgreich in die Notaufnahme und in die Grundversorgung von Patienten mit medizinisch unerklärbaren Symptomen integriert werden (Abbass et al., 2010, Cooper et al., in press).

7.3 Ablauf der therapeutischen Sitzung

Diese Sitzungen werden wie eine medizinische Untersuchung strukturiert.

1. *Orientierungsphase:* Mit der Standortbestimmung im Prozess oder einer Zusammenfassung des bisherigen Prozesses beginnen.
2. *Einleiten des Prozesses:* Den Patienten fragen, ob er untersuchen will, wie sich die Emotionen auf die Symptome auswirken und ob er dies gemeinsam mit dem Therapeuten explorieren will. Genaues Erkunden einer spezifischen Situation, in der Symptome, Angst oder dem Patienten bereits vertraute Abwehrmechanismen aufgetreten sind.
3. *Mobilisierung verdrängter Gefühle:* Auf das Erleben der Gefühle und der somatischen Empfindungen während dieser Ereignisse fokussieren.
4. *Beobachten der Gefühle,* die (hierdurch) mobilisiert sind und wie sich diese während der Sitzung körperlich auf den Patienten auswirken.
5. *Achten auf unbewusste Botschaften*, die der Patient macht, indem er durch beiläufige Erwähnungen Hinweise darauf gibt, signalisiert der Patient eine Verbindung mit Erinnerungen an die Lebensepisode, in welcher er seinen Umgang mit komplexen Gefühlen entwickelt hat.
6. *Jede im Therapieprozess aktivierte und mit der Vergangenheit in Verbindung stehende Emotionen untersuchen.*
7. *Die Ergebnisse rekapitulieren,* indem die in der Gegenwart aufkommenden Gefühle, Ängste und Abwehren mit dem Erleben in der Vergangenheit verknüpft werden. Dabei erkundigt sich der Therapeut beim Patienten danach, wie dieser den Prozess und die Einordnungen erlebt.
8. *Weitere* Sitzungen oder Nachkontrolle planen.

Zusammengefasst: der Prozess dieser kurzen Sitzungen ist eine Erweiterung dessen, was im psychodiagnostischen Interview beschrieben wurde. Das Ziel ist ein vertieftes Verständnis und Bewusstsein, wie sich Gefühle auf den Körper auswirken. Ein weiteres Ziel ist, dass der Patient Empathie und Mitgefühl für sich selbst entwickelt. Dass er in der Vergangenheit wie in der Gegenwart emotionale Wunden durchlebt hat und dass seine Symptome in Bezug zu diesen emotionalen Verletzungen stehen. Das dritte Ziel ist, dem Patienten zu helfen, seine Gefühle zu erleben, anstatt somatische Symptome zu entwickeln, wenn Gefühle aktiviert werden. Diese Sitzungen sollten stets mit einer sorgfältigen Nachbetrachtung und Einordnung der Erfahrungen und Erkenntnisse der jeweiligen Sitzung schließen. Das unterstützt den Patienten, sich zwischen den Sitzungen gegen sein emotionales Vermeidungsmuster zu wenden.

Die oben aufgeführten Schritte werden im Folgenden ausführlicher erläutert und am Ende des Kapitels durch ein Fallbeispiel vertieft.

7.4 Orientierungsphase

In den vorhergehenden Kapiteln wurde dargestellt, wie emotionale Prozesse untersucht werden können und wie gemeinsam mit dem Patienten eine psychodiagnostische Einordnung vorgenommen werden kann. Durch dieses partnerschaftliche Vorgehen wurde eine tragende und vertrauensvolle Beziehung aufgenommen. Es wurde bereits erarbeitet, dass Emotionen körperliche Symptome triggern können. So kommen Patient und Arzt zu der gemeinsamen Einschätzung, ob emotionale Vorgänge die körperliche Gesundheit verschlechtern können. Beide wollen zusammenarbeiten, um das Problem des Patienten zu lösen. Durch das gemeinsame Herangehen entsteht bei dem Patienten die Motivation, einige Therapiesitzungen durchzuführen mit dem Ziel, den Einfluss der Emotionen auf die aktuellen Symptome hin zu untersuchen.

Um die Bereitschaft des Patienten für diesen Prozess zu gewinnen, sind folgende Punkte unbedingt erforderlich:

1. dem Patienten die Befunde ausreichend oft erklären
2. eine eindeutige Zusage des Patienten für die Untersuchung der Gefühle mittels des emotionsfokussierten Ansatzes einholen
3. die Informationen gemeinsam erarbeiten und nachvollziehen
4. eine offene Kommunikationsatmosphäre herstellen, die es ermöglicht, transparent über jegliches Phänomen zu sprechen, das sich während der Fokussierung auf den emotionalen Prozess einstellt.

7.5 Den Prozess einleiten

Während der Orientierungsphase des Gespräches wurden beim Patienten entweder Angst, Abwehr oder Emotionen aktiviert, oder der Patient zeigte keine Reaktion auf die vorangegangenen Interventionen. Aus der Reaktion des Patienten leitet der Therapeut sein weiteres Vorgehen ab.

7.5.1 Vorgehen, wenn Angst im Vordergrund steht

Wenn der Patient sichtbare Zeichen einer unbewussten Angst in der quergestreiften Muskulatur zeigt, zum Beispiel ein Zusammenpressen der Hände, ein Seufzen oder einen vertieften Atemzug, so befindet sich der Patient in einer emotionalen Verfassung, die es ermöglicht, auf die im Gespräch mit dem Therapeuten mobilisierten Gefühle und körperlichen Wahrnehmungen zu fokussieren. Das hilft dem Patienten zu erkennen, wie seine Emotionen körperliche Reaktionen, wie etwa eine Anspannung der Muskulatur oder einen Seufzer hervorrufen. Es könnte ihn auch dazu anregen, sich im Hier und Jetzt wahrzunehmen und auf seine emotionale Auslenkung in der Interaktion mit dem Therapeuten zu achten. Drückt sich die Angst jedoch in einer Beeinträchtigung der aus glatten Muskelzellen aufgebauten Organe oder in einer Beeinträchtigung der kognitiv-perzeptiven Fähigkeiten aus, muss zunächst das Ausmaß der unbewussten Angst reduziert werden. Dies erfolgt mithilfe einer intellektuellen Einordnung der körperlichen Symptome (▶ Tab. 6.1). Dies führt über eine Förderung der Selbstreflexion zu einem Übergang der Angst in die quergestreifte Muskulatur und hat einen beruhigenden Effekt. Wenn die innere Erregung zurückgegangen ist und Zeichen der Aktivierung der quergestreiften Skelettmuskulatur sichtbar werden, kann erneut auf die Emotionen fokussiert werden, die zuvor mobilisiert wurden. Eine erneute Angstausbreitung in die glatte Muskulatur oder das kognitiv perzeptive System stellt einen wichtigen Befund dar, der ein gradiertes Vorgehen erfordert. Dabei erfolgt die Mobilisierung unbewusster Emotionen im Wechsel mit intellektueller Einordnung um zu verhindern, dass eine unerwünschte Symptomzunahme eintritt (▶ Kap. 8).

7.5.2 Vorgehen, wenn Abwehrmechanismen im Vordergrund sind

Wenn sich der Patient nach der Phase der Orientierung in einer abwehrenden Position befindet und die emotionale Begegnung mit dem Therapeuten vermeidet, ist es erforderlich, gemeinsam mit dem Patienten die Abwehr zu besprechen und zu verdeutlichen. Dabei wird er unterstützt, wahrzunehmen, dass, auch wenn er sich willentlich auf eine Erkundung seiner Emotionen einlässt, ein anderer Anteil seiner Person Mauern errichtet, die den Prozess behindern.

Wenn ein Patient in der therapeutischen Sitzung völlig unbeteiligt ist und den Kontakt mit dem Therapeuten vermeidet, ist es erforderlich, den Patienten darauf hinzuweisen, dass er unbeteiligt wirkt und mit ihm darauf hin zu arbeiten, dass er erkennt, dass dies dem Ziel zuwiderläuft, die emotionalen Abläufe zu verstehen.

Nimmt die Person eine trotzige Haltung ein, muss mit dem Patienten geklärt werden, ob er seine inneren emotionalen Abläufe untersuchen will. Hilfreich hierbei sind Formulierungen, die den Willen des Patienten ansprechen, zum Beispiel: »Möchten Sie, dass wir zusammen untersuchen, was gerade passiert?« Passive, sich unterwerfende Patienten sitzen mitunter regungslos, ohne erkennbare Mobilisierung im Behandlungsraum und behindern mit dieser Passivität die therapeutischen Anstrengungen in einem Ausmaß, das einen emotionalen Prozess völlig unterbindet. In dieser Situation ist es dringend erforderlich, das Muster der Passivität und Angepasstheit für den Patienten verständlich zu machen und ihm eine Vorstellung davon zu vermitteln, wie er damit das Aufkommen von Gefühlen verhindert, was sein therapeutisches Vorankommen blockiert. Durch eine klärende Bearbeitung kann diese Art von Abwehr aufgelöst werden.

Eine Parallele hierzu findet sich in der somatischen Medizin. Sucht zum Beispiel ein Patient wegen thorakalen Schmerzen den Arzt auf und ist nicht bereit, den Oberkörper für die Untersuchung zu entblößen und sich weigert, den Blutdruck messen zu lassen, kann ihm nicht geholfen werden. Um dem Patienten zu helfen, muss der Thorax untersucht werden können. Gleiches gilt für die Untersuchung der emotionalen Abläufe. Die Widerstände gegen die Untersuchung resultieren aus der Angst vor dem, was zu Tage kommen kann, aus der Angst vor den verdrängten Emotionen. Damit die seelischen Vorgänge verstanden werden können, müssen die Blockaden durch eine Klärung überwunden werden. Ein Beispiel für dieses Vorgehen findet sich in Kapitel 6.

7.5.3 Vorgehen, wenn Gefühle in den Vordergrund treten

Zeigt ein Patient nach der Orientierungsphase aktivierte komplexe Gefühle und möchte darüber sprechen, dann sollte der Therapeut den Patienten auf dem Weg zu seinen Gefühlen begleiten. Berichtet der Patient beispielsweise: »Gestern hatte ich Streit mit meinem Chef. Dabei wurde mir sofort übel.« kann darauf fokussiert werden, was er fühlt, während er über diesen Vorfall spricht. Er kann benennen, dass er ärgerlich ist und der Therapeut kann den Patienten dabei unterstützen, die körperlichen Zeichen des Ärgers zu erkennen und die mit dem Ärger assoziierten Emotionen zu erfahren und zu identifizieren.

7.5.4 Vorgehen, wenn keine Signale zu erkennen sind

Für diese vierte Möglichkeit, auf den therapeutischen Prozess zu reagieren, ist es typisch, dass der Patient zu Beginn der Sitzung keinen Hinweis auf das Erleben von Affekten zeigt und dass keine Abwehrreaktion erkennbar ist. Ein Patient ohne Signal ist in der Regel nicht aktiviert und hat sich nicht auf den Behandlungsprozess eingelassen. In diesem Fall ist es erforderlich herauszuarbeiten, was der Patient selbst untersuchen möchte und für welches innere Problem er mithilfe dieser Behandlung eine Lösung finden möchte. Anders ausgedrückt: Verwenden Sie genügend Zeit darauf, die Aufgabe und das Ziel der Sitzung gemeinsam mit dem Patienten zu klären.

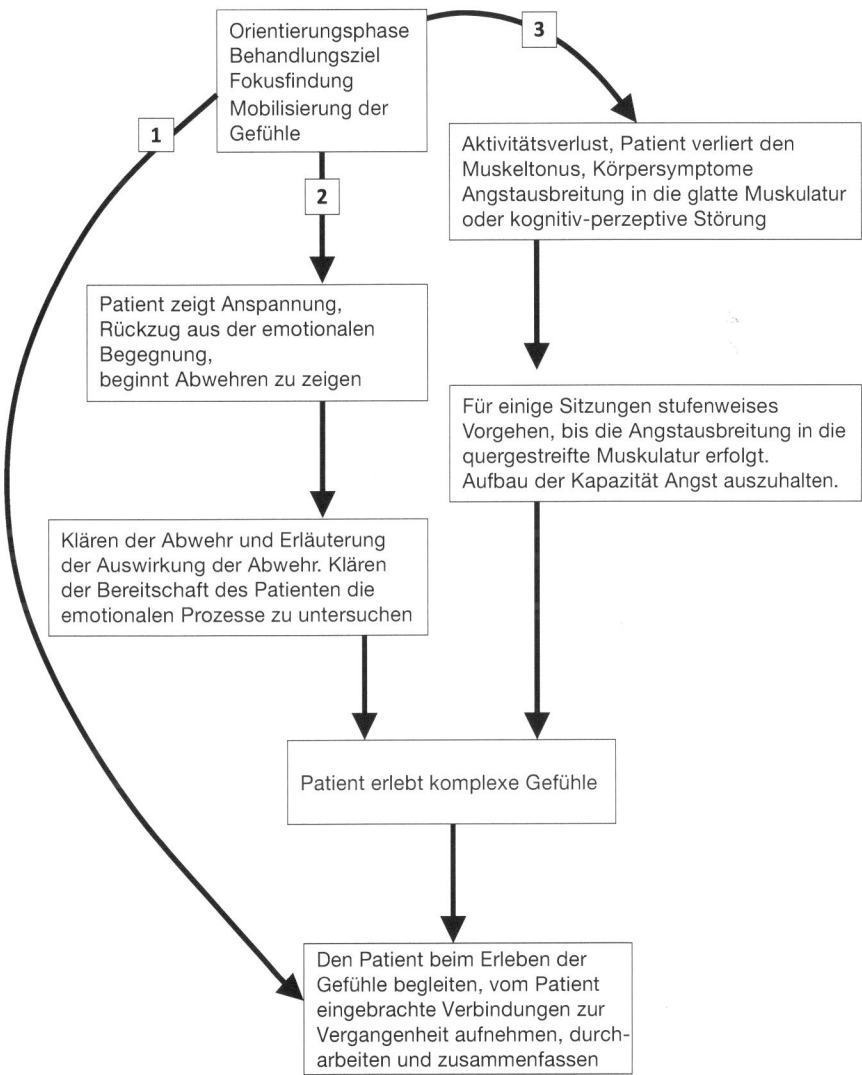

Abb. 7.1: Algorithmus der Behandlungssitzung

Wird ersichtlich, dass der Patient in seiner Passivität dem Therapeuten die Aufgabe zuweist, das Problem für ihn zu lösen, muss betont werden, dass nur mit gemeinsamer Anstrengung, mit einer inneren Beteiligung des Patienten am therapeutischen Prozess eine Veränderung erreicht werden kann. Diese Bemühungen helfen in der Regel, eine passive Willfährigkeit zu überwinden und ermöglichen das Anwachsen von Gefühlen und damit verbundenen Ängsten, sodass die Behandlung fortgesetzt werden kann.

7.6 Mobilisierung vermiedener Emotionen beim Erarbeiten des Behandlungsziels

In der gemeinsamen Erarbeitung des Behandlungsziels wird der Patient unvermeidlich auf eine der folgenden drei Arten antworten. Die Person wird 1) Gefühle spüren, 2) Abwehr aktivieren und sich innerlich zurückziehen, oder 3) muskulär erschlaffen mit Angst in der glatten Muskulatur oder eine kognitiv-perzeptive Störung zeigen. Für jede dieser Antwort gibt es einen spezifischen Behandlungszugang.

7.6.1 Reaktion 1: Spürbares Erleben von Gefühlen

Wenn der Patient Gefühle spüren und in der Begegnung mit dem Therapeuten erleben kann, wie zum Beispiel Trauer über den Verlust eines nahen Menschen oder Schuldgefühle angesichts seiner Wut gegenüber einem Menschen in einer zurückliegenden Begegnung, dann folgt der Therapeut diesen Gefühlen und fördert deren Erleben. Diese Arbeit kann mit einer Zusammenfassung des Prozesses beendet werden. Damit wird der Patient darin unterstützt, den Zusammenhang zwischen diesen Gefühlen und den belastenden körperlichen Symptomen zu erkennen.

7.6.2 Reaktion 2: Zunahme der Abwehr

Distanziert sich der Patient zunehmend, ist es hilfreich mit ihm zu erarbeiten, wie sein sich Abschneiden vom emotionalen Erleben in der Begegnung seinem eigenen Ziel, dem Erleben und Verstehen von Emotionen, im Weg steht.

Indem der Therapeut und der Patient sich mit diesem inneren Vorgang auseinandersetzen wird, wird der gemeinsame therapeutische Prozess aktiviert und das Erleben von Gefühlen gefördert. Gegenfalls öffnet dies bereits dem Patienten den Zugang zu den eigenen Emotionen und den Erfahrungen aus der Vergangenheit, die in der Begegnung mit dem therapeutischen Gegenüber unmittelbar vor der Zunahme der Abwehr an die Oberfläche drängten. Der Therapeut versucht, diesen Prozess durch seine unterstützende Haltung für den Patienten zu erleichtern

7.6.3 Reaktion 3: Aktivitätsverlust »Going Flat«

Reagiert der Patient mit einem Einbrechen (Going Flat) seiner kognitiven und somatischen Aktivität, die sich in Muskelschwäche, Denkstörung oder depressivem Verhalten ausdrückt, muss die Mobilisierung der Affekte unterbrochen werden und eine kognitive Einordnung des Geschehens erfolgen. Aus dem Aktivitätsverlust wird ersichtlich, dass der Patient anflutende Affekte unmittelbar in körperliche Symptome verdrängt (Repression). Reagiert der Patient in dieser Weise, ist das therapeutische Ziel die Repression der Affekte durch Intellektualisieren und Affektisolierung zu ersetzen, damit die überfordernden Affekte kognitiv erfasst werden können und dadurch weniger bedrohlich werden (Rekapitulation). In der Regel führt das zu einer Entlastung des Patienten und zu einer Zunahme der Spannung in der quergestreiften Muskulatur, was sich in einer Normalisierung der Körperspannung, einer verbesserten geistigen Präsenz und in kräftigen Atemzügen ausdrückt. Hat der Patient diese körperliche Funktionsebene wieder erreicht und bildet sich die unbewusste Angst, die im Zusammenhang mit den anflutenden Emotionen steht, in der quergestreiften Muskulatur ab, so kann die Fokussierung auf die unter der Abwehr liegenden Affekten fortgesetzt werden. Dieses Vorgehen kennzeichnet das in Kapital 8 eingehender dargestellte stufenweise gradierte Vorgehen in der ISTDP.

7.7 Das Erleben der Gefühle

Das Erleben der Gefühle kann durch therapeutische Interventionen gefördert werden. Erfährt der Patient beim Erleben von Trauer eine bestätigende Spiegelung, wie zum Beispiel: »Da ist ein schmerzhaftes Gefühl in Ihnen«, ist es für ihn leichter, Trauer und Tränen zuzulassen.

Beim Erleben gewaltiger unbewusster Wut spürt der Patient körperlich eine innere Hitze, einen energiegeladenen Aufruhr und den Drang, aggressiv zu handeln. Es ist für das Erfahren dieser verdrängten Wut bedeutsam, den Patienten dabei zu ermutigen, seine Wut und die damit verbunden aggressiven Impulse bildhaft zu beschreiben. Mit der daraus entstehenden Klarheit über das Ausmaß der Wut drängen auch andere Gefühle an die Oberfläche und in das bewusste Erleben des Patienten. Dies erlaubt dem Patienten und dem Therapeuten zu verstehen, warum die Wut zurückgehalten wird.

Wenn die Wut körperlich erlebt und ausgedrückt werden konnte, treten Schuldgefühle angesichts der tabuisierten aggressiven Impulse zutage. Diese reaktiven Schuldgefühle sind besonders quälend, wenn die Wut einer geliebten Person gilt. Diese massiven Schuldgefühle sind der wesentliche Auslöser und der unterhaltende Faktor bei psychophysiologischen Störungen. Sie führen zum Festhalten an autodestruktiven Verhaltensmustern in sehr unterschiedlichen Variationen, weil der Patient dem Drang folgt, sich selbst für seine aggressiven Handlungsfantasien zu bestrafen und sich liebevolle Erfahrungen verbietet. Wesentlich für diesen therapeutischen Zugang ist die Annahme, dass der Patient in seinen liebevollen Gefühlen verletzt wurde und auf diese Verletzung in gesunder Weise mit wütenden Affekten reagierte, dass er diese Wut dann aber nach innen gewendet hat und in Form von körperlichen und seelischen Symptomen gegen sich selbst richtet. Diese Annahme fördert das Mitgefühl im Patienten mit sich selber, was wiederum dazu führt, dass körperliche Symptome abklingen und zwischenmenschliche Beziehungen erfüllender gelebt werden können.

7.8 Erkunden der mit der Vergangenheit verknüpften Emotionen

Werden die oben beschriebenen Emotionen körperlich erlebt, gehen Angst und Abwehr zurück. Der Patient wird in der Lage versetzt, den Zusammenhang zwischen aktuellen und vergangenen Emotionen zu verstehen. Zum Beispiel wird er die Einsicht gewinnen, dass Trauer, Wut und Schuldgefühle angesichts der Wut, die er beispielsweise mit dem Ehepartner gegenüber erlebt, die gleichen gemischten Gefühle sind, die er dem Vater gegenüber in der Vergangenheit hatte. Oft ist das aktuelle emotionale Trauma ähnlich jenem der Vergangenheit. Zum Beispiel die Erfahrung mit einem Partner, der sich entzieht, wie der Vater sich entzogen hatte oder ebenso kontrollierend ist wie der Vater es war.

Die Begleitung durch die emotionale Präsenz des Therapeuten eröffnet dem Patienten die Möglichkeit, die komplexen Gefühle der Vergangenheit zu erleben. Dabei ist es entscheidend, dass Therapeut und Patient gemeinsam die Fähigkeit entwickelt haben, den therapeutischen Prozess während der Exploration wahrzunehmen und zu beobachten. Dadurch entsteht ein ruhiger Prozess, in dem eine gemeinschaftliche Erkundung dieser Emotionen in einer sicheren und angenehmen Atmosphäre möglich wird.

7.9 Rekapitulieren

Nach dem Erleben starker Gefühle werden die Erfahrungen in einer Nachbetrachtung eingeordnet. Das sollte wiederholt geschehen, damit die Zusammenhänge begreifbar werden können zwischen Trauer, heftigen Wutimpulsen, Schuldgefühlen über diese Wut, Angst, somatischen Symptomen und den Abwehrmechanismen, die eingesetzt wurden, um Angst und Emotionen zu unterdrücken.

Hierzu ein Beispiel: »Haben Sie bemerkt, als dieser Ärger in ihrem Körper aufstieg wurde ihr Arm stärker und kraftvoll, es entstand der Drang, zu schlagen. Sobald Sie diesen Drang zu schlagen spürten, erschien das Bild Ihres Vaters aus der Zeit, als er Sie verletzt hatte. Damals hatten Sie eine Wut in Ihren Armen und den Drang, ihn zu schlagen und schwer zu verletzen. Das löste aber auch starke Schuldgefühle über die Wut aus in einem Umfang, als hätten Sie es wirklich getan. Haben Sie auch bemerkt, wie sich diese Angst vor ihren Gefühlen auf Sie selbst ausgewirkt hat? Ihre Arme wurden auf eine Weise sehr angespannt und auf eine andere auch sehr schwach. Denken Sie, das steht im Zusammenhang mit ihrem Drang den Vater zu schlagen? Denken Sie, dass Sie diese Wut unterdrückt haben, weil Sie ihn lieben?«

Häufig antwortet der Patient auf diese Ausführungen mit einer Schilderung seiner eigenen Sicht auf das Geschehene, in enger Zusammenarbeit mit dem Patienten ermutigt der Therapeut den Patienten dazu, seine eigene Einordnung dem Therapeuten mitzuteilen. Diese gemeinsame Nachbearbeitung der für den Patienten bedeutenden Erfahrungen ist außerordentlich hilfreich für den Ausbau der Fähigkeit, in Mitgefühl mit sich selbst das eigene Fühlen und Handeln wahrzunehmen, zu überdenken und einzuordnen. Diese neue Möglichkeit, ein Selbstbild im Zusammenhang mit zurückliegenden Erfahrungen zu entwickeln führt dazu, dass der Patient weniger auf Verdrängungsmechanismen zurückgreift.

7.10 Die therapeutische Beziehung nutzen

Exploriert man Ereignisse, die außerhalb der Praxis geschehen sind und wird der Patient dabei sehr ängstlich, erschlafft motorisch und reagiert mit somatischen Symptomen, so kann dies überwunden werden, indem man die therapeutische Beziehung dafür einsetzt, um zu erfahren, welche Gefühle aktiviert wurden. Dies reduziert in der Regel die Symptomatik und führt zu einer Aktivierung des Patienten.

Beispiel: Reagiert der Patient mit einer Magenverstimmung, während über eine zurückliegende Begegnung mit dem Vater gesprochen wird, kann zunächst die Angst reduziert werden, indem die aktuellen körperlichen Symptome besprochen werden. Ist die Angst dann in einem ausreichenden Maß zurückgegangen, wird auf die Gefühle zum Therapeuten fokussiert, die vom Patienten erlebt wurden, als über den Vater gesprochen wurde. Das mag zunächst befremdlich klingen. Aber tatsächlich entwickelte sich die Magenverstimmung, nachdem der Patient das Büro betreten hat und vom Therapeuten über die Gefühle zum Vater befragt wurde. Zwangsläufig werden in der Begegnung mit dem Therapeuten starke Gefühle aus der Vergangenheit aktiviert, wenn der Therapeut dem Patienten fürsorglich und aufmerksam begegnet: Der Therapeut löst mit den früheren Beziehungserfahrungen verbundenen Gefühle beim Patienten aus. Durch eine Fokussierung auf die Gefühle gegenüber dem Therapeuten wird die Angst vor seinen eigenen Gefühlen reduziert, was eine therapeutische Erfahrung mit den vermiedenen Gefühlen vermitteln kann. Diese Gefühle werden mit den Bindungen aus der Vergangenheit in Beziehung gesetzt. Ein Beispiel: der Patient empfindet den Therapeuten als »bedrängend«. Aber nachdem er die Gefühle in der Beziehung zum Therapeuten erlebt hat, erinnert er sich an eine Begegnung mit der Mutter in der Kindheit. Damals hatte sie ihn gegen die Wand gedrängt, um ihn zu kontrollieren.

7.11 Die Natur der komplexen Gefühle

Für die Behandler ist es von großer Wichtigkeit, sich bei der Behandlung der Patienten darüber im Klaren zu sein, dass die Symptome vom Patienten generiert werden, weil der Patient fürchtet, andere zu verletzen und weil er unter den Schuldgefühlen leidet, die er aufgrund seiner wütenden Affekte gegenüber anderen entwickelt hat. Mit seiner Autodestruktivität schützt er die Menschen vor der Wut, für die er sich so schuldig fühlt.

Demzufolge dienen all diese Mechanismen in gewissem Sinne einer positiven Absicht. Das Unbewusste hindert den Patienten daran, jemanden zu verletzen, indem es diese scheinbar nur für das Leben des Patienten zerstörerischen Symptome erzeugt. Der Patient schadet also sich und dem Behandlungserfolg, um den Therapeuten vor eigenen Aggression zu schützen.

7.12 Selbstwahrnehmung im therapeutischen Prozess

Dieser intensive Prozess mobilisiert auch im Therapeuten komplexe Gefühle. Die emotionalen Reaktionen im Therapeuten werden häufig als Gegenübertragung beschrieben. Der Therapeut muss sich darüber bewusst sein, dass in ihm selbst Emotionen aufkommen, während er den therapeutischen Rahmen halten muss und gleichzeitig empathisch interveniert, um die komplexen Gefühle des Patienten weiter zu explorieren. Häufig muss der Therapeut eigene Gefühle verarbeiten, die während der Sitzung freigesetzt wurden. Während des gesamten Prozesses ist es grundlegend, dass der Therapeut seine Emotionen und Impulse wahrnimmt und bewusst damit umgeht. Die folgenden Hinweise haben sich hierfür als nützlich erwiesen.

7.12.1 Sich von eigenen Emotionen leiten lassen

Verfügt der Therapeut über eine in der Selbsterfahrung ausreichend geschulte Fähigkeit zur Einordnung der eigenen emotionalen Reaktionen, so kann er seine eigenen Emotionen therapeutisch nutzen. Z. B. kann er anhand seiner Wahrnehmung prüfen, ob er etwas ähnliches spürt wie der Patient. Dann kann er sich in einem gewissen Grad in den Patienten einfühlen und erahnen, was der Patient gerade emotional erlebt.

7.12.2 Überprüfen, ob Gefühle erlebt werden

Die vom erfahrenen Therapeuten bei sich selbst wahrgenommenen Emotionen können wie ein Messinstrument dafür benutzt werden zu prüfen, ob der Patient wirklich fühlt oder nur intellektuell über Emotionen spricht.

7.12.3 Eigene Gefühle bearbeiten

Es kann für den Behandler hilfreich sein, wenn er in der Therapie mit eigenen blockierten Gefühlen in Kontakt kommt. Es bietet sich dann die Gelegenheit, verdrängte Gefühle und Affekte zu bearbeiten und sich mit diesen in liebevoller Selbstvorsorge auseinanderzusetzen. Wenn der Therapeut feststellt, dass bestimmte eigene Emotionen blockiert sind, empfiehlt sich eine kollegiale Intervision oder das Aufsuchen eines Therapeuten, damit die nicht ausreichend verarbeiteten Gefühle durchgearbeitet werden können.

7.12.4 Burnout-Prävention

Die hier beschriebene Herangehensweise kann Mitarbeiter des Gesundheitssystems vor einem Burnout schützen. Es erfordert keine ausufernde Fantasie um sich vorzustellen, welches Ausmaß an Frustration und Hilflosigkeit Patienten mit multiplen somatischen Symptomen bei den Behandlern auslösen können. Da niemand einen therapeutischen Beruf ergriffen hat, um nutzlos und hilflos für Patienten zu sein, ist es in einem ersten Schritt wichtig, diese Gefühle wahrzunehmen und dann zu bearbeiten.

Eine sehr große Anzahl von Beschäftigten im Gesundheitswesen hat den Beruf bewusst oder unbewusst mit dem Wunsch gewählt, eigene Familienmitglieder zu unterstützen und ihnen zu besserer Gesundheit zu verhelfen. Wegen der starken Motivation zu helfen und der Angst zu scheitern, zeigen Behandler starke Reaktionen, wenn sie nicht in der Lage sind, ihren Patienten zu helfen. Dieses Gefühl der Hilflosigkeit tritt häufig bei Behandlern auf, welche die körperlichen Symptome bei funktionellen Störungen mit den Mitteln der somatischen Medizin zu lindern versuchen. Unterminieren Patienten mit funktionellen Störungen bewusst oder unbewusst die Behandlungsversuche, werden noch stärkere Gefühle dem Patienten gegenüber aktiviert. Wenn dies beim Behandler zu einer Reaktivierung alter Emotionen und auf eine eingeschränkte Fähigkeit zur Selbstfürsorge trifft, ist die Wahrscheinlichkeit, ein Burnout zu entwickeln, deutlich erhöht. Eine fürsorgliche Selbstwahrnehmung und ein aktiver Umgang mit den emotionalen Herausforderungen bei der Behandlung der Patienten schützt vor der Entwicklung eines solchen Burnouts.

7.13 Die zentrale Bedeutung der Schuld

Wie oben beschrieben sind unbewusste Schuldgefühle aufgrund wütender Affekte der zentrale Auslöser psychophysiologischer Störungen. Das Bewusstwerden von Schuldgefühlen angesichts der Wut gegenüber geliebten Menschen aus dem aktuellen Lebensumfeld oder aus der Vergangenheit ist daher von entscheidender Bedeutung für den therapeutischen Prozess. Gelingt dies, so kann der gegen die eigene Person gerichtete Ärger abklingen, was zu einem Rückgang der körperlichen Symptome führt. In dieser Arbeit ist es von übergeordneter Bedeutung, dem Patienten bei der Entwicklung der Fähigkeit zur Selbstliebe zur Seite zu stehen und ihn dabei zu unterstützen, sich selbst in aktuellen und zurückliegenden Kontexten zu verzeihen. Mit dieser Form der Auseinandersetzung wird es für die Patienten in der Regel möglich, Liebe gegenüber Personen zu empfinden, gegenüber denen eine massive Wut angehäuft wurde. Dieser Vorgang hat Ähnlichkeiten mit dem Prozess, sich selbst und anderen in einem angemessenen Umfang zu vergeben.

Ein sehr direkter therapeutischer Ansatz zur Symptomlinderung wird im Folgenden besprochen. Spricht der Patient über seinen Ärger und zeigt dabei körperliche Symptome, kann er direkt gefragt werden, wie er sich fühlen würde, wenn er diese Person körperlich verletzt hätte. Diese Frage erscheint zunächst befremdlich, weil der Patient nicht einmal darüber gesprochen hat, jemanden zu verletzen. Aber im Unbewussten finden sich bei Patienten mit somatoformen Störungen in der Regel eine gewalttätige Wut und Schuldgefühle aufgrund dieser Wut. Deshalb wird der Patient typischerweise sofort eine gewisse Reue empfinden, wenn Sie ihn darauf hinweisen. Das kann die Symptome innerhalb der Sitzung in Sekunden oder einigen Minuten dramatisch lindern. Diese Momente liefern wertvolle diagnostische Erkenntnisse, da Therapeut und Patient die Wechselwirkungen von Emotionen und Symptomen direkt mitverfolgen können.

Erste Behandlungssitzung
Patient mit mittelgradigem Widerstand

Ein männlicher Patient mittleren Alters mit chronischen Rücken- und Schulterschmerzen, die als Fibromyalgie eingeordnet wurden und zu einer langjährigen Behinderung führten. Er kam ängstlich zur Sitzung, mit zusammengepressten Händen, und tief atmend. Der Arzt fokussiert auf die unbewusste Angst, die sich in der Aktivierung der quergestreiften Muskulatur ausdrückt und als Hinweis für die Aktivierung starker Gefühle zu verstehen ist. Dass die Angst die quergestreifte Muskulatur aktiviert signalisiert, dass der Patient in der Lage ist, das Aufkommen von Gefühlen zu tolerieren. Das gibt dem Therapeuten die Sicherheit fortfahren zu können, ohne befürchten zu müssen, dass sich die unbewusste Angst in die glatte Muskulatur oder das kognitiv-perzeptive System ausbreitet oder zu Konversionssymptomen führt.

T: Ich sehe, dass Sie ängstlich sind, wenn sie hierherkommen. Bemerken Sie das in Ihrem Körper auch? Fühlen Sie sich ängstlich? *(Fokus auf die Angst, Selbstreflektion fördernd.)*
P: Ja. Heute zu Ihnen zu kommen ist etwas stressig. *(Hände verkrampft.)*
T: Was ist die Ursache für Ihre körperliche Anspannung? Welche Gefühle werden aufgewühlt, wenn Sie zu mir kommen und eine solche Anspannung entsteht? *(Fokus auf darunterliegende Gefühle.)*
P: Warum kommt diese Anspannung? Warum geschieht das mit mir?
T: Ja, warum werden Sie ängstlich? *(Fokus auf darunterliegende Gefühle.)*
P: Das ist eine gute Frage. *(Lacht.)*
T: Ist das ein Grund, warum Sie hier sind? *(Überprüfen, ob er seine emotionalen Ursachen untersuchen will.)*
P: Ja, das ist ein Teil davon. Ich bin seit einigen Jahren ängstlich.
T: Mm hmm. Was fühlen Sie innerlich, wenn Sie durch die Türe kommen und eine solche Anspannung entsteht? *(Fokus auf darunterliegende Gefühle.)*
P: Ich habe Angst. Ich weiß nicht, was mich erwartet.
T: Welche Gefühle in Ihnen führen zu dieser Angst? Was noch fühlen Sie hier mit mir, außer Anspannung und Angst? *(Fokus auf darunterliegende Gefühle.)*
P: *(Seufzer.)* Was ich noch fühle?
T: Ja.
P: Ich fühle nichts anderes.
T: Aber da ist eine große Anspannung in Ihnen, oder? *(Fokus auf darunterliegende Gefühle.)*
P: Ja.
T: Was liegt unter dieser Anspannung? Warum geschieht das mit Ihnen?
P: Es gibt viele Dinge im Leben, die mich quälen. Ich denke, es macht mir Angst, etwas darüber herauszufinden. *(Hände immer noch verkrampft, Seufzer.)*
T: Lassen Sie uns schauen, wie wir etwas davon zusammen herausfinden. *(Fokus ist auf die gemeinsame Aufgabe, seine Gefühle zu verstehen.)*
P: In Ordnung.
T: Warum geschieht das mit einem Menschen wie Ihnen, dass da so viel Anspannung entsteht? Was liegt unter dieser Anspannung, genau in diesem Moment, hier in der Begegnung mit mir? *(Fokussierung auf das zugrunde liegende Gefühl.)*
P: Vielleicht muss ich mir über meine Probleme nicht so viele Sorgen machen. *(Seufzer.)*
T: Was fühlen Sie unter der Angst? Was unterdrücken Sie? Warum unterdrücken Sie sich selbst? *(Fokus auf darunterliegende Gefühle. Klärung der Unterdrückung der Gefühle.)*

P: Ich fühle gar nichts. *(Seufzer und verkrampfte Hände.)*
T: Stattdessen haben Sie eine große Anspannung. Warum tun Sie sich das an? Sie werden angespannt anstelle zu fühlen. Warum das? Was sind für Gefühle in Ihnen, dass Sie darüber so in Anspannung geraten? *(Verbindung von Gefühlen und Angst. Fokus auf darunterliegende Gefühle.)*
P: Hmm.
T: Wenn Sie wollen, können wir das zusammen anschauen, um herauszufinden was sich unter der Angst verbirgt. *(Überprüfen seines Einverständnisses, Vorbeugen des Trotzes.)*
P: Nun, deswegen bin ich da. *(Großer Seufzer.)*
T: Nehmen Sie Ihren Seufzer wahr? *(Auf die Angst als Muskelverspannung verweisend.)*
P: Ich finde, ich sollte damit umgehen können, aber ich kann das nicht. *(Selbstkritik.)*
T: Jetzt machen Sie sich Vorwürfe… *(Abwehr klären.)* Aber welche Gefühle lösen das aus? *(Fokus auf darunterliegende Gefühle.)*
P: Ich fürchte, ich habe die Orientierung verloren. Was meinen Sie damit, was ich fühle?
T: Schauen Sie, Sie sind körperlich angespannt, aber welche Gefühle sind da in Ihnen? Sie werden angespannt, aber es ist ein Rätsel, wieso das so ist.
P: Uh hmm.
T: Vielleicht können wir das zusammen herausfinden. Wollen Sie, dass wir das miteinander jetzt versuchen? *(Seinen Willen klären, auf die Gefühle zu fokussieren.)*
P: Deshalb bin ich ja hier.

7.13.1 Ist es legitim, auf die Gefühle zu fokussieren, obwohl der Patient Abwehren dagegen zeigt?

Dieser emotionale Fokus kann für den Patienten zu Beginn verwirrend sein, wenn Angst und Abwehr dominieren. Der Patient kann nicht erkennen, welche Gefühle zu den Symptomen führen, denn der Prozess ist zu diesem Zeitpunkt nicht bewusst. Solange die Angst des Patienten die quergestreifte Muskulatur aktiviert, sein Denken klar ist und er erklärt, an den verdrängten Emotionen arbeiten zu wollen, wird weiter auf das Erleben dieser Gefühle fokussiert. Dadurch wird es möglich, herauszufinden, was die Ursache von Angst und Abwehr ist. Bei der Überprüfung des Willens und der Motivation ist es wichtig, kritisch zu prüfen, ob eine vom Patienten angegebene Bereitschaft Ausdruck einer Unterwerfung unter den Therapeuten ist oder einer freien Entscheidung entspringt. Das muss der Therapeut während des Prozesses immer wieder überprüfen und gegebenenfalls mit dem Patienten besprechen, nachdem ihm verdeutlicht wurde, dass der Therapeut dem Patienten auf Augenhöhe begegnet.

T: Also, was fühlen Sie unter der Anspannung? *(Fokus auf darunterliegende Gefühle.)*

P: Ich glaube, ich fürchte mich davor, was ich herausfinden werde.
T: Was fühlen Sie hier, gerade jetzt? *(Fokus auf darunterliegende Gefühle.)*
P: Ich fühle Ärger.
T: Über wen?
P: Ich denke über mich, denn ich kann Ihnen gegenüber nicht ärgerlich sein. *(Wenden des Ärgers nach innen.)* Ich habe keinen Grund, mit Ihnen ärgerlich zu sein. *(Rationalisierung.)*

7.13.2 Umgang mit Wendung gegen das Selbst

Da der Patient mit psychophysiologischen Störungen Schuldgefühle wegen der Aggression gegenüber frühere Bindungsfiguren hat, richtet er die Wut gegen sich selbst. Ein großer Teil der psychophysiologischen Symptome wird dadurch verursacht, dass Patienten aufgrund von Schuldgefühlen den Ärger gegen sich selbst richten. Um diese maladaptive Anpassung zu überwinden, wird weiter auf die Gefühle fokussiert, die der Patient gegen sich selbst wendet. Der Therapeut fokussiert also weiter auf die nach innen gerichteten Gefühle, die in der Begegnung mit dem Therapeuten aktiviert werden, die also genau in diesem Augenblick, im Hier und Jetzt aus der Tiefe des Unbewussten an die Oberfläche drängen.

T: Eben haben Sie gesagt, dass Sie nicht ärgerlich auf mich sein können, weil es dafür keinen Grund gibt. Und dass Sie ärgerlich über sich selbst sind. Ist das Ihre Art, wie Sie mit Ärger umgehen? Ist das eine weitere Schwierigkeit von Ihnen? *(Klären der Abwehr der Selbst-Attacke.)*
P: *(Atmet tief ein und aus und lehnt sich nach vorne.)* Ja, ich schreibe das mir zu und gehe mit mir selbst ins Gericht. Ich bin ein Mensch, der stets angepackt hat, Dinge vollbracht hat und fähig war, mit schwierigen Dingen fertig zu werden.
T: Ja.
P: Und nun kommen Probleme zum Vorschein, mit denen ich nicht umgehen kann.
T: A-Hm. Jetzt werden Sie auf eine Art selbstkritisch und stellen fest, dass ein Ärger in Ihnen ist. Was Sie aber machen ist, dass Sie den Ärger auf sich selbst richten. *(Klären der Abwehr der Selbst-Attacke.)*
P: Es ist ja auch meine Schuld.
T: Wir sprechen nicht über Schuldzuweisungen. Wir sprechen über Gefühle. Sie wissen, wenn Sie Hunger haben ist das ein Gefühl, das Sie in ihrem Körper spüren können, oder?
P: Richtig.
T: Nun, wie fühlt sich Ihr Körper an, wenn Sie diesen Ärger hier haben? Fühlen Sie den Ärger, oder spüren Sie nichts als Anspannung, wenn Ärger aufkommt? *(Die Gefühle mit den somatischen Symptomen verbinden.)*
P: *(Verkrampfte Hände.)* Ich werde angespannt und es tut weh. *(Er verbindet die Gefühle mit den somatischen Symptomen.)*

7.13.3 Gefühle mit den Symptomen verbinden

Der Prozess profitiert nun davon, dass der Fokus zu Beginn auf seine unter der Anspannung verborgenen Gefühle gerichtet wurde. Die Anstrengung, den Patienten auf einer emotionalen Ebene zu verstehen, führt zu einer Verstärkung der Allianz von Patient und Arzt in der therapeutischen Beziehung, zu einer Stärkung der sogenannten therapeutischen Allianz. Der Patient erkennt nun die Verbindung zwischen Emotionen und den somatischen Symptomen. Mit dieser Erfahrung des Patienten erübrigt sich jegliche Diskussion darüber, ob die unter der Anspannung liegenden Gefühle Auswirkungen auf die körperlichen Symptome haben.

T: Sie haben Schmerzen?
P: Mein Rücken.
T: Sie bekommen Rückenschmerzen? Sind da Verspannungen?
P: Ja.
T: Was spüren Sie in Ihrem Körper unter dieser Anspannung? Sie sagen, da ist Ärger. Wie fühlen Sie den Ärger? *(Fokus, Wut zu erleben.)*
P: Ich, eben… *(Hebt kraftvoll beide Arme, ohne Zeichen einer Verspannung. Darin äußert sich eine Zunahme der körperlichen Aktivierung infolge des Anstiegs der wütenden Affekte.)* Wissen Sie, wie sich hoher Blutdruck anfühlt?
T: Ja.
P: So etwa fühle ich mich.
T: Können Sie das in Ihrem Körper beschreiben? Wo spüren Sie das? *(Fokus, Wut zu erleben.)*
P: Das geht hier durch *(Deutet auf den Brustkorb, die Hände bewegen sich frei und sind kraftvoll.)* und in meinen Kopf. Durch meinen Brustkorb nach oben. *(Die Verspannung ist aus dem Körper gewichen; der Ärger wird körperlich erlebt.)*

7.13.4 Der somatische Ausbreitungsweg der Wut

Bei diesem Patienten führt die Aktivierung komplexer Gefühle zunächst zu einer Zunahme unbewusster Angst in der quergestreiften Muskulatur, die in Form einer Anspannung der Hände und tiefem Einatmen erkennbar wird. Wenn nun die körperlichen Ausbreitungswege der Wut nicht länger durch die Angst blockiert werden, löst sich mit dem Rückgang der Angst auch die körperliche Anspannung auf und der Patient kann sich frei bewegen und freisprechen. In der Regel geht das auch mit einer deutlichen Abnahme der durch muskuläre Anspannung verursachten Schmerzen einher.

T: Was fühlen Sie?
P: Frustration.
T: Wer frustriert Sie?
P: Sie. *(Lächelt mit gemischten Gefühlen.)*

T: Also, sie kommen hierher und haben Gefühle der Frustration in Ihrem Körper. Lassen Sie uns schauen, was Sie da gefühlt haben, denn, was passierte war, dass Sie ganz angespannt wurden. *(Gefühle mit Angst verbinden, ermutigen, die Wut zu fühlen.)*
P: Ja.
T: Lassen Sie uns schauen, ob Sie zulassen können, die Gefühle zu spüren. Gefühle wahrnehmen, anstatt zu sich zu verspannen. Können Sie das nachvollziehen? Die Dinge fühlen und nicht der Verspannung die Führung überlassen. *(Rekapitulation um ihm zu helfen, die Angst vom Ärger zu differenzieren und helfen den Ärger zu fühlen.)*
P: Ja.
T: Wie fühlt sich der Ärger mir gegenüber an? Wie fühlen Sie ihn körperlich? *(Fokus, Wut zu erleben.)*
P: Wie ein Druck und Energie, die nach außen will. *(Seine Arme frei bewegend. Anspannung ist gesunken, sobald er mit der Wut in Kontakt ist.)*
T: Bis wohin reicht der? *(Fokus, Wut zu erleben.)*
P: Bis hier. *(Zeigt auf den Brustkorb.)*
T: Wie fühlen sich Ihre Arme an, wenn sie ärgerlich sind? *(Fokus, Wut zu erleben.)*
P: Meine Arme fühlen sich gut an, anders als... *(Macht zwei Fäuste.)*
T: Fühlen die sich an, als wollten sie zupacken?

7.13.5 Der Wut Ausdruck verleihen

Ist der Patient in Kontakt mit der Wut, fragt der Therapeut, wie sich diese entladen will und welche Impulse er normalerweise unterdrückt und gegen sich richtet. Das ermöglicht dem Patienten und dem Therapeuten, besser zu verstehen, warum er sein Inneres unterdrückt und Symptome entwickelt, anstatt seine Gefühle zu erleben.

P: Ja, ich will etwas ergreifen und zupacken. *(Kraftvoll zugreifende und schüttelnde Handbewegung.)*
T: Ja, wie wäre das, wenn das hier mit mir rauskommen würde? Wie würde das sein, wenn Sie sich nicht kontrollieren und unterdrücken, wie Sie das bisher gemacht haben?
P: Der Ärger möchte jemanden packen und zuschlagen.
T: Wie würden Sie zupacken? *(Fokus auf den Impuls.)*
P: Schütteln, so. *(Zugreifende und schüttelnde Handbewegung.)*
T: Wenn Sie die Hände nicht kontrollieren, was würden diese machen? *(Fokus auf den Impuls.)*
P: Die würden aggressiv sein. Die würden jemanden schlagen.
T: Wie fühlt es sich an, nachdem Sie das getan haben? Wie sehe ich aus, nachdem Sie das gemacht hätten?
P: Ich lasse nicht zu, dass der Ärger stärker ist als ich. Ich mach das einfach nicht. *(Sieht traurig aus.)*

T: So halten Sie das alles in sich und bekommen Verspannungen, richtig? Wie würden Sie sich fühlen, wenn Sie jetzt aus sich rausgekommen wären, mich gepackt und geschlagen hätten?
P: Ich würde das bereuen. *(Stimme gepresst und übervoll mit Schuldgefühlen.)* Ich will Sie nicht verletzen.
T: Hm.
P: Und ich hätte es bereut. Ich wäre Ihnen gegenüber aggressiv gewesen, völlig grundlos. Ich wäre wütend auf mich. *(Er schluchzt leise.)*

7.13.6 Verbindung zu gegenwärtigen Verlusten

Danach spricht er darüber, dass sein Vater im Sterben liegt und aufgrund seiner Pflegebedürftigkeit bei ihm eingezogen war und seine Nichte sich im Endstadium einer zum Tode führenden Krebserkrankung befindet.

T: Wie fühlen Sie mit all diesen Dingen, die in Ihrem Leben geschehen? Ihr Vater steht kurz vor dem Tod und ihre Nichte wird bald sterben. Hier kommen starke Gefühle zum Vorschein, die in unserer Begegnung angestoßen werden und bei Ihnen zu körperlicher Anspannung führen. Sie halten diese Gefühle in sich zurück und verschließen sich. Was haben Sie für Gefühle gegenüber Ihrem Vater und gegenüber Ihrer Nichte? *(Rekapitulation und Fokus auf die Gefühle.)*
P: Ich kann nichts für ihn tun, was immer ich für meinen Vater mache, es ist hoffnungslos, ich kann nichts ausrichten. Er bedeutet mit sehr viel, ich liebe meinen Vater. *(Schmerzwellen und Tränen.)*
T: Mm hmm.
P: In den letzten Jahren kamen wir immer besser miteinander klar, ganz anders als früher. Ich will ihn nicht verlieren. *(Eine Welle der Traurigkeit überkommt den Patienten, er weint.)*

Eine Weile später klingt die Trauer ab.

T: Zum einen sind sie traurig, weil Sie ihren Vater verlieren werden. Es ist schmerzlich, weil Sie zuletzt einige gute Jahre miteinander hatten. Sie sind ihm näher als jemals zuvor.
P: Wenn Sie mit meinem alten Herrn aufgewachsen wären. Er war Ingenieur in einer führenden Position.
T: Mm hmm.
P: Und er war Perfektionist. Alles musste perfekt gemacht werden. Er war in allem was er machte Perfektionist. Sehr streng und rigoros.
T: Mm hmm.

7.13.7 Verbindung zur Vergangenheit

Er spricht von einer anderen Begegnung mit dem Vater, bei welcher starke gemischte Gefühle aufkamen und er starke Wut und Schuldgefühle angesichts dieser Wut unterdrückte.

> P: Damit bin ich aufgewachsen und habe ihn jahrelang dafür gehasst.
> T: Gab es eine Zeit, in welcher Sie genug von ihm hatten und wütend auf ihn waren?
> P: Ja, Ich erinnere mich. Einmal haben wir zusammen an einem Problem im Haus gearbeitet und ich versuchte ihm zu helfen. Ich war zwölf Jahre alt. Ich erinnere mich nur noch, dass er mich angeschrien hat, weil ich den Schraubenzieher falsch benutzt habe. *(Hände beginnen sich anzuspannen.)*
> T: Wie fühlen Sie ihm gegenüber?
> P: Ich wollte ihm einen Hieb versetzen, ihn schlagen. *(Faust schlägt in seine andere Hand.)*
> T: Wie hätten Sie ihn geschlagen?
> P: Direkt ins Gesicht! Er würde umkippen.
> T: Sie treffen ihn mit aller Wucht und er fällt um?
> P: Das ist schrecklich.
> T: Das ist ein schreckliches Gefühl.
> P: Ja. *(Schluchzt in schmerzlichen Gefühle.)* Er war so hart, und jetzt ist er so schwach. *(Tränen der Schuld und des Schmerzes.)*

7.13.8 Ende der Sitzung und Nachbereitung

Der Patient hat bemerkt, dass sein Schmerz etwa ab der Sitzungsmitte vollständig abgeklungen ist. Wir waren in der Lage zu erfahren, dass er sich verspannt hatte, um seine gemischten Gefühle von Schmerz, Wut, und Schuldgefühle über die Wut dem geliebten Vater gegenüber nicht zu spüren. An dieser Stelle wird der bisherige Therapieprozess zusammengefasst.

> T: Wir haben gesehen, dass Sie Ihrem Vater gegenüber eine ganze Reihe gemischter Gefühle haben: mörderische Wut, Schuldgefühle wegen der Wut und liebevolle Gefühle, alles gemischt. Die Gefühle haben sich hier in der Begegnung mit mir mit Anspannung und Selbstkritik angedeutet. *(Rekapitulation.)*
> P: Ja, ich habe mich ganz schlecht gefühlt wegen dieser alten mörderischen Wut. Ich bin froh, dass ich noch Zeit haben werde mit ihm. Ich werde ihn sehr vermissen. *(Die Trauer kommt zurück, er weint.)*
> T: Was denken Sie, sollten wir ein paar zusätzliche Sitzungen abhalten, damit Sie mit weiteren Gefühlen, die mit all dem zusammenhängen, in Kontakt kommen können?
> P: Ja, ich würde gerne.

T: Die Hauptaufgabe ist es, jedes aufkommende Gefühl, zu fühlen, sodass die Gefühle sich nicht in muskuläre Anspannung und Schmerz umwandeln, einverstanden?
P: Ja, ich will es versuchen, danke Doktor.

Das Erstinterview erfasste die somatischen Ausbreitungswege der Angst und fokussierte auf die Gefühle, darüberhinaus wurde eine Übersicht über die Krankengeschichte gewonnen und die aktuelle Medikation aufgenommen.

Dritte Therapiesitzung
Patient mit mittelgradigem Widerstand

Um den typischen Therapiefortgang nach dem Erstinterview zu verdeutlichen, wird nun die dritte Sitzung einer jungen Frau mit Kopfschmerzen, Erstickungsgefühlen und Körperschmerzen wiedergegeben und erläutert. Die Patientin berichtet über Konflikte mit ihrem Ehemann, welche bei ihr Angst und Kopfschmerzen ausgelöst hatten. Sie zeigt eine unbewusste Angst in Form von Zusammenpressen der Hände und tiefen Atemzügen.

P: Seit letzter Nacht fühle ich mich sehr ängstlich und es tut mir alles weh.
T: Ängstlich?
P: Die Anspannung ist hier. (*Zeigt auf die Schultern und den Nacken, tiefer Seufzer und Zusammenpressen der Hände.*)
T: Seit letzter Nacht? (*Fokus, präziser zu sein.*)
P: Ja, Matthew und ich hatten etwas Streit.
T: Kam das zuerst oder kam zuerst die Angst? (*Fokus auf Präzision.*)
P: Ja, die ganze Nacht und den ganzen Tag fühlte ich mich sehr … ähm, angespannt.

7.13.9 Entscheidungspunkt im therapeutischen Vorgehen

Die Patientin erschien mit Spannung in der quergestreiften Muskulatur und intellektualisierte über ihren Konflikt. Ihre Angst zeigt sich im sicheren Ausbreitungsweg der quergestreiften Muskulatur und sie ist fähig, über ihre Gefühle zu intellektualisieren. Dies ermöglicht es dem Therapeuten, auf die unter der Angst liegenden Gefühle zu fokussieren. Dieser Fokus hilft ihr, die Gefühle zu fühlen, und dadurch die als Folge der Angst entstandenen somatischen Beschwerden aufzugeben.

T: Wie fühlen Sie sich gegenüber Matthew? (*Fokussierung auf Gefühle in der Beziehung.*)
P: Ich bin im Moment nicht ärgerlich, ich will nicht… (*Tiefer Seufzer.*)
T: Sie sind angespannt, haben Schmerzen und Angst. (*Verbindung zwischen Gefühlen und Symptomen herstellen.*)

P: Ich spüre Anspannung, ich bin gerade sehr angespannt.
T: Aber was fühlen Sie unter der Angst? (*Fokussierung auf die Gefühle.*)
P: Ich denke, ...ich vermute, dass ich es nicht als Ärger wahrgenommen habe.
T: Aber ist es das, wie sie jetzt fühlen?
P: Ja, es ist Ärger.
T: Ah. Was in Ihrem Inneren sagt Ihnen, dass Sie Ärger spüren? (*Fokussierung, den Ärger zu spüren.*)
P: Der Drang zu kämpfen.
T: Wie erleben Sie das? Wie fühlen Sie das körperlich? Was sagt Ihnen, dass es Ärger ist, den Sie erleben, den Sie spüren? (*Fokussierung, den Ärger zu spüren.*)
P: Während ich darüber spreche oder den Ärger zulasse, wird meine Angst kleiner. (*Beschreibt, wie das Benennen der Wut, die unbewusste Angst beseitigt.*)
T: Ja, was nehmen Sie körperlich war, das Ihnen sagt, dass es jetzt Wut ist? (*Fokussierung, den Ärger zu spüren.*)
P: Wie ein Adrenalinschub von meinem Bauch nach oben in die Brust. (*Der somatische Ausbreitungsweg der Wut, Patientin bewegt bei der Schilderung die Hände schnell nach oben.*)
T: Das nehmen Sie jetzt war? (*Fokussierung, den Ärger zu spüren.*) Ein Teil von Ihnen will das wegschieben und reagiert stattdessen ängstlich. (*Verdeutlichung des Unterschieds zwischen Symptom und Gefühl.*)
P: Ja, es war ein Bruchteil einer Sekunde. (*Schnippt mit den Fingern, die Anspannung ist gering.*)
T: Ja, und in diesem Sekundenbruchteil, wie haben Sie den Drang verspürt? (*Fokussierung, den Ärger zu spüren.*)
P: Es kam über mich, und ich.., ich... (*Die Hände bewegen auf ausdrucksvolle Art.*)

7.13.10 Porträtieren der Wut

Die Reaktionen der Patientin liefern uns genügend Belege dafür, dass sie die Wut spürte. Ihre ängstliche Anspannung ist gesunken und sie fühlte einen Anstieg von Energie und einen aggressiven Impuls. Der Therapeut fokussiert auf den vermiedenen aggressiven Impuls, der sie in so große ängstliche Anspannung versetzte.

T: Wenn diese ganze Wut aus Ihnen herausbrechen würde, was würde in Ihrer inneren Vorstellung geschehen? (*Fokussierung, die Wut darzustellen.*)
P: Ich hätte ihn geschlagen. (*Eine Hand ballt sich und schlägt in die andere Hand.*)
T: Auf welche Art würde das ein Tier tun? (*Fokussierung, die Wut darzustellen. Bei weiterhin ängstlichen Personen erleichtert die Einführung eines Stellvertreters das Erleben der Wut.*)
P: Ich würde mit meiner Faust auf seinen Kopf einschlagen. (*Schlägt ruhig mit einer Hand in die andere.*)
T: Was noch? (*Fokussierung, die Wut darzustellen.*)

P: Auf seine Brust.
T: Auf seine Brust. Wieviel Kraft ist in Ihnen, während sie das tun? (*Fokussierung, die Wut darzustellen.*)
P: Viel!
T: Was würden Sie gerne mit seinem Kopf tun? (*Fokussierung, die Wut darzustellen.*)
P: Ich würde ihn mit meinen Ringen zerfetzen.

7.13.11 Schuldgefühle

Ein paar Minuten später kommen Schuldegefühle auf, begleitet von Tränen.

T: In Ihnen sind auch schmerzliche Gefühle wegen dieser brutalen Wut. (*Fokussierung, Schuldgefühle zu spüren.*)
P: Mein Matt (*Sie schluchzt.*)
T: Für einen Sekundenbruchteil war unbändige Wut in Ihnen.
P: Ja.

7.13.12 Übertragung: Verbindung zu alten Gefühlen

Die Patientin fühlt Schuld, wenn sie zum Bild des niedergeschlagenen Freundes blickt. Der Durchbruch der Gefühle hatte die unbewusste Angst beseitigt. Nun ist ihr Erinnerungssystem aktiviert und Verbindungen zu gemischten Gefühlen aus ihrer Vergangenheit kommen zum Vorschein.

P: Ich hatte gerade ein Bild meines Vater vor Augen. Ich weiß nicht warum. (*Bild aus der Erinnerung.*)
T: Hhm, was meinen Sie damit?
P: Er kam mir gerade in den Sinn und ich weiß nicht warum. Ich habe seit langem nicht mehr an ihn gedacht.
T: Wie kommt es, dass er Ihnen gerade jetzt in den Sinn kommt? Wenn Sie auf Matts Körper schauen, was kommt da hoch?
P: Nein nein, nicht wenn ich zu Matts Körper schaute. Matt war nicht mehr da und ich sah meinen Vater. Es kam hoch wie ein Bild, nichts weiter.

7.13.13 Erforschen von anderen alten, verbundenen Gefühlen

Nach diesem Ereignis hatte sie klare Erinnerungen an eine Situation mit ihrem Vater, als sie acht Jahre alt war. Sie hatte den Impuls, den Kopf ihres Vaters zu zertrümmern. Die Schuldgefühle waren dieselben gewesen, wie sie sie gegenüber Ihrem Mann gerade erlebt hatte. Damals begannen ihre Kopfschmerzen. Am Ende der Sitzung hatte sie keine Symptome mehr, die innere Anspannung war verflogen. Wir fassten den Prozess der Stunde zusammen, insbesondere den Zusammenhang mit den alten Gefühlen ihrem Vater gegenüber.

> T: Und Sie haben auch den Kopfschmerz erwähnt?
> P: Ja, heute Nacht hatte ich Kopfschmerzen.
> T: Weil all dieser Ärger unbewusst auf den Kopf ihres Vater und ihres Mannes gerichtet war. In diesem Sinne sind dies alles Mechanismen, um mit der Wut und den Schuldgefühlen klar zu kommen.
> P: Ich habe das nie so gesehen. Aber ja, das ergibt einen Sinn. Gerade jetzt spüre ich große Erleichterung.
> T: Sie haben jetzt keine Kopfschmerzen?
> P: Nein, keine Kopfschmerzen, mein Rücken tut nicht weh. Meine Muskeln sind entspannt. Ich bin nicht angespannt hier nicht und da auch nicht. *(Zeigt auf die Magengegend und die Brust.)* Mein Magen ist auch entspannt.
> T: Dann haben sich die Gefühle letzte Nacht in Form von Schmerzsymptomen ausgedrückt. Als ob Sie Ihren Vater und Ihren Mann geschlagen hätten und Sie sich dafür schuldig fühlen müssten. Sie schlugen Ihre Köpfe und Ihre Körper und Sie leiden deshalb unter Schmerzen im eigenen Kopf und am eigenen Leib.

7.13.14 Zusammenfassung

Hier wurde gezeigt, wie der Patientin dazu verholfen werden konnte, die Gefühle zu erleben, die ihre Angst ausgelöst hatten. Sobald es ihr möglich war mit ihrem Ärger in Kontakt zu kommen, lies die Angst nach und sie war in der Lage, den zugehörigen Impuls wahrzunehmen. Als sie die Wut spürte, hatte sie Schuldgefühle angesichts der Wut in einem Ausmaß, als ob sie tatsächlich gewalttätig gewesen wäre. Kurz darauf wurden die begrabenen, verdrängten Gefüle ihrem Vater gegenüber in der Erinnerung freigesetzt, sodass diese mit den aktuellen Gefühlen ihrem Mann gegenüber verknüpft werden konnten.

> T: Wir haben heute gesehen, wie alte Gefühle mit Angst und ihren körperlichen Symptomen verknüpft sind.
> P: Das hängt eindeutig miteinander zusammen.
> T: Wie denken Sie über weitere Treffen, damit wir besprechen können, was weiter passiert und wie Sie damit umgehen können.
> P: Das hört sich gut an.

7.13.15 Planung weiterer Sitzungen

Am Ende dieser kurzen Sitzung haben Patient und Therapeut ein besseres Verständnis für die emotionalen Prozesse und deren Auswirkung auf die körperliche Gesundheit des Patienten. Dann kann entschieden werden, ob die Interventionen eine adäquate Reduktion der Symptome und eine tiefere Einsicht zur Folge hatten. Wenn nur eine begrenzte Antwort, keine Antwort oder gar eine Verschlechterung auftritt, kann der Behandler überlegen, weitere Sitzungen mit dem Patienten zu vereinbaren oder ihn einem spezialisierten Therapeuten zu überweisen.

7.13.16 Patienten mit hochgradigem Widerstand

Patienten mit einem hochgradigen Widerstand neigen dazu, sowohl ihren Gefühlen als auch dem Therapeuten auszuweichen. Typischerweise sind diese Abwehrstratgien dem Patienten vollkommen unbewusst. Der Patient bemerkt nicht, dass er bei der Untersuchung versucht, seinen Körper zu schützen, sowie ein Patient bei der Palpation des Abdomens unbewusst seine Rumpfmuskulatur anspannt. Die Vignette in Kapitel 6 (weitere Beispiele finden sich in Abbass, 2015; Abbass, 2016) zeigt, wie man diese Abwehrmechanismen aufklärt und bearbeitet, damit der Patient in die Lage versetzt wird, seine Gefühle wahrzunehmen.

Die Bearbeitung der Abwehrmechanismen erfordert eine sorgfältige Besprechung und Erläuterung der sichtbaren Verhaltensmuster des Patienten und deren Auswirkungen im Hinblick auf das Therapieziel in der jeweiligen Sitzung, wodurch der Prozess einen psychoedukativen Anteil erhält. Der Patient sieht, wie er reagiert und lernt sich selbst zu korrigieren, um das Beste für sich selbst und seine Gesundheit zu tun.

Für den Prozess ist es wichtig zu beurteilen, ob der Patient Zugang zu seinen Gefühlen gewinnt oder ob die Abwehr so stark ist, dass die therapeutische Beziehung belastet wird, wenn der Therapeut zu intensiv auf Überwindung und Aufgabe der Abwehrmechanismen fokussiert.

Beim Umgang mit der Abwehr des Patienten ist deshalb Vorsicht geboten. Als Behandler ist es ihre erste Priorität, dem Patienten nicht zu schaden. Wenn es nicht möglich ist, dem Patienten zu einer Überwindung seiner Abwehr zu verhelfen, dann ist die Überweisung zu einem Fachpsychotherapeuten erforderlich, damit der Patient mit seinen abgewehrten Gefühlen in Kontakt kommen kann (▶ Kap. 6).

7.13.17 Sicherheitshinweise

Der Kliniker muss sich bewusst sein, dass eine aufdeckende und emotionsaktivierende Interventionsstrategie unter bestimmten Umständen zu einer Symptomverschlechterung oder Belastung der Arzt-Patient-Beziehung führen kann. Deshalb ist es erforderlich, auf besondere Warnsignale zu achten.

7.13.18 Depression und Suizidgedanken

Es ist wichtig, sich darüber im Klaren zu sein, dass auf einer unbewussten Ebene gegen sich selbst gerichtete Wut depressiv macht. Dies zeigt sich als Müdigkeit,

Stimmungsverschlechterung, vegetative Symptome bei einer Depression oder Suizidgedanken. In der Regel sollten Patienten mit Suizidgedanken nicht im Rahmen der hausärztlichen Primärversorgung behandelt werden, weil sonst oft das Risiko besteht, dass sie notfallmäßig an eine psychiatrische Institution überwiesen werden müssten. Falls während der Sitzung depressive Symptome entstehen oder zunehmen, sollte eine Überweisung an einen Fachpsychotherapeuten erfolgen.

7.13.19 Paranoide Gedanken

Wenn der Patient extreme Angst oder wahnhafte Gedanken entwickelt, ist eine Überweisung an einen Psychiater unerlässlich, da sich psychotische Zustände initial mit Körpermissempfindungen, körperlichen Fehlwahrnehmungen oder Körperhalluzinationen äußern können. Ein Beispiel dafür ist ein Patient, der trotz mehrmaliger Versicherung überzeugt war, dass sich Insekten unter seiner Haut befinden. Meistens treten paranoide Denkweisen erst im Verlauf einer Behandlung offen zutage.

7.13.20 Entwicklung neuer körperlicher Symptome

Falls der Patient bis zur nächsten Sitzung neue körperliche Symptome entwickelt, könnte dies ein Zeichen sein für eine abklärungsbedürftige somatische Erkrankung. Ein Patient wird beispielsweise unter der Diagnose eines Reizdarmsyndroms psychotherapeutisch behandelt. Entwickelt der Patient unter laufender Psychotherapie neue Symptome, wie Schmerzen, rektalen Blutverlust oder weitere Symptome, die nicht zu einem Reizdarmsyndrom passsen, sollte eine entsprechende Überweisung und eine Unterbrechung der Therapie erfolgen. Bei der Entstehung neuer Symptome muß erwogen werden, ob sich eine subakute Entzündung entwickelt hat, andere Erkrankung vorliegen, oder eine Kombination eines psychophysiologischen und organpathologischen Prozesses das Krankheitsbild erklären kann.

7.14 Zusammenfassung

- Wenn Patienten auf psychoedukative und kognitiv-behaviorale Interventionen nicht ansprechen, kann eine Behandlung erforderlich werden, die auf das Erleben der Emotionen fokussiert. Eine solche Behandlungsmethode ist beispielsweise die Intensive Psychodynamische Kurzzeitpsychotherapie (ISTDP).
- Der ISTDP-Ansatz erfordert folgende Schritte: Aufklärung, Erarbeiten des Behandlungsziels, emotionale Mobilisierung, Idendifizieren der Emotionen, Zusammenfassung und weitere Behandlungsplanung.

- Eine Fokussierung auf die Gefühle hat zur Folge, dass der Patient seine Gefühle spürt, mit Abwehr reagiert und dem Untersucher ausweicht oder aber einen Verlust der Körperaktivität zeigt, mit Abfuhr von Angst in die glatte Muskulatur, mit Konversionssymptomen oder mit einer Angstüberflutung im Sinne einer kognitiv-perzeptiven Störung. Abhängig von diesen Befunden wird der Therapieprozess angepasst.
- Patienten mit schwerer Depression, Wahnzuständen oder Verschlechterung der Symptome müssen in spezialisierten psychosmatischen oder psychiatrischen Fachabteilungen weiterbehandelt werden.

8 Das gradierte Format der ISTDP

Bei Patienten, die in Reaktion auf die Mobilisierung komplexer Gefühle Symptome im Bereich der glatten Muskulatur, Depression, Konversion oder Denk- und Wahrnehmungsstörungen entwickeln, muss ein anderer Zugangsweg gewählt werden. In diesen Fällen muss zunächst die Fähigkeit aufgebaut werden, Angst zu tolerieren, die durch die Mobilisierung verdrängter Gefühle entsteht. Wie schon kurz in Kapitel 6 beschrieben, beinhaltet dieser Prozess ein mäandrierendes Fokussieren auf die unter der Angst liegenden Gefühle, das sich mit dem Rekapitulieren des Prozesses abwechselt (▶ Abb. 8.1). Dies fördert die Fähigkeit zur Selbstwahrnehmung und Selbstreflexion.

Wenn der Patient fähig zur Selbstreflektion ist und sich die Angst in einer Aktivierung der quergestreiften Muskulatur abbildet, dann kann der Therapeut vorsichtig darauf hinarbeiten, die abgewehrten Gefühle im Gespräch zu benennen und damit weiter zu aktivieren. Sobald die Angst in die glatte Muskulatur abgeführt wird oder zu Denk- und Wahrnehmungsstörungen, beispielsweise in Form von Gedankenabreißen führt, ist es erforderlich, den Prozess mithilfe der Intervention des Rekapitulierens für den Patienten verständlich zu machen, was wiederrum die Fähigkeit zur Selbstreflexion unterstützt. Dieser kognitive Prozess reduziert Angst und eröffnet damit den Ausbreitungsweg der Angst in die quergestreifte Muskulatur. Das versetzt den Patienten in die Lage, seine Gefühle auf sichere Art und Weise zu erleben und zu verarbeiten. Dieses gradierte Vorgehen erhöht die Schwelle für die Entwicklung somatischer Symptome und verbessert sowohl allgemeine Funktionsbeeinträchtigungen als auch das strukturelle Integrationsniveau.

> **Umgang mit Repression: Anwendung des sukzessiven gradierten Vorgehens**
>
> Die folgenden Vignetten handeln von einem 30-jährigen Mann mit schwerem Reizdarmsyndrom und schwerer Depression (angepasst aus Abbass und Bechard, 2007; Abbass, 2015). Während der Konsultation entwickelt der Patient Refluxsymptome und Bauchkrämpfe bereits bei einer geringen Aktivierung der unbewussten Gefühle. Dies zeigt eindeutig die Beeinträchtigung seiner Angsttoleranz und damit die Erfordernis der Anwendung des stufenweisen gradierten Vorgehens.

8 Das gradierte Format der ISTDP

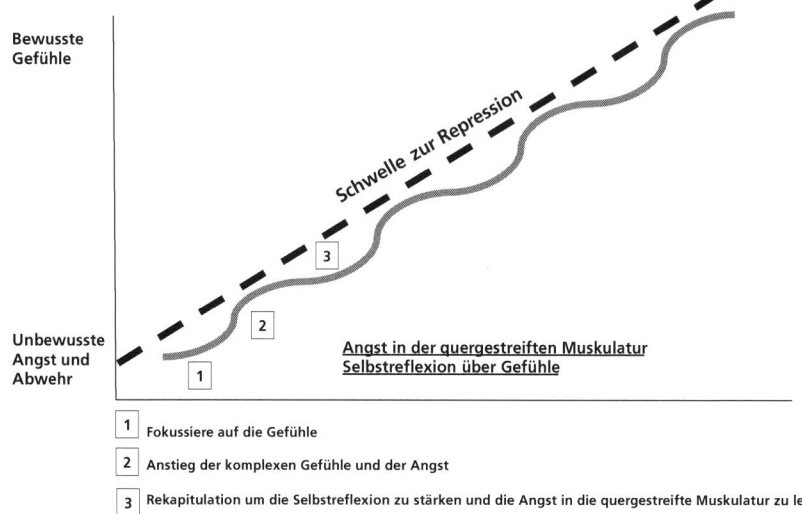

1. Fokussiere auf die Gefühle
2. Anstieg der komplexen Gefühle und der Angst
3. Rekapitulation um die Selbstreflexion zu stärken und die Angst in die quergestreifte Muskulatur zu lenken.

Abb. 8.1: Das gradierte Vorgehen

T: Können Sie mir sagen, wann Sie ungefähr die Magenkrämpfe und den Durchfall bemerkt haben?
P: Es kommt wie aus heiterem Himmel. Es gibt keine Warnzeichen. (*Deutet darauf hin, dass er keinen Zusammenhang mit emotionalen Problemen sieht.*)
T: Können Sie eine bestimmte Situation schildern, wo dies passiert ist, damit wir sehen können, wie das abläuft? (*Aufforderung, bestimmter zu sein.*)
P: Es passierte, als ich die erste Sitzung verpasst habe.
T: Können Sie mir mehr darüber erzählen. Wie haben Sie sich gefühlt, als Sie die Sitzung verpasst haben. (*Fokussieren, Gefühle wahrzunehmen.*)
P: Ich habe Sie angerufen und dann habe ich Krämpfe bekommen und später Durchfall.
T: Als Sie mich angerufen haben. Was haben Sie gefühlt? (*Aufforderung, Gefühle wahrzunehmen.*)
P: Ich dachte, ich bin ein Idiot, weil ich die Stunde verpasst habe.
T: Sie meinen, Sie waren ärgerlich …., aber auf wen? (*Aufforderung, Gefühle wahrzunehmen.*)
P: Ich bin ein Idiot, weil ich sie verpasst habe.
T: Dann ärgern Sie sich über sich selbst? Passiert das manchmal? (*Klärung der Abwehr, den Ärger nach innen, gegen sich zu wenden.*)
P: Ja, ich glaube, das mache ich.
T: Sie haben mir gesagt, dass Sie ärgerlich auf sich waren. (*Zusammenfassung der Abwehr, den Ärger gegen sich zu wenden.*)
P: Ja, habe ich.
T: Können wir das genauer anschauen? Wie läuft das ab? (*Fokus auf die Aufgabe und den Willen des Patienten.*)

Der Arzt hört rumorende Verdauungsgeräusche, aber der Patient wirkt ganz entspannt ohne Anspannung in der quergestreiften Muskulatur. Dies ist ein Hinweis darauf, dass die Angst nicht die quergestreife Muskulatur aktiviert, sondern die glatte Muskulatur des Verdauungstraktes: Der Patient scheint »entspannt«, aber sein Gastrointestinaltrakt ist sehr aktiv.

> T: Was passiert hier, jetzt gerade?
> P: Sodbrennen. (*Zeigt auf die Brust.*)
> T: Haben Sie gerade Sodbrennen bekommen? Sonst noch was?
> P: Mein Bauch rumort.
> T: Dann können Sie klar das Rumoren wahrnehmen. Passiert das ab und zu, wenn Sie starke Gefühle haben? Bei Ärger, kommt es dann zu Sodbrennen und Krämpfen? (*Erneute Zusammenfassung und Verbindung der Gefühle mit der Angst und den körperlichen Symptomen.*)
> P: Ja, das muss so sein. Ja, da ist was dran.
> T: Weil als Sie über den Ärger gesprochen haben, haben Sie Sodbrennen und Krämpfe bekommen. Geht Ihr Ärger diesen Weg? (*Wiederholung der Zusammenfassung.*)
> P: Das muss so sein, weil es gerade passiert ist!

Dies belegt, dass eine Verdrängung der Gefühle in die glatte Muskulatur stattgefunden hat. Um diese Annahme zu untermauern und die Angsttoleranzschwelle zu prüfen, wird der Prozess mit einem anderen Fokus wiederholt.

> T: Können Sie mir von einer anderen Situation erzählen, in der das passierte? (*Fokus auf ein bestimmtes Ereignis.*)
> P: Ja, wenn ich ärgerlich auf meinen Bruder bin, dann sage ich nichts. Ich ignoriere Ihn.
> T: Können Sie mir eine konkrete Situation schildern, in der das so gelaufen ist. (*Fokus auf ein bestimmtes Ereignis.*)
> P: Ja, gerade gestern hat er etwas getan, das mich irritiert hat ... und jetzt kommt es wieder….. dieses Sodbrennen.
> T: Aha, wieder, wenn Sie von Ärger sprechen, reagiert ihr Bauch mit Übersäuerung und Krämpfen. (*Erneute Zusammenfassung und Verbindung der Gefühle mit der Angst und den körperlichen Symptomen.*)

Erneut wirkt der Patient total entspannt ohne Zeichen von Angst in der quergestreiften Muskulatur. Aber die Angst beeinträchtigt die glatte Muskulatur des Gastrointestinaltraktes. Er zeigt eine schwere Verdrängung (Repression) in somatische Symptome, die sich als Reizdarmsyndrom manifestiert und die geringe Angsttoleranz widerspiegelt (▶ Abb. 8.2).

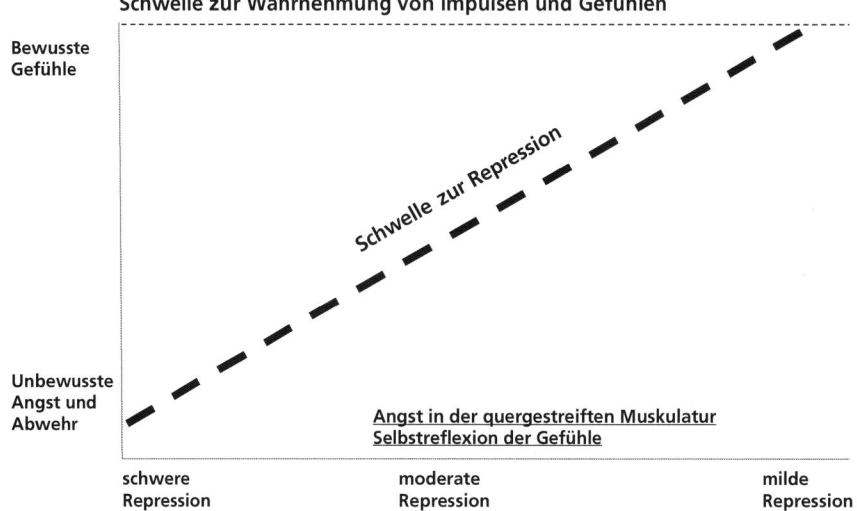

Abb. 8.2: Schwelle zur Repression

Mit diesem Vorgehen wurde herausgearbeitet, dass die direkte Mobilisierung der unbewussten Gefühle zu einer Zunahme seiner gastrointestinalen Symptome führte (▶ Kap. 7). Ein Ansteigen der Angst infolge der Mobilisierung unbewusster Gefühle führte zu einer Verschlimmerung der gastrointestinalen Beschwerden, als die Schwelle zum Einsetzen der Repression überschritten wurde. Es erfolgt eine Vereinbarung über das weitere Vorgehen mit dem Ziel zu verstehen, wie die Gefühle seine Verdauungsorgane beeinflussen.

T: Nun, wollen Sie mit mir weitere Sitzungen vereinbaren, damit wir sehen können, wie diese Gefühle Ihren Magen und Ihre Stimmung beeinflussen?
P: Einverstanden. Das klingt nach einer guten Idee.
T: Vielleicht können Sie darauf achten, ob Sie in der Zwischenzeit ähnliche Situationen bemerken, nächste Wochen könnten wir das dann genauer untersuchen.

Fallvignette: vierte Sitzung

Diese Vignette ist ein Auszug aus der vierten Sitzung. Das oben beschriebene Vorgehen war eingesetzt worden und hatte bereits zu einem Ausbau seiner Fähigkeit geführt, Angst in Zusammenhang mit aktivierten Gefühlen zu tolerieren.

T: Als sie heute hereinkamen, haben Sie noch Magenkrämpfe bemerkt?
P: Ich habe über diesen Ärger nachgedacht. Ich war vor einigen Tagen verärgert über meinen Bruder.

T: Da haben Sie starke Gefühle erlebt und ihr Magen hat reagiert. Haben Sie jetzt Herzbrennen und Magenkrämpfe? (*Rekapitulation Verbindung der Gefühle mit der Angst.*)
P: Jetzt nicht. (*Die Hände beginnen sich zu verspannen als Zeichen einer leichten Aktivierung der quergestreiften Muskulatur.*)
T: Können wir schauen, mit welchen Gefühlen Sie heute gekommen sind? (*Druck, darunterliegende Gefühle wahrzunehmen.*)
P: Wir waren bei Ihm zuhause und wir haben von früher gesprochen. Er sagte, es sei eine perfekte Jugend gewesen und da habe ich mich über ihn geärgert. (*Affektisolation, intellektuelle Antwort ohne Körperreaktion.*)
T: Wie nehmen Sie die Wut körperlich wahr? (*Fokussierung auf das Erleben des Gefühls.*)
P: Mir wurde übel und ich bekam Durchfall.
T: Dann ging Ihre Wut direkt in den Magen? (*Rekapitulation der Verbindung Gefühle mit der Angst.*) Warum konnten Sie ihre Wut nicht spüren? Vor was haben Sie sich gefürchtet? (*Druck auf die Angst.*)
P: Ich weiß nicht. (*Aufstoßen.*) Ich bekomme wieder Krämpfe. (*Zeigt auf den Bauch als Hinweis auf Angstabfuhr in die glatte Muskulatur.*)

An diesem Punkt ist die Angst über der Schwelle seiner Angsttoleranz angestiegen. Wenn man so fortfahren würde, würde das die Angst in der glatten Muskulatur erhöhen (▶ Abb. 8.1) und die körperlichen Symptome weiter verstärken, deshalb wird die Aktivierung der Affekte durch Rekapitulieren unterbrochen:

T: Wir sehen gerade, dass die Wut, der wir uns gewidmet haben, sich in Magenkrämpfe umwandelt. Ist es das, was jetzt gerade auch geschieht? (*Zusammenfassung, Verküpfung von Wut und Angst, Überprüfen der Angstausbreitung.*)
P: Ja.
T: Wenn wir uns auf die Gefühle konzentrieren, dann wandern Ihre Gefühle eher in den Magen als dass Sie sie fühlen können. (*Wiederholen des Rekapitulierens.*)
P: Ja.
T: Können wir schauen, was hier in der Begegnung mit mir entsteht, wenn wir darüber sprechen? Wie fühlen Sie mir gegenüber, wenn wir darüber spechen? (*Wechsel des Fokus auf die Beziehung im Hier und Jetzt.*)

Um Angst zu reduzieren, kann man auf Körperreaktionen fokussieren, rekapitulieren oder den Fokus verändern. Wenn eine Methode nicht zur Angstreduktion führt, wird die nächste eingesetzt (▶ Tab. 6.1).

P: Mit Ihnen? Ich habe keine Gefühle Ihnen gegenüber. Ich bin ärgerlich über mich selbst. Mein Magen fühlt sich immer noch schlecht an. (*Zeigt weiterhin keine angstbedingte Aktivierung der quergestreiften Muskulatur, was bedeutet, dass die Angst weiterhin in die glatte Muskulatur der inneren Organe abgeführt wird.*)

T: Wieder wendet sich die Wut nach innen, wenn Gefühle aktiviert werden, und richtet sich gegen Sie selbst. Als ob Sie Ihre Wut zurückhalten möchten, drinnen halten möchten, sie von jedem fernhalten möchten. (*Zusammenfassung der Dynamik zwischen Gefühlen, Angst und Abwehr.*) Was würden Sie fühlen, wenn Sie wütend auf ihren Bruder wären oder auf mich?

Obwohl dies vordergründig eine hypothetische Fragestellung ist, deutet die Frage auf die Ursache der Verdrängung der Affekte in körperliche Symptome hin: der Patient vermeidet damit die Angst vor seiner Aggressivtät und die Schuldgefühle, die mit der Vorstellung andere zu verletzten verbunden sind. Es ermöglicht ihm intellektuell zu realisieren, dass er sich um andere sorgt und keinen Schmerz verursachen möchte. Diese Art von Fokus kann die Angsttoleranz erhöhen und reduziert die Angst vor dem Erleben von Wut, was den Patienten wiederum darin stärkt, die Verdrängung zu überwinden.

P: Das sähe ziemlich übel aus. Er hat die letzten fünf Jahre eine schwere Zeit gehabt, seit Mutter gestorben ist und seine Ehe in Schwierigkeiten geraten ist. Er hat die gleichen Probleme mit dem Darm und der Angst wie ich. (*Empathische Antwort, obwohl intellektuell.*)
T: Dann sind gleichzeitig auch positive Gefühle für ihn da. Ist dies der Grund, warum die Wut sich nach innen wendet? Um ihn zu schützen? (*Zusammenfassung der Verbindung zwischen den komplexe Gefühle und der Abwehr.*)
P: Indem ich mich selbst verprügele..... Ich denke immer, dass ich aus einem Grund bestraft werden müsste ... oder dass mich jemand bestrafen wird. (*Hinweis auf Verständnis der inneren Dynamik.*)
T: Dies ist sehr wichtig. Sie spüren im Grunde Liebe, aber gleichzeitig auch Wut. Wenn die Wut kommt, löst das Depression, Angst und eine Art Schuldgefühle aus? Wie wenn Sie jemandem Schaden zugefügt hätten, den Sie lieben. (*Rekapitulation der Verbindung komplexe Gefühle mit Angst und Abwehr.*)
P: ...und deshalb gegen mich selbst richte? (*Bestätigt die Zusammenfassung.*)
T: Ist das so?
P: Es scheint mir so. Es macht Sinn, ich will das nicht mehr. (*Wirkt stärker, ruhiger und die Signale aus der quergestreiften Muskulatur sind zurück, besserer Körpertonus, Hände spannen sich an.*)
T: Lassen Sie uns sehen, was wir daran ändern können. (*Druck aktiv zu werden.*)
P: Ich habe keine Ahnung, was ich tun kann. (*Anspannung, Seufzer.*)
T: Wie fühlen Sie mir gegenüber gerade jetzt? (*Druck auf die Gefühle.*)
P: Frustriert.
T: Wie fühlen Sie die Frustration innerlich? (*Fokus auf das Wahnehmen der Gefühle.*)
P: Da ist nichts, es hat nur mit mir zu tun.
T: Also wenden Sie es wieder gegen sich selbst. Dann lassen Sie uns schauen, wie wir das angehen können, um es zu stoppen. Die Gefühle gehen in mehrere Richtungen... in Ihren Magen, werden zu Angst, machen Sie depressiv, lassen Sie vermeiden und in eine passive Position gehen. Alles gegen Sie selbst...

wie wenn Sie eine andere Person schützen müssten. (*Zusammenfassung und Fokus, die Gefühle wahrzunehmen.*)
P: Das ist was ich mache, ich mag das nicht, wirklich...

Zu diesem Zeitpunkt der Sitzung zeigt der Patient mehr Energie, weniger Entladung in die glatte Muskulatur, hat Zugang zur angstbedingten Aktivierung der quergestreiften Muskulatur und er kann über die Gefühle nachdenken. Dies sind typische Zeichen am Anfang einer ISTDP Therapie bei Personen mit schwerer Repression.Sie zeigen, dass der therapeutische Prozess gut verläuft. Diese Veränderung wird vom Therapeuten häufig mit erfreutem Erstaunen wahrgenommen, besonders wenn er vorher den Patienten über Jahre trotz intensiver therapeutischer Bemühungen immer wieder mit denselben körperlichen Gesundheitsklagen erlebt hat. Im Spektrum der Symptomausprägung in Abbildung 8.2 befindet sich der Patient nun im Bereich der mittelgradigen Repression, immer noch mit der Disposition, Reizdarmsymptome zu entwickeln, aber nun ausgestattet mit einer höheren Toleranz für Emotionen und die damit verbundenen Ängste. Die Schwelle für die Entwickllung körperlicher Symptome hat sich nach oben verschoben. Damit rückt er dem therapeutischen Hauptanliegen, nämlich die ins Unbewusste verdängten Gefühle wahrnehmen und bearbeiten zu können, immer näher. Der Patient ist nun in der Lage über Gefühle nachdenken und sprechen zu können, ohne Symptome zu entwickeln.

Fallvignette: achte Sitzung

P: Ich habe mich besser gefühlt... Seit einigen Wochen habe ich keine Durchfälle mehr, aber ich habe wahrgenommen, dass ich meine Schwägerin nicht leiden kann. (*Angst in der quergestreiften Muskulatur mit Zusammenpressen der Hände, tiefer Atemzug.*)
T: Können Sie mir mehr darüber sagen? Warum haben Sie keinen Durchfall mehr?
P: Ich weiß es nicht genau (*seufzt*), aber etwas ist anders. Ich denke mehr über Gefühle nach und richte sie nicht gegen mich... diese Wut und Angstgeschichte von der wir sprechen.

Er schildert Zeichen einer besseren Kapazität zur Selbstreflexion und aktiviert beim Aufkommen unbewusster Angst die quergestreifte Muskulatur. Dieser Wechsel korreliert mit der Abnahme der Angstabfuhr in der glatten Muskulatur und der Repression: Nun ist er auf der Seite der milden Repression mit höherer Angsttoleranz (▶ Abb. 8.2).

T: Können wir schauen, was bei ihrer Schwägerin los war? Gibt es eine spezifische Situation, an die Sie sich erinnern?
P: Ja, die Rennmaus meines Neffen John ist gestorben und meine Schwägerin wollte sie die Toilette runterpülen... Mein Neffe war so verzweifelt und hat die ganze Zeit geweint.

T: Wie haben Sie da gefühlt? (*Fokus, die Gefühle wahrzunehmen.*)
P: Ich habe Ihr gesagt, sie solle gefühlvoller sein und Rücksicht auf John nehmen... Das machte sie dann auch. (*Seufzt wieder.*)
T: Sie hat gut darauf reagiert.
P: Ja, tatsächlich. Sie war erstaunt, dass ich etwas gesagt habe und sie dankte mir später dafür. Und ich hatte das angemessen und ruhig gesagt. Ich war selber ein bisschen erstaunt! (*Er ist stolz und lächelt über sein neu gefundenes Durchsetzungsvermögen.*)
T: Da haben Sie sich gut gefühlt. Haben Sie auch ihr gegenüber etwas angenehmens gespürt? (*Klärung und Druck auf positive Gefühle.*)
P: Ja, aber als sie das gesagt hat, hat es mein Herz zerrissen und ich war innerlich voller Wut.
T: Wie nehmen Sie die Wut körperlich wahr, wenn Sie das jetzt erzählen? (*Fokus, die Wut wahrzunehmen.*)
P: Es ist als... (*Bewegt seine Hände vom unteren Abdomen in einer schiebenden Bewegungen aufwärts. Dies ist ein Hinweis, darauf dass sich der somatische Ausbreitungsweg der Wut öffnet.*)
T: Wie fühlt sich das gerade an? (*Fokus, die Wut wahrzunehmen.*)
P: Es ist in meinem Bauch und in der Brust. Es bewegt sich aufwärts..., wie eine Hitze. (*Die Anspannung ist gesunken und der Patient spürt Energie mit einer gewissen Menge an aktivierter Wut im körperlichen Ausbreitungsweg.*)
T: Wie fühlt sich das an? (*Fokus, die Wut wahrzunehmen.*)
P: Wie wenn ich zustechen möchte. (*Kraftvolle Geste.*)

Da der körperliche Ausbreitungsweg der Wut aktiviert ist, wird weiter darauf fokussiert, indem nach den Vorstellungen gefragt wird, die mit der Wut verbunden sind.

T: Wie würde das herauskommen wollen, wenn es nicht zu stoppen wäre?
P: Es würde wie ein Laserstrahl herausschießen. (*Kräftig und ausdrucksvoll.*) Und ich würde sie in die Wand schleudern.
T: Und dann, was würde passieren?
P: Dann wäre sie gestoppt... Und ich würde mich schlecht fühlen (*Tränen bilden sich in seinen Augen.*)
T: Da ist ein sehr schmerzhaftes Gefühl.... (*Resonanz mit seinen Schuldgefühlen.*)
P: Ja. (*Weint leise mit Schuldgefühlen angesichts seiner mörderischen Wut.*)

Es ist wichtig zu bemerken, dass zu diesem Zeitpunkt die Angst und die Abwehren vorübergehend überwunden waren. Nach dem Durchbruch einer Welle von Schuldgefühlen ist es Zeit, das Geschehene zu rekapitulieren und zu besprechen. Mit dem Erleben der Gefühle geht typischerweise eine Erinnerung an zurückliegende Erfahrungen und die damit verbundenen Affekte einher, wie zum Beispiel lange zurückliegende Beziehungsabbrüche.

T: Gerade haben Sie starke komplexe Gefühle erlebt, alle auf einmal. Sie waren mit John identifiziert und sein Verlust hat in Ihnen Trauer und in Ihrem Körper eine bestimmte Menge an Wut mobilisiert. Aber diese Wut war mit Schuldgefühlen verbunden.

P: Ja, aber diesmal habe ich keinen Durchfall und Bauchkrämpfe bekommen und ich habe etwas gesagt. Es lief ziemlich gut.

T: Ja und Sie waren sich der Gefühle bewusst, die Sie bislang nicht so erleben konnten. Wenn Sie sie nun etwas spüren, gehen Angst und Anspannung zurück und die Gefühle werden erlebbar. Und das, obwohl es starke, gemischte und irritierende Gefühle waren. Vorher wären Sie ins Bad gegangen und hätten panisch reagiert, vielleicht wären Sie deprimiert gewesen, aber Sie hätten wahrscheinlich nicht darüber gesprochen. (*Zusammenfassung, Verbindung von Gefühle, Angst und Abwehr.*)

P: Ganz sicher.

T: Aber dabei ist eine Frage offen. Haben Sie eine Idee, was das für Sie bedeutet und warum Sie sich so stark gefühlt haben?

P: Ja. (*Weint in Wellen von Trauer und Tränen.*) … Meine Mutter. (*Die therapeutische Allianz bringt eine Verbindung zur früheren Person, zu der unbearbeitete Gefühle im Unbewussten verborgen liegen.*)

T: Das sind sehr schmerzhafte Gefühle…. (*Mitschwingend und unterstreichend.*)

P: (*Weinend.*) Mein Vater und meine Mutter haben sich getrennt als ich fünf Jahre alt war. Ich erinnere mich, wie es mir nicht erlaubt war, über meinen Vater zu sprechen. Und ich habe ihn nur wenig gesehen. Meine Mutter erlaubte das nicht. Für mich war er wie gestorben.

T: Da sind viele schmerzhafte Gefühle.

P: (*Weint mit der Trauer die ihn ihm aufsteigt.*)

In den Anfangsminuten der Sitzung sahen wir typische Reaktionen des Patienten in einer ISTDP Therapie. Die Therapie bringt Veränderungen auf einer unbewussten, nicht aber auf einer bewussten Ebene. Patienten schildern häufig, dass Sie sich besser fühlen, dass Sie mehr auf ihre Gefühle achten. Sie können häufig nicht genau sagen, warum die Dinge besser sind oder sich verändert haben. Aber mit dem Wissen um die verschiedenen Ausbreitungswege der unbewussten Angst wird verständlich, warum die Symptome abklingen.

8.1 Zusammenfassung

- Patienten, die beim Anstieg komplexer Gefühle mit einem Verlust der Körperspannung reagieren (Going-Flat), benötigen Unterstützung beim Aufbau einer besseren Angsttoleranz und der Fähigkeit, über sich selbst zu reflektieren.
- Ein schrittweises Vorgehen, bei dem im Wechsel und mäandrierend auf Gefühle fokussiert und kognitiv eingeordnet wird, verbessert die Angsttoleranz.

- Sobald Patienten ihre Gefühle überdenken können, wird die Angst von anderen Manisfestationsformen in die quergestreifte Muskulatur geleitet.
- Die strukturbildenden Interventionen sind die Voraussetzung für ein tiefes und sicheres Erleben der komplexen Gefühle. Diese führen dazu, dass Konversionssymptome, Angstsymptome in der glatten Muskulatur und Denk- und Wahrnehmungsstörungen überwunden werden.

9 Synthese und Schlussfolgerung

Es ist von von entscheidender Bedeutung für die medizinische Praxis zu verstehen, wie sich Emotionen und Beziehungen auf Körper und zentralnervöse Funktionen auswirken. Psychophysiologische Störungen entstehen dadurch, dass psychosoziale und biologische Belastungsfaktoren zentralnervöse und vegetative Funktionen verändern, die die Auswirkungen von Stress auf den Geist und den Körper modulieren. Dieses Praxismanual stellt einen gestuften Ansatz dar, wie psychophysiologische Störungen diagnostisch eingeordnet werden können, wie die Diagnose dem Patienten nahe gebracht werden kann und wie psychoedukative, verhaltenstherapeutische und emotionsfokussierte Therapieelemente in der Behandlung dieser Patientengruppe eingesetzt werden können. Das Flussdiagramm in Abbildung 9.1 zeigt, wie die hier beschriebenen Interventionen in der psychosomatischen Grundversorgung angewendet werden können. In den folgenden Abschitten werden die Hauptmerkmale der jeweiligen Behandlungsansätze zusammengefasst.

9.1 Der Prozess der Evaluation, Psychoedukation und Behandlung psychophysiologischer Störungen

9.1.1 Schritt 1: Evaluation

Kapitel 2 beschrieb als Ausgangspunkt der Behandlung die ausführliche biopsychosoziale Anamnese und die sorgfältige körperliche Untersuchung. Dies wird ergänzt durch gezielte Laboruntersuchungen und den gezielten Einsatz bildgebender Verfahren. Dadurch kann in der Regel eindeutig zwischen pathologischen und unauffälligen Organbefunden unterschieden werden, was dazu führt, dass strukturelle Schädigungen ausgeschlossen und invasive und kostenintensive Therapien vermieden werden. Auf dieser Grundlage kann der Arzt die Diagnose einer letztendlich gut behandelbaren psychophysiologischen Störung stellen.

Patienten mit scheinbar »medizinisch unerklärbaren Symptomen« leiden mit hoher Wahrscheinlichkeit unter einer psychophysiologischen Störung. Diese Einschätzung ist umso wahrscheinlicher, wenn zuvor bereits andere stressbedingte

9 Synthese und Schlussfolgerung

Beschwerden aufgetreten waren, die Kindheit von Traumtisierungen belastet war und Patienten maladaptive Persönlichkeitszüge aufweisen und psychosoziale Belastungsfaktoren zu einer Verstärkung der Symptome führen oder geführt haben.

Wenn die Diagnose einer psychophysiologischen Störung gestellt ist, kann der Behandler eine Serie von Interventionen einsetzen, die dem Patienten helfen, die Symptome zu überwinden. Die Diagnose bedeutet für die überwiegende Zahl der Patienten, dass die Symptome in erheblichem Maß reduziert werden können. Mit der Diagnosestellung können Patienten damit beginnen, Hoffnungslosigkeit, Schamgefühl und Stigmatisierung etwas entgegenzusetzen.

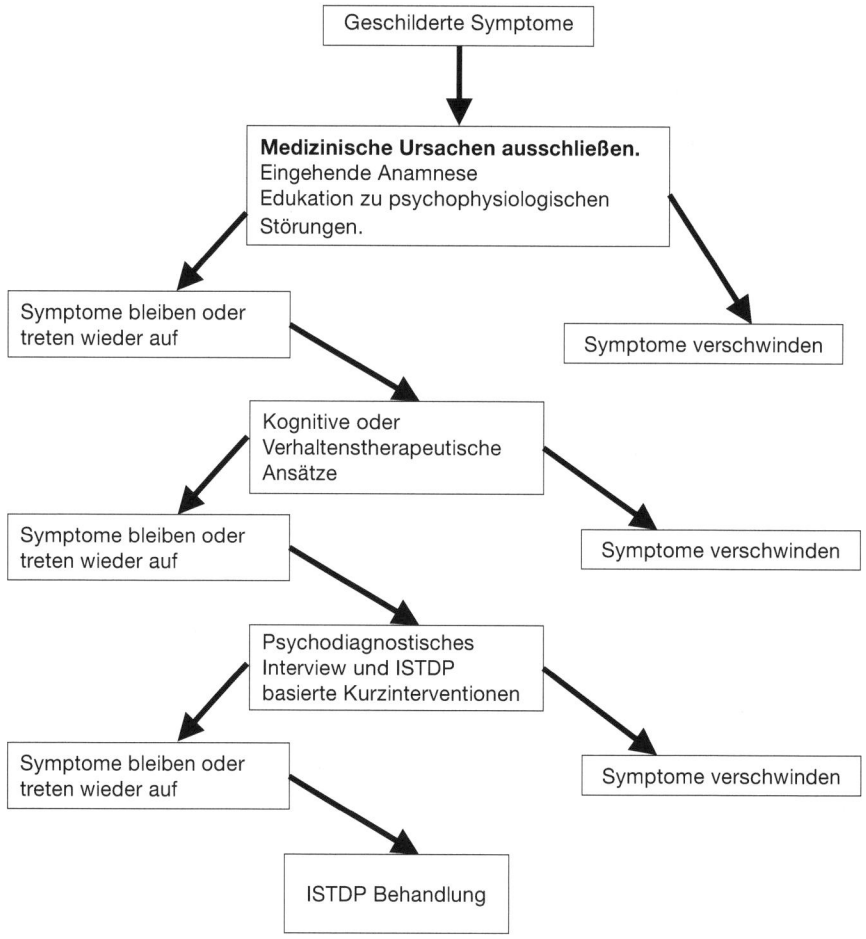

Abb. 9.1: Synthese

Mit dem Wissen über die Zusammenhänge zwischen Stress und Symptomen finden die meisten Patienten zu neuer Hoffnung und entwickeln den Mut, ihre Beschwerden, die Affekte und die mitunter symptomunterhaltenden Lebensumstände kritisch zu hinterfragen. Ein geringer Anteil der betroffenen Patienten erlebt eine erhebliche Entlastung und dramatische Verbesserung des Gesundheitszustandes bereits durch die Aufklärung über die Diagnose.

Spüren Patienten das aufrichtige Bemühen ihres Gegenübers, ihm zu helfen und seine Misere zu verstehen, entsteht Vertrauen. Kann der Patient dagegen die Diagnose einer psychophysiologischen Störung nicht annehmen oder verstehen, besteht die Gefahr eines Abbruchs der therapeutischen Beziehung. Aus diesem Grund hat der Aufbau einer vertrauensvollen Beziehung in der Behandlung von Patienten mit psychophysiologischen Störungen höchste Priorität. Kritische Momente können gegebenenfalls durch weitere Untersuchungen und Einordnungen der Symptome und Befunde überwunden werden. Manche Patienten profitieren von geeigneter Selbsthilfeliteratur oder davon, wenn Verlaufsuntersuchungen vereinbart werden. Das in Kapitel 5 beschriebene diagnostische, auf das Erleben von Emotionen fokussierte Interview zeigt im Hier und Jetzt die Verbindung zwischen Gefühlen und Körpersymptomen auf. Eine solche Erfahrung erleichtert es dem Patienten, den eigentlichen Ursprung seiner Symptome zu erfassen.

9.1.2 Schritt 2: Psychoedukative, kognitiv-behaviorale Interventionen

Die psychoedukativen, kognitiv-behavioralen Interventionen wurden in Kapitel 3 und Kapitel 4 dargestellt. Hier wurden Interventionen beschrieben, die Patienten dazu befähigen, aktiv Geist und Körper zu beruhigen und den Symptomen weniger Macht zu geben. Behandler können mit diesen Instrumenten Patienten helfen zu erkennen, dass sie nicht organisch krank sind, sondern dass die Symptome Folge erlernter stressbedingter zentralnervöser Abläufe sind, die aufgelöst werden können.

Die psychoedukativen und verhaltenstherapeutischen Interventionen umfassen: Entkatastrophisierende Selbstinstruktionen zum adaptiveren Umgang mit Symptomen; affirmative Selbstinstruktionen mit dem Ziel, die Kontrolle über das eigene Leben zurückzuerlangen, anstatt sich von der Angst vor den Symptomen tyrannisieren zu lassen. Im Manual finden sich Anleitungen für meditative Übungen und Anregungen wie der der Zusammenhang von Gefühlen und Symptomen leichter akzeptiert werden kann; wie man mittels der Technik des expressiven Schreibens, einen Zugang zu den eigenen Gefühlen erlagen kann und man Mitgefühl mit sich selbst und andere Menschen aufbauen kann. Weiterhin wird darauf eingagenen, wann und wie man Maßnahmen ergreifen sollte, um belastende Lebenssituationen zu verändern. Diese Interventionen können im Rahmen des Selbstmanagements (Selbsthilfeliteratur) oder mit Unterstützung durch geschulte Fachkräfte umgesetzt werden. Behandler können Patienten mit diesen Ressourcen vertraut machen und auf diese Ansätze während der Konsultation eingehen. Einige Kollegen werden sich die hier beschriebenen Interventionen aneignen, andere werden Patienten an geeignete Stellen überweisen.

9.1.3 Schritt 3: Psychodiagnostische Evaluation und ISTDP-orientierte Behandlung

Kapitel 5–8 beschreiben die Physiologie der Emotionen sowie einen therapeutischen Ansatz, der Patienten hilft, einen Zugang zu den verdrängten Gefühlen zu finden. Erfahrene Therapeuten können mit diesen Interventionen der Mehrzahl der Patienten helfen, die Symptome zu überwinden, wenn diese nicht auf die vorangegangen Maßnahmen angesprochen haben. Die Anwendung dieser Methode erfordert jedoch ein tiefes Verständnis unbewusster emotionaler Prozesse und Erfahrung im Umgang mit der Methode. Um sich die Erfahrung anzueignen, ist in aller Regel die Supervision von in der Methode erfahrenen Kollegen erforderlich. Auf die Erfordernisse der Einhaltung von Vorsichtsmaßnahmen bei der Anwendung dieser Behandlungtechnik wurde bereits hingewiesen.

9.1.4 Schritt 4: Intensive psychodynamische Kurzzeittherapie (ISTDP)

Bei Patienten mit komplexeren Störungen und höhergradigen Widerständen, die nicht auf die oben beschriebenen Behandlungsansätze ansprechen, ist die Durchführung einer intensiveren Psychotherapie, wie zum Beispiel der ISTDP, angezeigt. Diese Behandlung kann bei den meisten Patienten mit persistierenden oder wiederkehrenden psychophysiologischen Symptomen angewandt werden. In Kapitel 7 haben wir Fragen der Patientenauswahl und der Sicherheitshinweise für die Verwendung dieses Modells aufgezeigt. Schließlich haben wir in Kapitel 8 einen gradierten Behandlungsansatz für fragile Patienten mit geringer Affekt- bzw. Angsttoleranz aufgezeigt, die auf die Mobilisierung von Affekten mit unmittelbarer Verdrängung in schwere körperliche Symptome reagieren (Repression).

9.1.5 Wann überweisen?

Bleibt eine Besserung der Symptome trotz guter Affektwahrnehmung und Selbstregulation aus, deutet dies auf das Vorliegen einer organischen Erkrankung hin. Somatische Ursachen sollten als Differentialdiagnose berücksichtigt werden bis die Symptome nachlassen. Bestimmte Symptomkonstellationen sollten weitere medizinische Abklärungen zur Folge haben. Wenn ein Patient auf die oben aufgeführten Behandlungsansätze nicht anspricht sollte eine interdisziplinäre Fallvorstellung in Betracht gezogen werden. Mangel an Erfahrung oder Zeit können weitere Gründe sein, warum komplexe Patienten überwiesen werden.

9.1.6 Zusätzliche Informationen

Es gibt eine ganze Reihe von Veröffentlichungen und Kursen, die die Behandlung von Patienten mit psychophysiologischen Störungen vermitteln. Ausbildungskurse mit videobasierten Trainings und Supervision in ISTDP werden weltweit angeboten. Auch Kurse für die anderen Behandlungen werden breit angeboten.

9.2 Zusammenfassung

- Es wird ein Modell zur Behandlung von psychophysiologischen Störungen vorgestellt.
- Es ist erforderlich, eine korrekte und präzise Diagnose zu stellen, somatische Erkrankungen auszuschließen und das Vorliegen einer psychophysiologischen Störung zu belegen.
- Psychoedukation ist einer der Eckpfeiler für die Behandlung einer psychophysiologischen Störung.
- Eine Reihe von kognitiv-behavioralen und verhaltenstherapeutischen Ansätzen ist wirksam.
- Eine psychodiagnostische Abklärung kann eingesetzt werden, um den direkten Zusammenhang zwischen Emotionen und Symptomen einer psychophysiologischen Störung nachzuweisen.
- Elemente der ISTDP können eingesetzt werden, damit Patienten Zugang zu ihren Emotionen finden können. Dies geht mit Symptomreduktion einher.
- Einige Patienten müssen zu erfahrenen ISTDP-Therapeuten überwiesen werden.

Anhang

Auflistung von Instrumenten, die für die Diagnosestellung bei psychophysiologischen Störungen eingesetzt werden können

Anamnese

Krankheitsbeginn

Haben die Symptome infolge einer Körperverletzung begonnen oder nicht?
Symptome die mit dem Aufwachen auftreten sind häufig funktioneller Natur. Symptome, die ohne spezifische Verletzung auftreten sieht man häufig bei psychophysilogischen Störungen (PPS).

Dauert die Genesung nach einem Trauma länger als üblich?
Bei Symptomen nach einer Verletzung, die länger als erwartbar bestehen bleiben, spielen psychosoziale Faktoren häufig eine Rolle.

Sind die Symptome im Zusammenhang mit belastenden Lebensereignissen aufgetreten?
Symptome im Zusammenhang mit emotionalen Konflikten sind funktionell bedingt.

Symptombeschreibung

Passen die Symptome zu den entsprechenden Dermatomen oder den anatomischen Gegebenheiten?
Psychophysiologische Symptome halten sich nicht an die Dermatome oder die anatomischen Gegebenheiten. Sie betreffen größere Regionen, bespielsweis die ganze Körperhälfte, Körperteile oder sie sind multilokulär oder auch symetrisch, was unüblich für eine spezifische Nervenläsion wäre.

Kommen und vergehen die Symptome oder variieren sie stark in der Intensität?
Symptome, die in sehr zufälligen Intervallen auftreten und verschwinden, sind häufig ein Zeichen für eine PPS.

Gibt es spezifische Symptomauslöser, die nicht zu organpathologischen Erkrankungen passen?
Bewegungen, Nahrungsmittel, Licht, Ton, Temperatur und Wetterwechsel sind häufige Auslöser. Oft werden psychophysiologische Symptome inkonsistent ausgelöst. Gibt es einen straken Zusammenhang zwischen Trigger und Symptomen, kann auch dies für eine PPS sprechen, wenn der Auslöser nicht zur Diagnose einer organpathologischen Erkrankung passt, z. B. Kreuzschmerzen die regelmäßig beim Sitzen in einem Sessel auftreten, aber nicht, wenn man in einem anderen Sessel sitzt.

Wechseln die Symptome von einer Körperregion zur anderen?
Haben sich die Symptome im Laufe der Zeit auf benachbarte Bereiche ausgebreitet?
Funktionelle Symptome verlagern sich oft in andere Körperareale. Schmerzen oder Parästhesien können für einige Zeit in einer Körperregion auftreten und dann dort verschwinden, wenn sich das Symptom in eine andere Region verlagert. Bei funktionellen Beschwerden verlagern sich die Symptome häufig.

Handelt es sich um subjektive Symptome?
Schmerzen, Parasthesien und Müdigkeit sind Symptome, die typischerweise auf zentralnervöse Prozesse zurückgehen.

Anamnese

Finden sich in der Anamnese typische psychophysiologische Symptome?
Patienten weisen typischerweise eine Vorgeschichte mit einer Vielzahl psychophysiologischer Störungen auf wie dem Reizdarmsyndrom, Fibromyalgie, Angststörungen, Depressionen, Müdigkeit, Kopfschmerzen, etc.

Finden sich in der Biografie frühe Belastungsfaktoren?
Schwierige Lebensumstände in der Kindheit sensibilsieren die Alarm- bzw. Angst-Abwehrmechanismen des Gehirns und legen so die Grundlage für eine psychophysiologische Störung.

Persönlichkeitsmerkmale

Weist der Patient die folgenen Persönlichkeitsmerkmale auf: Perfektionismus, »nie-gutgenug«, Selbstaufopferung, übertriebene Gewissenhaftigkeit und Schuldgefühle, niedriges Selbstwertgefühl, Überverantwortlichkeit, Mangel an Abgrenzungsfähigkeit und nicht für sich selbst einstehen können?
Personen mit diesen Eigenschaften üben wahrscheinlich zusätzlichen Druck auf sich selbst aus. Dies kann mit einer erhöhten Wahrscheinlichkeit zur Entwicklung von PPS führen.

Körperliche Untersuchung

Können die Symptome auf einen organpathologischen Prozesse zurückgehen, finden sich entsprechende Untersuchungsbefunde oder lassen sie sich durch spezifische Bewegungen reproduzieren?
Schmerzen, die mit einer signifikanten Bewegungseinschränkung verbunden sind, sind eher durch eine Organpathologie zu erklären, während Schmerzen ohne Bewegungseinschränkung eher funktionell sind.

Ist die körperliche Untersuchung normal, fehlen objektive Befunde?
Eine normale neurologische Untersuchung spricht für eine funktionelle Ursache, während eine abnormale neurologische Untersuchung auf einen organpathologoischen Prozess hinweist.

Laboruntersuchungen und Bildgebung

Finden sich in Labor und Bildgebung Hinweise auf eine Organpathologie?
Der Nachweis eines Tumors, einer Fraktur oder einer Infektion spricht für eine organpathologische Genese, negative Befunde sprechen für eine funktionelle Störung.

Kann es sich um unspezifische Labor oder Bildgebungsbefunde handeln?
In der Bildgebung finden sich häufig Anomalien bei asymptomatischen Patienten. Man sollte deshalb sorgfältig prüfen, ob diese Befunde wirklich kausal für die Beschwerden sind.

Provokationstest

Verändern sich die Symptome, wenn über belastende Situationen oder emotionale Themen gesprochen wird?
Achten Sie bei der Exploration auf Veränderungen der Symptome.

Verbessern sich die Symptome durch positive Selbstaffimation, Expositionsübungen oder beim Ausdrücken von Emotionen?
Forschen Sie nach entsprechenden Veränderungen.

Symptomcheckliste

Überprüfen Sie für jeden der folgenden Punkte, welche dieser Symptome oder Beschwerden Sie jemals haben oder hatten und geben Sie das Jahr an.

Anhang

Symptome, Syndrome, Beschwerden	Jemals?	Wann? (Jahr)	Noch vorhanden?
1. Sodbrennen, saures Aufstoßen			
2. Magengeschwür, Magenschmerzen			
3. Hiatushernie/Zwerchfellbruch			
4. Reizdarmsyndrom			
5. Kolitis, spastischer Dickdarm			
6. Spannungskopfschmerz			
7. Migräne-Kopfschmerz			
8. Ekzeme			
9. Angstsymptome/Panikattacken			
10. Depression			
11. Zwänge, Zwangsgedanken			
12. Essstörung			
13. Schlaflosigkeit oder Schlafstörungen			
14. Fibromyalgie			
15. Rückenschmerzen			
16. Nackenschmerzen			
17. Schulterschmerzen			
18. Ermüdungsbruch			
19. Morbus Sudeck, Regionales Schmerzsyndrom			
20. Temporomandibuläre Dysfunktion, Kiefergelenksyndrom			
21. Chronische Tendinitis, Sehnenentzündung			
22. Karpaltunnelsyndrom			
23. Taubheiten, Parästhesien			
24. Trigeminusneuralgie, Gesichtsschmerzen			
25. Müdigkeit, Chronisches Müdigkeitssyndrom			
26. Herzklopfen, Palpitationen			
27. Brustschmerzen			
28. Hyperventilation			
29. Reizblasen-Syndrom			

Symptome, Syndrome, Beschwerden	Jemals?	Wann? (Jahr)	Noch vorhanden?
30. Interstitielle Blasenentzündung (interstielle Zystitis)	_____	_____	_____
31. Prostata Probleme	_____	_____	_____
32. Beckenschmerzen	_____	_____	_____
33. Muskelverhärtungen	_____	_____	_____
34. Herzrasen, niedriger Blutdruck	_____	_____	_____
35. Tinnitus	_____	_____	_____
36. Schwindel	_____	_____	_____

ACE Fragebogen zu Belastungsfaktoren in der Kindheit

Wir empfehlen die deutsche Version des »Adverse Childhood Experiences Questionnaire« von Schäfer, Wingenfeld und Spitzer (2009). (http://zep-hh.de/service/diagnostik).
Nachfolgend die Übersetzung der Autoren.

1	Hat ein Elternteil oder ein anderer Erwachsener im Haushalt oft oder sehr oft … über Sie geflucht, sie beleidigt, Sie runtergemacht oder Sie erniedrigt, gedemütigt? Handelten Sie so, dass Sie Angst hatten, dass Sie körperlich verletzt werden könnten?	Ja
2	Hat ein Elternteil oder ein anderer Erwachsener im Haushalt oft oder sehr oft… gestoßen, ergriffen, begrabscht, geschlagen oder Dinge auf Sie geworfen? Sind Sie jemals so hart getroffen worden, dass Sie Spuren hatten oder verletzt wurden?	Ja
3	Hat ein Erwachsener oder eine Person, die mindestens 5 Jahre älter ist als Sie, Sie jemals berührt, gestreichelt oder haben Sie seinen Körper auf sexuelle Weise berührt? Hat sie versucht mit Ihnen Mund-, Anal- oder Vaginalverkehr zu haben?	Ja
4	Haben Sie oft oder sehr oft das Gefühl gehabt, dass… niemand in Ihrer Familie sie liebte, dachte Sie wären wichtig oder etwas Besonderes? Schaute man in Ihrer Familie nicht zueinander? Fühlten sich die Familienmitglieder einander nicht nahe oder unterstützte man sich gegenseitig nicht?	Ja
5	Haben Sie oft oder sehr oft das Gefühl gehabt, dass…. Sie nicht genug zu essen hatten? Mussten Sie schmutzige Kleidung tragen? Hatten Sie niemanden, der Sie beschützte? Waren Ihre Eltern zu betrunken oder auf Drogen, um Sie zu versorgen oder Sie zum Arzt zu bringen, wenn Sie es brauchten?	Ja
6	War ein biologischer Elternteil jemals durch Scheidung, Verlassen werden oder aus anderen Gründen für Sie unerreichbar?	Ja
7	Hat ein Elternteil oder ein anderer Erwachsener in Ihrem Haushalt Sie oft oder sehr oft… geschubst, gepackt, geschlagen oder etwas auf Sie geworfen? Wurden Sie manchmal, oft, oder sehr oft, getreten, gebissen, mit der Faust	Ja

	geschlagen oder mit etwas Hartem geschlagen? Wurden Sie jemals wiederholt mindestens ein paar Minuten geschlagen, mit einer Waffe oder einem Messer bedroht?	
8	Haben sie mit jemandem gelebt, der ein Problemdrinker, Alkoholiker oder Drogenkonsument war?	Ja
9	War ein Haushaltsmitglied depressiv oder psychisch krank? Hat ein Haushaltsmitglied Selbstmord versucht?	Ja
10	Ist ein Haushaltsmitglied je im Gefängnis gewesen?	Ja

Kreuzen Sie die Fragen zu denen Sie Ja sagen können an.

Jedes Ja ist ein ACE-Punkt. **Gesamtpunktzahl:** ___

Beschreibung Lebensverlauf Interview

Überprüfen Sie die Checkliste der Symptome und legen Sie den Beginn der Symptome in chronologischer Reihenfolge fest. Bitten Sie um Erlaubnis, nach Zusammenhängen zwischen Auftreten/Verschlimmerung der Symptome und stressigen Ereignissen zu suchen.

Fragen Sie nach Symptomen in der Kindheit wie Kopfschmerzen, Bauchschmerzen, Wachstumsschmerzen, Ängstlichkeit, Schüchternheit und Sensibilität (weisen Sie darauf hin, dass es oft die »empfindsamen« Menschen sind, die dazu neigen, zentralnervös gebahnte Schmerzsyndrome zu entwickeln).

Beginnen Sie mit den Symptomen, die im frühesten Alter auftraten, und fragen Sie nach dem, was in deren Leben zu diesem Zeitpunkt vor sich ging, als das Symptom begann. Suchen Sie nach stressigen Ereignissen und schauen Sie sich die medizinischen Fakten an. *«Es mag sehr wohl ein medizinisches Problem gewesen sein, aber lasst uns eine Sekunde darüber nachdenken, was in Ihrem Leben zu dieser Zeit vorgefallen sein könnte.»*

Fahren Sie mit so vielen wichtigen Symptomen wie möglich fort und weisen Sie auf Zusammenhänge hin, wie sie aufgetreten sind. Zeigen Sie dem Patienten Mitgefühl, dass ihm so viele Dinge passiert sind. Zeigen Sie das Muster eines sensibilisierten Gefahrensignals auf, das sich im Laufe der Zeit zu immer mehr Schmerzen und anderen Symptomen entwickelt hat. Erkennen Sie die Frustration, nicht zu wissen, warum diese aufgetreten sind oder unbefriedigende Schmerzlinderung durch Medikamente und andere Eingriffe möglich wurde. Fragen Sie, ob er jetzt bereit ist, an der Veränderung des Gehirns zu arbeiten, um den Schmerz oder andere Symptome der PPS zu reduzieren oder zu beseitigen.

Persönlichkeitsmerkmale, die oft mit PPS in Verbindung gebracht werden

Erkennen Sie bei Ihnen nachfolgende Eigenschaften ..., Wenn ja machen, Sie ein Kreuz.

1. Geringes Selbstwertgefühl. _____
2. Ein Perfektionist sein. _____
3. Hohe Erwartungen an sich selbst stellen. _____
4. Wunsch, gut zu sein und/oder gemocht zu werden. _____
5. Häufig feindselig und/oder aggressiv. _____
6. Häufiges Schuldgefühl. _____
7. Sich abhängig von anderen fühlen. _____
8. Übermäßiges gewissenhaftes Handeln. _____
9. Hart mit sich selber sein. _____
10. Übermäßig verantwortlich fühlen. _____
11. Sich oft für andere verantwortlich fühlen. _____
12. Wut oder Groll haben. _____
13. Sich häufig Sorgen machen. _____
14. Traurig sein. _____
15. Mühe, Entscheidungen zu treffen. _____
16. Überangepasst – Regelverfolger. _____
17. Mühe loszulassen. _____
18. Vorsichtig, scheu oder reserviert. _____
19. Tendenz Gedanken und Gefühle für sich zu behalten. _____
20. Mühe für sich einzustehen. _____

Literatur

Aaron LA, Bradley LA, Alarcón GS, Alexander RW, Triana-Alexander M, Martin MY, Alberts KR (1996) Psychiatric diagnoses in patients with fibromyalgia are related to health care-seeking behavior rather than to illness. Arthritis & Rheumatism 39: 436–445.

Aaron LA, Buchwald, D (2001) A review of the evidence for overlap among unexplained clinical conditions. Annals of Internal Medicine 134: 868–881.

Abbass A (2005) Somatization: Diagnosing it sooner through emotion- focused interviewing. Journal of Family Practice 54: 215–24.

Abbass A (2015) Reaching through resistance: advanced psychotherapy techniques. Kansas City: Seven Leaves Press.

Abbass A (2016) The emergence of psychodynamic psychotherapy for treatment resistant patients: Intensive Short-Term Dynamic Psychotherapy. Psychodynamic Psychiatry 44: 245–80.

Abbass A, Bechard D (2007) Bringing character changes with Intensive Short-term Dynamic Psychotherapy. Ad Hoc Bulletin of Short- term Dynamic Psychotherapy: Practice and Theory 11: 26–40.

Abbass A, Burke N, Clarke DD (2018) Psychotherapeutics for Chronic Pain Extends Beyond Cognitive Behavioral Therapy. JAMA Intern Med 178: 1432–1433

Abbass A, Campbell S, Hann G, Lenzer I, Tarzwell R (2010) Implementing an emotion-focused consultation service to examine medically unexplained symptoms in the emergency department. Archives of Medical Psychology 2: 44–52.

Abbass A, Campbell S, Magee K, Tarzwell R (2009a) Intensive short-term dynamic psychotherapy to reduce rates of emergency department return visits for patients with medically unexplained symptoms: preliminary evidence from a pre-post intervention study. Canadian Journal of Emergency Medicine 11: 529–34.

Abbass A, Kisely S, Kroenke K (2009b) Short-term psychodynamic psychotherapy for somatic disorders. Systematic review and meta-analysis of clinical trials. Psychother Psychosom 78, 265-274.

Abbass A, Katzman J (2013) The cost-effectiveness of Intensive Short- term Dynamic Psychotherapy. Psychiatric Annals 43: 496–501.

Abbass A, Kisely S, Kroenke K (2009) Short-term Psychodynamic Psychotherapy for Somatic Symptom Disorders: A systematic review and meta-analysis. Psychotherapy and Psychosomatics 78: 265–274.

Abbass A, Kisely S, Rasic D, Town JM, Johansson R (2015) Long-term healthcare cost reduction with intensive short-term dynamic psychotherapy in a tertiary psychiatric service. Journal of Psychiatric Research 64: 114–20.

Abbass A, Lovas D, Purdy A (2008) Direct diagnosis and management of emotional factors in chronic headache patients. Cephalgia 28: 1305-1314.

Amir M, Kaplan Z, Neumann L, Sharabani R, Shani N, Buskila D (1997) Post-traumatic stress disorder, tenderness and fibromyalgia. Journal of Psychosomatic Research 42: 607–613.

Anda RF, Felitti VJ, Bremner JD, Walker JD, Whitfield C, Perry BD, Dube SR, Giles WH (2006) The enduring effects of abuse and related adverse experiences in childhood: A convergence of evidence from neurobiology and epidemiology. European Archives of Psychiatry and Clinical Neuroscience 256: 174–86.

Arkowitz H, Lilienfeld SO (2010) Why science tells us not to rely on eye witness accounts. Scientific American Mind1.

Assor A, Roth G, Deci EL (2004) The Emotional Costs of Parents' Conditional Regard: A Self-Determination Theory Analysis. Journal of Personality 72: 47–88.
Baliki MN, Petre B, Torbey S, Herrmann KM, Huang L, Schnitzer TJ, Fields HL, Apkarian AV (2012) Corticostriatal functional connectivity predicts transition to chronic back pain. Nature Neuroscience 15: 1117–1119.
Barsky AJ, Borus JF (1999) Functional somatic syndromes. Annals of Internal Medicine 130: 910–921.
Barsky AJ, Orav EJ, Bates DW (2005) Somatization increases medical utilization and costs independent of psychiatric and medical comorbidity. Archives of General Psychiatry 62: 903–10.
Bass C, Bond A, Gill D, Sharpe M (1999) Frequent attenders without organic disease in a gastroenterology clinic: Patient characteristics and health care use. General Hospital Psychiatry 21: 30–38.
Bass C, Peveler R, House A (2001) Somatoform disorders: Severe psychiatric illnesses neglected by psychiatrists. The British Journal of Psychiatry 179: 11–14.
Beckham JC, Crawford AL, Feldman ME, Kirby AC, Hertzberg MA, Davidson JR, Moore SD (1997) Chronic posttraumatic stress disorder and chronic pain in Vietnam combat veterans. Journal of Psychosomatic Research 43: 379–389.
Beecher HK (1951) Early care of the seriously wounded man. Journal of the American Medical Association 145: 193–200.
Bendixen M, Muus KM, Schei B (1994) The impact of child sexual abuse: a study of a random sample of Norwegian students. Child Abuse & Neglect 18: 837–847.
Bohns VK, Wiltermuth SS (2012) It hurts when I do this (or you do that): Posture and pain tolerance. Journal of Experimental Social Psychology 48: 341–345.
Boos N, Semmer N, Elfering A, Schade V, Gal I, Zanetti M, Kissling R, Buchegger N, Hodler J, Main CJ (2000) Natural history of individuals with asymptomatic disc abnormalities in magnetic resonance imaging: predictors of low back pain-related medical consultation and work incapacity. Spine 25: 1484–92.
Borenstein DG, O'Mara JW Jr, Boden SD, Lauerman WC, Jacobson A, Platenberg C, Schellinger D, Wiesel SW (2001) The value of magnetic resonance imaging of the lumbar spine to predict low-back pain in asymptomatic subjects: a seven-year follow-up study. Journal of Bone and Joint Surgery (American) 83-A: 1306–11.
Bowlby JA (1988) secure base. New York: Basic Books.
Brinjikji W, Luetmera PH, Comstock B, Breshahan BW, Chenc LE, Deyo RA, Halabig S, Turner JA, Avinsh AL, James K, Wald JT, Kallmes DF, Jarvik JG (2015) Systematic Literature Review of Imaging Features of Spinal Degeneration in Asymptomatic Populations. American Journal of Neuroradiology 36: 811–816.
Brown S, Vaughan C. Play (2009) How it shapes the brain, opens the imagination, and invigorates the soul. New York: Penguin Books.
Burger AJ, Lumley MA, Carty JN, Latsch DV, Thakur ER, Hyde-Nolan ME, Hijazi AM, Schubiner H. A (2016) Preliminary Trial of a Novel Psychological Attribution and Emotional Awareness Intervention for Chronic Musculoskeletal Pain. Journal of Psychosomatic Research 81: 1–8.
Carney DR, Cuddy AJC, Yap AJ (2010) Power Posing: Brief Nonverbal Displays Affect Neuroendocrine Levels and Risk Tolerance. Psychological Science 21: 1363–1368.
Carragee EJ, Alamin TF, Miller JL, Carragee JM (2005) Discographic, MRI and psychosocial determinants of low back pain disability and remission: a prospective study in subjects with benign persistent back pain. The Spine Journal 5: 24–35.
Chavooshi B, Mohammadkhani P, Dolatshahi B (2016a). A Randomized double-blind controlled trial comparing Davanloo Intensive Short-Term Dynamic Psychotherapy as internet-delivered vs treatment as usual for medically unexplained pain: A 6-Month pilot study. Psychosomatics 57: 292–300.
Chavooshi B, Mohammadkhani P, Dolatshahi B (2016b) Efficacy of Intensive Short-Term Dynamic Psychotherapy for medically unexplained pain: A pilot three-armed randomized controlled trial comparison with mindfulness-based stress reduction. Psychotherapy and Psychosomatics 85: 123–5.

Cherkin DC, Sherman KJ, Balderson BH, Cook AJ, Anderson ML, Hawkes RJ, Hansen KE, Turner JA (2016) Effect of mindfulness- based stress reduction vs cognitive behavioral therapy or usual care on back pain and functional limitations in adults with chronic low back pain: A randomized clinical trial. Journal of the American Medical Association 315: 1240–1249.

Christakis NA, Fowler JH (2013) Social contagion theory: examining dynamic social networks and human behavior. Statistics in Medicine 32: 556–577.

Christensen JO, Knardahl S (2012) Work and back pain: a prospective study of psychological, social and mechanical predictors of back pain severity. European Journal of Pain 16: 921–933.

Clarke DD (2007) They can't find anything wrong: 7 keys to under- standing, treating, and healing stress. Boulder, CO: First Sentient Publications.

Cooper A, Abbass A, Town J (2017) Implementing a Psychotherapy Service for Medically Unexplained Symptoms in a Primary Care Setting. J Clin Med 6(12):109.

Cooper A, Abbass A, Zed J, Bedford L, Sampallia T, Town J. Implementing a psychotherapy service for medically unexplained symptoms in a primary care setting. Journal of Clinical Medicine. In press.

Coughlin Della Selva P (2006) Emotional processing in the treatment of psychosomatic disorders. Journal of Clinical Psychology 62: 539–550.

Creamer P, Hochberg MC (1998) The relationship between psycho- social variables and pain reporting in osteoarthritis of the knee. Arthritis and Rheumatism 11: 60–65.

Croskerry P, Abbass A, Wu AW (2010) Emotional Issues in patient safety. Journal of Patient Safety 6: 199–205.

Crum AJ, Corbin WR, Brownell KD, Salovey P (2011) Mind over milkshakes: Mindsets, not just nutrients, determine ghrelin response. Health Psychology 30: 424–429.

Crum AJ, Langer EJ (2007) Mindset matters: Exercise and the placebo effect. Psychological Science 18: 165–171.

Cunningham J, Pearce T, Pearce P (1988) Childhood sexual abuse and medical complaints in adult women. Journal of Interpersonal Violence 3: 131–144.

Damasio A (2000) The Feeling of What Happens: Body and Emotion in the Making of Consciousness. New York: Houghton, Mifflin, Harcourt. 2000.

Davanloo H (1990b) Intensive Short-Term Dynamic Psychotherapy with Highly Resistant Depressed Patients: Part I – Restructuring Ego's Regressive Defenses. In: Unlocking the Unconscious. Chichester, England: John Wiley & Sons. 47–80.

Davanloo H (2000) Intensive Short-Term Dynamic Psychotherapy. Chichester, UK: Wiley Press.

Davanloo H (2005) Intensive Short-Term Dynamic Psychotherapy. In: Sadock BJ, Sadock VA (Hrsg.) Lippincott Kaplan and Sadock's Comprehensive Textbook of Psychiatry. New York: Williams and Wilkins. S. 2628–2652.

Davanloo, H (1990a) The Technique of Unlocking the Unconscious in Patients Suffering from Functional Disorders. Part I. Restructuring Ego's Defenses. In: Unlocking the Unconscious. Chichester, England: John Wiley & Sons. S. 283–306.

Deyo RA, Rainville J, Kent DL (1992) What can the history and physical examination tell us about low back pain? Journal of the American Medical Association 268: 760–765.

Dobie DJ, Kivlahan DR, Maynard C, Bush KR, Davis TM, Bradley KA (2004) Post-traumatic stress disorder in female veterans: Association with self-reported health problems and functional impairment. Archives of Internal Medicine 164: 394–400.

Drew T, Vo MLH, Wolfe, JM (2013) The invisible gorilla strikes again: Sustained inattentional blindness in expert observers. Psychological Science 24: 1848–1853.

Eisenberger NI, Jarcho JM, Lieberman MD, Naliboff BD (2006) An experimental study of shared sensitivity to physical pain and social rejection. PAIN 126: 132–138.

Espay AJ, Norris MM, Eliassen JC, Dwivedi A, Smith MS, Banks C, Allendorfer JB, Lang AE, Fleck DE, Linke MJ, Szaflarski JP (2015). Placebo effect of medication cost in Parkinson disease: A randomized double-blind study. Neurology 84: 794–802.

Ezriel H (1952) Notes on psychoanalytic Group therapy: II. Interpretation. Research Psychiatry 15: 119.

Falk EB, O'Donnell MB, Cascio CN, Tinney F, Kang Y, Lieberman MD, Taylor SE, An L, Resnicow K, Strecher VJ (2015) Self-affirmation alters the brain's response to health messages and subsequent behavior change. PNAS (Proceedings of the National Academy of Sciences, USA) 112: 1977–1982.

Feldman Barrett L (2017) How emotions are made: The secret life of the brain. Boston, New York: Houghton Mifflin Harcourt.

Feldman Barrett L, Simmons WK (2015) Interoceptive predictions in the brain. Nature Reviews Neuroscience. 16: 419–429.

Felitti VJ, Anda RF, Nordenberg D, Williamson DF, Spitz AM, Edwards V, Kross MP, Marks JS (1998) Relationship of childhood abuse and household dysfunction to many of the leading causes of death in adults. The Adverse Childhood Experiences (ACE) study. American Journal of Preventive Medicine 14: 245–258.

Ferrari R (2015) Effect of a pain diary use on recovery from acute low back pain (lumbar) sprain. Rheumatology International 35: 55–59.

Ferrari R, Louw D (2013) Effect of a pain diary use on recovery from acute whiplash injury: a cohort study. Journal of Zhejiang University, Science B 14: 1049–1053.

Ferrari R, Russell AS (2010) Effect of a symptom diary on symptom frequency and intensity in healthy subjects. Journal of Rheumatology 37: 2386–2387.

Ferreira ML, Zhang Y, Metcalf B, Makovey J, Bennell KL, March L, Hunter DJ (2016) The influence of weather on the risk of pain exacerbation in patients with knee osteoarthritis – a case-crossover study. Osteoarthritis Cartilage 4: 2042–2047.

Fisher JP, Hassan DT, O'Connor N (1995) Minerva. British Medical Journal 310: 70.

Fonagy P, Allison E (2014) The role of mentalizing and epistemic trust in the therapeutic relationship. Psychotherapy (Chicago) 51: 372–80.

Geisser ME, Strader Donnell C, Petzke F, Gracely RH, Clauw DJ, Williams DA (2008). Comorbid somatic symptoms and functional status in patients with fibromyalgia and chronic fatigue syndrome: sensory amplification as a common mechanism. Psychosomatics. 49: 235–42.

Germer C (2009). The mindful path to self-compassion: Freeing yourself from destructive thoughts and emotions. New York, NY: The Guilford Press.

Gillis, ME, Lumley MA, Mosley-Williams A, Leisen JCC, Roehrs T (2006) The health effects of at-home written emotional disclosure in fibromyalgia: A randomized trial. Annals of Behavioral Medicine. 32: 135–146.

Goldberg RT, Pachas WN, Keith D (1999) Relationship between traumatic events in childhood and chronic pain. Disability and Rehabilitation 21: 23–30.

Goldstein J (2013) Mindfulness: A Practical Guide to Awakening. Boulder, CO: Sounds True, Inc.

Goodwin RD, Hoven CW, Murison R, Hotopf M (2003) Association between childhood physical abuse and gastrointestinal disorders and migraine in adulthood. American Journal of Public Health 93: 1065–1067.

Gracely RH, Schweinhardt P (2015) Programmed Symptoms: Disparate Effects United by Purpose. Current Rheumatology Reviews 11: 116–130.

Green CR, Flowe-Valencia H, Rosenblum L, Tait AR (2001) The role of childhood and adulthood abuse among women presenting for chronic pain management. The Clinical Journal of Pain 17: 359–364.

Grossman P, Tiefenthaler-Gilmer U, Raysz A, Kesper U (2007) Mindfulness training as an intervention for fibromyalgia: evidence of post-intervention and 3-year follow-up benefits in well-being. Psychotherapy and Psychosomatics 76: 226–233.

Haller H, Cramer H, Lauche R, Dobos, G. Somatoform disorders and medically unexplained symptoms in primary care: a systematic review and meta-analysis of prevalence. Deutsches Ärzteblatt International. 112: 279–287.

Hanscom D (2016). Back in Control: A spine surgeon's roadmap out of chronic pain. Seattle, WA: Vertus Press.

Hashmi JA, Baliki MN, Huang L, Baria AT, Torbey S, Herrmann KM, Schnitzer TJ, Apkarian AV (2013) Shape shifting pain: chronification of back pain shifts brain representation from nociceptive to emotional circuits. Brain 136: 2751–2768.

Hawkins RD, Abrams TW, Carew TJ, Kandel ER (1983) A cellular mechanism of classical conditioning in Aplysia: activity dependent amplification of presynaptic facilitation. Science. 219: 400–405.

Hebb DO (1949) The organization of behavior. New York: Wiley & Sons.

Henningsen P, Zimmermann T, Sattel H (2003) Medically unexplained physical symptoms, anxiety, and depression: a meta-analytic review. Psychosomatic Medicine 65: 528–533.

Holmes TH, Rahe RH (1967) The social readjustment rating scale. Journal of Psychosomatic Research 11: 213–218.

Hsu MC, Schubiner H, Lumley MA, Stracks JS, Clauw DJ, Williams DA (2010) Sustained pain reduction through affective self-awareness in fibromyalgia: a randomized controlled trial. Journal of General Internal Medicine 25: 1064–70.

Institute of Medicine (US) (2011) Committee on Advancing Pain Research, Care, and Education. Relieving Pain in America: A Blueprint for Transforming Prevention, Care, Education, and Research. Washington (DC): National Academies Press (US).

Kabat-Zinn J (1990) Full catastrophe living. New York: Random House.

Kandel ER, Hawkins RD (1992) The biological basis of learning and individuality. Scientific American. September: 79-86.

Katon W, Sullivan M, Walker E (2001). Medical symptoms without identified pathology: relationship to psychiatric disorders, childhood and adult trauma, and personality traits. Annals of Internal Medicine 134: 917–925.

Kirsch I (2010). The Emperor's New Drugs: Exploding the Antidepressant Myth. New York: Basic Books.

Kroenke K (2003) Patients presenting with somatic complaints: epidemiology, psychiatric co-morbidity and management. International Journal of Methods in Psychiatric Research 12: 34–43.

Kroenke K (2003) The interface between physical and psychological symptoms. Primary Care Companion to the Journal of Clinical Psychiatry 5: 11–18.

Kroenke K, Rosmalen JG (2006) Symptoms, syndromes, and the value of psychiatric diagnostics in patients who have functional somatic disorders. Medical Clinics of North America. 90: 603–626.

Kroenke K, Spitzer MD, Williams JBW, Lowe B (2010) The Patient Health Questionnaire Somatic, Anxiety, and Depressive Symptom Scales: a systematic review. General Hospital Psychiatry 32: 345–359.

Kross E, Berman, MG, Mischel W, Smith EE, Wager, TD (2011) Social rejection shares somatosensory representations with physical pain. Proceedings of the National Academy of Sciences of the USA 108: 6270–6275.

Landa A, Peterson B, Fallon B (2012) Somatoform Pain: A Developmental Theory and Translational Research Review. Psychosomatic Medicine 74: 717–727.

Latthe P, Mignini L, Gray R, Hills R, Khan K (2006) Factors predisposing women to chronic pelvic pain: systematic review. British Medical Journal 332: 749–756.

LeDoux J (1996) The Emotional Brain: The mysterious underpinnings of emotional life. New York, NY: Touchstone Books, Simon and Schuster.

Lilliengren P, Johansson R, Lindqvist K, Mechler J, Andersson G (2016) Efficacy of experiential dynamic therapy for psychiatric conditions: A meta-analysis of randomized controlled trials. Psychotherapy (Chic) 53: 90–104.

Lum TE, Fairbanks RJ, Pennington EC, Zwemet FL (2005) Profiles in patient safety: Misplaced femoral line guidewire and multiple failures to detect the foreign body on chest radiography. Academic Emergency Medicine 12: 658–662.

Lumley MA, Cohen JL, Borszcz GS, Cano A, Radcliffe AM, Porter LS, Schubiner H, Keefe FJ (2011) Pain and emotion: a biopsychosocial review of recent research. Journal of Clinical Psychology 67: 942–68.

Lumley MA, Schubiner H, Lockhart NA, Kidwell KM, Harte S, Clauw DJ, Williams DA (2017) Emotional awareness and expression therapy, cognitive-behavioral therapy, and education for fibromyalgia: A cluster-randomized controlled trial. PAIN 158: 2354–2363.

Luskin F (2002) Forgive for Good. New York: HarperCollins, Inc.

Malan DH (1979) Individual Psychotherapy and the Science of Psychodynamics. Oxford: Butterworth-Heinemann.
Manu P, Lane TJ (1989) Matthews DA. Somatization disorder in patients with chronic fatigue. Psychosomatics 30: 388–395.
Martin P (2010) Behavioral management of migraine headache triggers: Learning to cope with triggers. Current Pain and Headache Reports 14: 221–227.
Mayer EA, Naliboff BD, Chang L, Coutinho SV (2001) Stress and irritable bowel syndrome. American Journal of Physiology-Gastrointestinal and Liver 280: G519–524.
Meltzer-Brody S, Leserman J, Zolnoun D, Steege J, Green E, Teich A (2007) Trauma and posttraumatic stress disorder in women with chronic pelvic pain. Obstetrics & Gynecology 109: 902–908.
Merskey, H (1989) Physical and psychological considerations in the classification of fibromyalgia. The Journal of Rheumatology. Supplement 19: 72–79.
Morgan CA, Hazlett G, Doran A, Garrett S, Hoyt G, Thomas P, Baranoski M, Southwick SM (2004) Accuracy of eyewitness memory for persons encountered during exposure to highly intense stress. International Journal of Law and Psychiatry 27: 265–279.
Morrison JD (1980) Fatigue as a presenting complaint in family practice. The Journal of Family Practice. 10: 795–801.
Neff K (2011) Self-compassion: Stop beating yourself up and leave insecurity behind. New York, NY: HarperCollins Publishers.
Noakes, TD (2001) Lore of Running. Southern Africa: Oxford University Press.
Norman SA, Lumley MA, Dooley JA, Diamond MP (2004) For whom does it work? Moderators of the effects of written emotional disclosure in a randomized trial among women with chronic pelvic pain. Psychosomatic Medicine 66: 174–183.
Oldfield G (2015) Chronic Pain: Your key to recovery. AuthorHouse UK.
Peabody FW (1927) The care of the patient. Journal of the American Medical Association 88: 877–882.
Pennebaker J (1990) Opening Up: The healing power of expressing emotions. New York, NY: Guilford Press.
Pennebaker J (2004) Writing to Heal: A guided journey to recovering from trauma and emotional upheaval. Oakland, CA: New Harbinger Publications, Inc.
Pfaundler S, Quade E (2014) Vortrag bei Generalversammlung der Schweizerischen Gesellschaft für ISTDP 2014.
Raphael KG, Chandler HK, Ciccone DS (2004) Is childhood abuse a risk factor for chronic pain in adulthood? Current Pain and Headache Reports 8: 99–110.
Raspe H, Hueppe A, Neuhauser H (2008) Back pain, a communicable disease? International Journal of Epidemiology 37: 69–74.
Rief W, Barsky AJ (2005) Psychobiological perspectives on somatoform disorders. Psychoneuroendocrinology 30: 996–1002.
Russell L, Abbass A, Pohlmann-Eden B, Alder S, Town J (2016) A Preliminary study of reduction in healthcare costs following the application of Intensive Short-Term Dynamic Psychotherapy for psychogenic non-epileptic seizures. Epilepsy and Behavior 63: 17–19.
Sachs-Ericsson NJ, Sheffler JL, Stanley IH, Piazza JR, Preacher KJ (2017) When emotional pain becomes physical: Adverse childhood experiences, pain, and the role of mood and anxiety disorders. Journal of Clinical Psychology. (doi: 10.1002/ jclp.22444).
Safran DG, Miller W, Beckman H (2006) Organizational dimensions of relationship-centered care: theory, evidence, and practice. Journal of General Internal Medicine 21(suppl 1): S9–S15.
Sansone RA, Gaither GA, Sansone LA (2001) Childhood trauma and adult somatic preoccupation by body area among women in an Internal Medicine setting: A pilot study. International Journal of Psychiatry in Medicine 31: 147–154.
Sarno JE (2007) The Divided Mind: The Epidemic of Mindbody Disorders. New York: Harper.
Schechter D (2014) Think Away your Pain. Los Angeles: Mindbody Medicine Publications.

Schechter D, Smith A (2005) Back Pain as a Distraction Pain Syndrome. Evidence-Based Integrative Medicine 2: 3–8.
Schubiner H (2016) Unlearn Your Anxiety and Depression. Pleasant Ridge, MI: Mind Body Publishing.
Schubiner H, Betzold M (2016) Unlearn Your Pain (third edition). Pleasant Ridge, MI: Mind Body Publishing.
Schulte IE, Petermann F (2011) Familial risk factors for the development ofsomatoform symptoms and disorders in children and adolescents: A systematic review. Child Psychiatry and Human Development 42: 569–583.
Severeijns RM, Vlaeyen JWS, van den Hout MA, Weber WEJ (2001) Pain catastrophizing predicts pain intensity, disability, and psychological distress independent of the level of physical impairment. Clinical Journal of Pain. 17: 165–172.
Sha MC, Callahan CM, Counsell SR, Westmoreland GR, Stump TE, Kroenke K (2005) Physical symptoms as a predictor of health care use and mortality among older adults. The American Journal of Medicine 118: 301–306.
Sherman JJ, Turk DC, Okifuji A (2000) Prevalence and impact of post- traumatic stress disorder-like symptoms on patients with fibro- myalgia syndrome. Clinical Journal of Pain16: 127–134.
Smyth JM, Stone AA, Hurewitz A (1999) Effects of writing about stressful experiences on symptoms reduction in patients with asthma or rheumatoid arthritis. Journal of the American Medical Association 281: 1304–1309.
Spertus IL, Yehuda R, Wong CM, Halligan S, Seremetis SV (2003) Childhood emotional abuse and neglect as predictors of psychological and physical symptoms in women presenting to a primary care practice. Child Abuse & Neglect 27: 1247–1258.
Starfield B, Wray C, Hess K, Gross R, Birk PS, D'Lugoff BC (1981) The influence of patient-practitioner agreement on outcome of care. American Journal of Public Health 71: 127–131.
Steffens D, Maher CG, Li Q, Ferreira ML, Pereira LSM, Koes BW (2014) Latimer J. Effect of weather on back pain: Results from a case-crossover study. Arthritis Care and Research 66: 1867–1872.
Stone MJ (1995) The wisdom of Sir William Osler. American Journal of Cardiology 75: 269–276.
Stuart S, Noyes R (1999) Attachment and interpersonal communication in somatization. Psychosomatics. 40: 34–43.
Sumanen M, Rantala A, Sillanmaki LH, Mattila KJ (2007) Childhood adversities experienced by working-age migraine patients. Journal of Psychosomatic Research 62: 139–143.
Takatalo J, Karppinen J, Niinimäki J, Taimela S, Näyhä S, Järvelin MR, Kyllönen E, Tervonen O (2009) Prevalence of degenerative imaging findings in lumbar magnetic resonance imaging among young adults. Spine (Philadelphia) 34: 1716–21.
Tawakol A, Ishai A, Takx RAP, Figueroa AL, Ali A, Kaiser Y, Truong QA, Solomon CJE, Calcagno C, Mani V, Tang CY, Mulder WJM, Murrough JW, Hoffmann U, Nahrendorf M, Shin LM, Fayad ZA, Pitman RK (2017) Relation between resting amygdalar activity and cardiovascular events: a longitudinal and cohort study. The Lancet 389: 834–845.
Thompson WG, Longstreth G, Drossman D, Heaton K, Irvine E, Müller-Lissner S (1999) Functional bowel disorders and functional abdominal pain. Gut 45: II43–II47.
Tietjen GE, Peterlin BL (2011) Childhood abuse and migraine: epidemiology, sex differences, and potential mechanisms. Headache. 51: 869–879.
Town JM, Driessen E (2013) Emerging evidence for intensive short- term dynamic psychotherapy with personality disorders and somatic disorders. Psychiatric Annals 43: 502–507.
van Dessel N, den Boeft M, van der Wouden JC, Kleinstäuber M, Leone SS, Terluin B, Numans ME, van der Horst HE, van Marwijk H (2014) Non-pharmacological interventions for somatoform disorders and medically unexplained physical symptoms (MUPS) in adults. Cochrane Database of Systematic Reviews 11: CD011142.
van Houdenhove B, Neerinckx E, Lysens R, Vertommen H, van Houdenhove L, Onghena P et al. (2001) Victimization in chronic fatigue and fibromyalgia in tertiary care: A controlled study on prevalence and characteristics. Psychosomatics 42: 21–28.

Wessely S, Nimnuan C, Sharpe M (1999) Functional somatic syndromes: one or many? The Lancet 354: 936–939.
Whitehead WE, Bosmajian L, Zonderman A, Costa P, Schuster M (1988) Symptoms of psychologic distress associated with irritable bowel syndrome. Gastroenterology 95: 709–714.
Whittemore JW (1996) Paving the royal road: An overview of conceptual and technical features in the graded format of Davanloo's Intensive Short-term Dynamic Psychotherapy. International Journal of Intensive Short-term Dynamic Psychotherapy 11: 21–39.
Yunus MB (2007) Fibromyalgia and overlapping disorders: the unifying concept of central sensitivity syndromes. Seminars in Arthritis and Rheumatism 36: 339–5.

Weitere Informationsquellen

Online

Allan Abbass, MD: publications and courses: www.allanabbass.com
Courses in ISTDP: istdpinstitute.com
David Hanscom, MD: www.backincontrol.com, Stress Illness Recovery Practitioners Association: www.sirpauk.com; Psychophysiologic Disorders Association: www.ppdassociation.org
Howard Schubiner, MD: www.unlearnyourpain.com
Kurse in ISTDP im deutschen Sprachraum: www.istdp.ch; www.istdp.de
Pain Psychology Center: Counseling center specializing in PPD therapy via phone and Skype: www.painpsychologycenter.com
PPD/TMS Peer Network: Peer-run support website with information, interviews, an online recovery program, and a list of practitioners: www.tmswiki.org

Bücher über psychophysiologische Störung für Betroffene

Anderson F, Sherman E (2013) Pathways to Pain Relief. South Carolina: CreateSpace.
Clarke D (2016) They Can't Find Anything Wrong. 2007. Hanscom, David. Back in Control. Boulder, CO: Sentinent Publications.
Oldfield G (2015) Chronic Pain: Your key to recovery. AuthorHouse UK.
Ozanich S (2011) The Great Pain Deception. Silver Cord Records, Inc.
Ozanich S (2017) Die Große Schmerzlüge: Falscher ärztlicher Rat macht uns noch kränker. Silver Cord Records, Inc.
Sachs N (2013) The Meaning of Truth. South Carolina: CreateSpace.
Sarno J (2011) Healing Back Pain, The Divided Mind, The Mindbody Prescription, Mind Over Back Pain. London: Duckworth.
Sarno J (2007) Frei von Schmerz: Psychosomatische Beschwerden verstehen und ganzheitlich behandeln. Aarau: AT Verlag.
Schechter D (2014) Think Away Your Pain. Culver City, CA: MindBody Medicine Publications.
Schubiner H, Betzold M (2016) Unlearn Your Pain. (third edition) Pleasant Ridge, MI: Unlearn Mind Body Publishing.
Schubiner H (2016) Unlearn Your Anxiety and Depression. Pleasant Ridge, MI: Mind Body Publishing.
Selfridge N (2001) Freedom from Fibromyalgia. Springboro OH: Times Books.
Siegel R, Urdang M, Johnson D (2001) Back Sense. New York: Harmony.

Bücher für Therapeut*innen

Abbass A (2015) Reaching through resistance: advanced psychotherapy techniques. Kansas City: Seven Leaves Press. (Deutsche Übersetzung in Bearbeitung).

Coughlin P (2016) Maximizing Effectiveness in Dynamic Psychotherapy. Abingdon, UK: Routledge.

Davanloo H (1995) Der Schlüssel zum Unbewussten. München: Verlag J. Pfeiffer.

Davanloo H (2000) Intensive Short-Term Dynamic Psychotherapy. Chichester, UK: Wiley Press.

Frederickson J (2013) Co-Creating Change: Effective Dynamic Therapy Techniques. Kansas City: Seven Leaves Press.

Gottwik G (Hrsg.) (2009) Intensive Dynamische Kurzzeitpsychotherapie nach Davanloo. Berlin, Heidelberg: Springer.

Troendle P (2005) Psychotherapie dynamisch-intensiv-direkt. Gießen: Psychosozial Verlag.

Stichwortverzeichnis

A

Abwehr 32
Abwehrmechanismen 18, 84, 124, 148
- Affektisolation 87
- Angepasstheit 92
- Konversion 88, 90
- Passivität 92
- Projektion 89, 104
- Repression 88, 100
- Spaltung 104
- Wendung gegen das Selbst 139
Achtsamkeit 69
- emotionale Achtsamkeit 106
Adverse Childhood Events 43
Affektisolierung 131
Affektphobie 76
Affekttoleranz 84, 164
Akzeptanz der Diagnose 50, 61
Alarmsignal 54, 56
Alarmzustand 83
Alexithymie
- alexithym 25
Allianz 140
- vertrauensvolle Beziehung 163
Amygdala 34, 54, 66
Anamnese 34 f.
- frühe Belastungsfaktoren 42
Anamnesebögen 41
Angepasstheit 128
Angst
- unbewusste Angst 85
Angst- und Abwehrsystem 44
Angst-Abwehr-Reaktion 50
Angst-Abwehrsystem 60
Angstregulation 116, 119
Angstsignale 57
Angsttoleranz 84, 102, 153
Angstüberflutung 18, 20, 116
Anspannung 74
Apkarian, AV 31
Arthrose 39
Atem 127
Atmen 68
Aufklärung des Patienten 49

Aufnahmefragebogen 33
Auslöser
- belastende Lebensumstände 43

B

belle indifférence 90
Beziehung, therapeutische
- Arzt-Patient-Beziehung 27, 45, 50, 85, 123, 133, 148
Bildgebung 39
- MRT 39
Bindung 82
- sichere Bindung 82
Bindungstraumata 14, 24 f., 27, 82, 84
biomedizinische Paradigma 59
biopsychosoziales Modell 33, 59
Brustschmerz 34
Burnout 135

C

central sensitization disorder 41
chronische Schmerzsyndrome 125
cinguläre Kortex 54

D

Davanloo, H. 115
default pathways 32
Desensibilisierung 18
detached 20
Dissoziation 122
dissoziative Bewegungsstörung 104
Distanziertheit 20

E

eingebildete Beschwerden 27, 60, 79
emotionale Aufmerksamkeit 76
emotionale Verletzung 31
Emotionen
- gemischte Gefühle 132
- komplexe Gefühle 140

- konflikthafte Emotionen 45
- liebevolle Gefühle 93
- Schuldgefühle 94
- Trauer 94
- unverarbeitete 38, 42
- unverarbeitete Gefühle 85
- Wut 93

Entängstigung 63
Exposition 66
Expressives Schreiben 74
- Dialog mit den Symptomen 75

F

Feldman Barrett, L 32
Fibromyalgie 38, 40
Fragilität 164

G

Geburt 36
Gedankenabreißen 151
Gegenübertragung 85, 134
going flat 20
Going Flat 131
Gracely, RH 31, 62
gradiertes Vorgehen 20, 102

H

Haltung, therapeutische 33
Hebb, DO 32
Holmes- und Rahe-Skala 33

I

Imagination 73
Intellektualisieren 131
Interview, emotionsfokussiertes 45
ISTDP 15

K

Kampf- Fluchtreaktion 31
Kampf-Flucht-Reaktion 31, 42
Katastrophisieren 49, 56
kognitiv-perzeptive Störung 20, 118, 120
komplexe Gefühle 128
Konfliktdreieck 86
Konversion 106
Konversionsstörung 104
Kopfschmerzen 28 f., 34, 36, 100, 108, 111 f.
koronare Herzerkrankung (KHK) 34
Kortex, sensomotorischer 86

Krankheitsmodell 53
Krankheitsvorstellung 49

L

Lebensereignisse, belastende 35

M

Malan, DH 16, 86
Manie 122
Mauer 127
medizinisch unerklärliche Krankheiten 30
Missbrauch, Misshandlung 42
Mitgefühl 46
Mobbing 42
Mobilisierung 127
Müdigkeit 23, 29–32
Muskelschwäche 104
Muskeltonus 104
Muskelverspannung 35
Muskulatur
- glatte 17
- quergestreifte 17

Myokardinfarkt 34

N

Nackenschmerzen 25, 28 f., 87
neuronale Netzwerke 32
Neurophysiologie 30

P

Paranoia 149
Parkinson 34
partizipative Entscheidungsfindung 46
Passivität 128
Pennebaker, J 74
Placebo 49
predictive coding 32
Projektion 104
psychotische Symptome 122
psychotische Zustände 149

R

Rachefeldzug 73
Recap 20
Reizblasensyndrom 40
Reizdarm 29, 40, 42
Rekapitulation 119, 131
Rekapitulieren 151
Repression 20, 101, 124, 131, 153 f., 164
Resilienz 49

Reue 94
Rückenschmerzen 23, 29, 31, 34 f., 38, 57, 87

S

Sarno, JE 14
Schmerzen 37
– Bauchschmerzen 37
– Beckenschmerzsyndrom 40
– Chronifizierung 56
– Kopfschmerz 40
– Kopfschmerzen 37
– Migräne 37
– multilokuläre 40
– muskuloskeletal 38, 87
– Nackenschmerzen 38
– Rückenschmerzen 37–39
Schmerzgedächtnis 55, 60
Schmerzwahrnehmung 55 f.
Schuld 136
Schuldgefühle 83, 123, 130, 136, 139
Schweinhardt, P 31, 62
Selbstinstruktionen, affirmative 66
Selbstinstruktionstraining 67
Selbstmitgefühl 72 f.
Selbstwahrnehmung 151
Selbstwertgefühl 44
Seufzen 127
Seufzer 106
Simulant 27
Simultandiagnostik 33
Skepsis des Patienten 52
– Widerstände gegenüber der Diagnose 61
Sodbrennen 153
soziale Ansteckung 35, 37
Spiritualität 78
stigmatisieren 46
Stress 37, 43, 46
– emotionaler Stress 33
Struktur, psychische
– fragiler Charakterstruktur 92
– integriertes Selbst 84
Suchmittelkonsum 122
Suizidalität 122
Suizidgedanken 149

Symptomchecklisten 41
Symptome
– chronologische Muster 36
Symptommuster 34
Symptomtagebuch 65
Symptomverschlechterung 148

T

therapeutische Allianz 140
Trauer 131
Traumata 42
traumatische Lebensereignisse 31
Trigger 66, 68
Trotz
– trotzige Haltung 128
Tyrann
– Symptome als Tyrann 64

U

Übertragung 84
Urvertrauen 82

V

Validierung 57
Vergebung 73
Verletzung
– emotionale 55 f.
Vermeidungsverhalten 68

W

Wahrnehmung 32
Widerstand 90–92, 107, 128, 148
Willkürmuskultur 86
Wut 131
– reaktive Wut 83
Wut, somatischer Ausbreitungsweg 140

Z

Zusammenarbeit 45
Zustand der »geförderten Ruhe« 31 f.